KB139720

소프트웨어 개발과 테스트

조대협의 서버 사이드

소프트웨어 개발과 테스트

1판 1쇄 2015년 1월 15일
1판 2쇄 2015년 6월 8일

지은이 조대협
발행인 최홍석

발행처 (주)프리렉
출판신고 2000년 3월 7일 제 13-634호
주소 경기도 부천시 원미구 길주로 77번길 33 나루빌딩 401호
전화 032-326-7282(代) **팩스** 032-326-5866
URL www.freelec.co.kr

편   집 안동현
디자인 김혜정
ISBN 978-89-6540-093-6

조대협의 서버 사이드

소프트웨어 개발과 테스트

조대협 지음

프리렉

서문

필자가 가진 경험들을 공유하고 싶다는 생각에 1999년 자바 스터디(http://www.javastudy. co.kr)라는 자바 커뮤니티 사이트를 오픈하였습니다. 나름 공부해서 글도 많이 올리고 질문에 대한 답변도 많이 달고 콘퍼런스에도 부지런히 참여했던 것 같습니다. 사이트가 한창일 때는 회원 수가 13만 명에 다다를 정도로 큰 사이트가 되었습니다. 그렇게 한 5년을 운영하다가 후배들에게 사이트를 넘기고 그다음부터는 블로그 활동을 하였습니다. 처음에 설치형 블로그를 운영하다가 운영의 문제로 지금의 티스토리 블로그(http://bcho.tistory.com)로 옮기고 영문 블로그도 오픈해서 부족한 영어를 공부하면서 짬짬이 영어로 블로깅도 하였습니다. 그러다가 운 좋게 외국 온라인 잡지사에 기고도 하게 되었습니다.

15년 동안 서버 쪽 일을 하면서 점점 욕심이 생기더군요. 지금까지 얻은 지식을 모두 한군데에 정리해보고 싶어서 언젠가 꼭 책을 쓰겠다고 마음을 먹었습니다. 특히 "조엘 온의 소프트웨어"는 IT 서적 중에 제가 처음부터 끝까지 정독한 책 중의 하나인데, 하나하나가 경험에서 우러나온 내용이고 책의 스타일이 일반적인 프로그래밍 안내서라기보다는 블로그 형태의 수필 형태로 기술되어 있었습니다. 그때만 해도 참 특이한 접근 방식이었던 것 같습니다. 그래서 나도 이런 형태로 책을 써서 내 모든 지식을 정리할 수 있지 않을까 하는 생각으로 집필을 고민하게 되었습니다. 그러다가 수년 동안 생각만 하다가 2012년 집필을 시작하였습니다.

집필이라고 해봐야 그간에 블로그에 모아왔던 글들을 재편집하는 내용이 대부분이었지만, 집필이라는 것이 보통 작업이 아니더군요. 블로그의 글들은 블로그에는 어울릴지 몰라도 출판을 위해서는 많은 다듬질이 필요했습니다. 그래서 집필을 시작한 지 거의 3년이 지난 후에야 이제야 1권을 출간하게 되었습니다. 책을 쓴다는 것이 정말로 힘든 작업이더군요.

많은 범위를 다루고 있고, 블로그에 써놓은 내용이 오래돼서 제 생각이 바뀌거나(저도 계속 경험을 하고 공부를 하니까) 또는 기술이 바뀌어 가면서 예전 내용이 돼버린 내용도 있어서 일부는 새롭게 업데이트하고 클라우드 컴퓨팅과 NoSQL 부분은 200장에 달하는 내용을 빼버리기도 하였습니다.

용두사미라고 처음에 기획했던 내용을 다 담지 못했습니다. 욕심을 부리다 보니까는 책의 분량도 처음보다 예상했던 것보다 많아졌지만, 운영에 대한 내용, 각 솔루션에 대한 상세한 소개도 담고 싶었습니다만, 책을 쓴다는 것이 보통 일이 아니더군요. 머릿속에 있던 모든 내용을 담아내지는 못했습니다. 이름이 걸린 책인 만큼 자부심이 넘치는 내용으로 책을 채우고 싶었으나 부끄러움과 부족함이 많습니다.

이 책은 대단한 회사의 박사님이나 소프트웨어의 패러다임을 만들어내는 사람이 쓴 책은 아니지만, 여러분처럼 개발 현장에서 같이 야근하고 삽질하고 고생한 조대협이라는 개발자가 그간의 서버 개발에 대한 노하우를 적어놓은 기록입니다.

"서버 개발이란 이런 것이다."를 단순하게 개발 측면과 아울러 사람과 조직, 운영, 환경 등 여러 각도에서의 경험을 전달하고자 하는 목적으로 많은 범위를 다루려고 노력했습니다. 개별의 내용을 숙지하시는 것도 좋겠지만, 서버 개발, 아니 소프트웨어 개발에서 생각해야 하는 부분과 관점에 대해서 이해해서 영감을 얻고 방향을 잡는 데 도움이 되셨다면 이 책이 드리고자 하는 가치는 충분히 채우지 않았을까 합니다.

출판 과정에서 많은 일도 겪었고 옆에서 도와주시는 많은 고마운 분들과 지나고 나니 미안한 분들을 통해서 배운 것이 더 많은 것 같습니다.

마지막으로 책 쓰느냐고 항상 저녁과 밤에 컴퓨터 앞에 앉아 있는 남편을 꾸준히 바라봐준, 항상 부족한 남편을 사랑해주는 아내와 그리고 귀한 시간 함께 더 해주지 못한 첫째딸 윤서와 우리 막내 윤아에게 미안하고 고맙다는 말을 전하고 싶습니다.

2014년 12월 눈이 내리는 밤에
조대협

시작하며

소프트웨어 개발 패러다임의 변화

근래에 들어서 개인 PC의 시대를 넘어서 모바일 시대를 거쳐서 컴퓨터의 사용 시나리오가 변해왔고, 소프트웨어의 개발 패러다임 역시 끊임없이 변화하고 있다. 이에 따라 서버 시스템에 대한 구조, 개발 패러다임도 함께 변하고 있다. 이 책에서는 현재 소프트웨어 개발 패러다임을 기반으로 한 서버 소프트웨어 및 시스템 개발에 대해서 이야기하고자 한다.

엔터프라이즈 진영이 핵심이다가 근래에 B2C로 바뀜

전통적인 소프트웨어 시스템은 기업의 업무를 자동화하여 비용을 줄이고 업무의 효율을 높이는 데 있었다. 소프트웨어는 주로 기업 업무를 위해서 사용되었기 때문에 소프트웨어 기술과 소프트웨어 비즈니스는 모두 엔터프라이즈 시장을 중심으로 맞춰져 있었다.

인터넷의 유행과 더불어 컴퓨터의 사용자가 기업에서 개인으로 옮겨 왔고, 특히 스마트폰 등의 모바일 장치가 널리 퍼지면서 사용자 중심의 소프트웨어 시나리오가 급격하게 증가 되었다. 기술의 무게 중심이 엔터프라이즈에서 B2C 시장으로 넘어가기 시작한 계기가 마련되었고, B2C 시장을 주도하는 구글, 페이스북 등의 B2C 서비스 업체들이 이러한 기술을 주도하면서 소프트웨어 기술의 패러다임을 바꾸고 있다.

이러한 B2C 시스템의 특징은 엔터프라이즈 시스템보다 업무의 복잡도가 낮으나 빠른 응답 시간을 요구하며, 처리해야 하는 데이터의 양이 매우 많다. 신뢰성 부분에서는 낮은 신뢰성을 요구하는데, 엔터프라이즈 시스템은 데이터의 일관성(Consistency)이 대단히 중요하다. 예를 들어 계좌 이체하는 시스템은 돈이 빠졌다가 다른 계좌로 넘어가는 도중에 시스템이 장애가 났을 경우 돈이 중간에서 증발해서는 안 되고 예전 계좌로 복귀되어야 한다. 게시판이나 블로깅의 경우 데이터가 장애 시 유실된다고 해도 아주 큰 문제는 되지 않는다. 소프트웨어 아키텍처 역시 이러한 트렌드를 반영해서 성능과 대용량 처리 쪽을 주축으로 발전하고 있다.

복잡한 이론 위주에서 실용주의 위주로 변화

소프트웨어 개발 및 설계는 소프트웨어 공학이라는 학문 중심으로 발전해왔고, Water-fall

Model, RUP (Rational Unified Process), Spiral Model 등 여러 가지 소프트웨어 개발 방법론들이 사용되어 왔다. 그러나 이런 모델들은 상당히 학문적이어서 실무에서 구현하는 개발자들에게 현실과 맞지 않는다는 평을 받아왔으며 소프트웨어 개발이 특정 고수준의 교육을 받은 집단에서 넓어짐에 따라 이러한 학문적인 방법론을 적용하기에는 어려운 점이 있었다.

그래서 2000년대 초에 켄트 벡(Kent Beck) 등의 엔지니어들이 새로운 방법론을 주창하고 나섰는데, 이것이 바로 '실용주의(Practical)' 방법론이다. 이 실용주의 방법론은 학문적인 발상에서 출발한 것이 아니라 실무적인 경험을 바탕으로 만들어진 방법론들로, 애자일 기반의 개발 방법론과 자동화된 빌드와 자동화된 테스트 등을 중심으로 한다.

인터넷의 발전으로 누구나 소프트웨어 개발이 가능

인터넷의 발전 역시 소프트웨어 개발 패러다임의 변화에 일조했는데, 십 년 전만 해도 소프트웨어 개발 기술에 대한 정보는 전문적인 서적이나 잡지, 논문을 통해서만 접할 수 있었다. 그러나 현재는 인터넷의 발전에 따라 누구나 소프트웨어 개발을 위한 기술 문서를 수준별로 접할 수 있고, 이메일이나 SNS를 통해서 기술적인 내용에 대해서 서로 의견을 주고받을 수 있게 되었다. 혹자가 말하기를 "내가 프로그래밍을 하는 줄 알았는데, 구글이 프로그래밍하는 것이었다." (주: 구글 검색을 통해서 예제 코드를 쉽게 찾을 수 있어서 하는 말)

벤더 중심에서 오픈소스 중심으로 변화

앞서 언급한 바와 같이 인터넷의 발전은 소프트웨어 생태계에도 또 다른 변화를 가져왔는데, 소프트웨어 솔루션이 벤더 중심의 고가 제품을 사용하는 것에서 오픈소스 제품을 사용하는 형태로 변하고 있다. 전부는 아니지만, 상당수의 소프트웨어를 오픈소스 제품으로 대체할 수 있게 되었다. 이로 인해서 벤더에 내는 라이선스나 유지보수료는 절약되었지만, 오픈소스 제품에 대한 교육, 운영 및 유지 보수를 자체적으로 해야 하기 때문에 기업 내부에 갖추어야 할 기술적인 요구 사항은 더욱더 높아지게 되었다.

대용량 데이터

기업 내의 데이터는 복잡도는 높지만, 그 양이 예측할만한 수준이었다. 일반적인 서비스의 경우 많아야 그 나라의 인구 수, 기업 내부 시스템의 경우 최대 기업의 임직원 수 정도였다. 그런 인터넷의 발전으로 SNS의 글로벌 규모의 서비스가 되게 되고, 세계 사용자를 대상으로 서비스를 제공하면서 그곳에서 발생 되는 데이터양 역시 예전과 비교를 할 수 없을 정도로 많아졌다. 또한, 이러한 데이터들은 기업의 엔터프라이즈 시스템처럼 초반에 목적에 따라 잘 설계된 것이 아니므로 데이터가 잘 정제되어 있지 않다. 예를 들어 트위터를 사람들이 # 태그를 이용해서 검색 목적으로 사용하지만, 이 태그는 원래 트위터 시스템에서 그런 목적으로 디자인되지 않았다. 즉 정제되지 않은 많은 양의 데이터가 생기게 되었고 이를 저장하고 분석하기 위한 새로운 기술이 요구되었다. 이것이 우리가 근래에 들어서 흔히 이야기하는 빅데이터이다.

모바일을 통한 실생활과 IT 기술의 융합 강화

흥미로운 점 중의 하나가 데스크톱 PC 일변도였던 컴퓨팅 인터페이스가 이제는 스마트폰, TV, 게임기, 태블릿 등으로 발전해왔고 이는 사용자의 컴퓨팅 환경 사용 기회를 늘림으로써 소프트웨어 시장을 넓히고 이는 바로 소프트웨어의 종류를 다변화시키고, 소프트웨어 개발 방법 역시 다변화시키는 계기가 되었다는 점이다.

전체적으로 소프트웨어 개발 패러다임은 벤더 종속적인 솔루션에서 탈피하여 오픈소스를 기반으로 높은 기술로 내재화된 개발팀을 자체적으로 보유하면서 빠르게 요구 사항을 반복적으로 반영하고 실수와 실패를 허용하면서 이를 빠르게 개선해나가는 개발하는 모델로 바뀌고 있으며 개발 기간과 팀의 규모 역시 1인에서부터 오픈소스 기반의 수백 명에 이르는 규모까지 다변화되고 있다.

조대협의 서버 사이드

사실 이런 급격한 소프트웨어 패러다임 변화에 대해서 모든 것을 다 언급 하기는 어렵지만, 그간 짧으나마 IT에서 얻은 경험을 바탕으로 나름 주류라고 생각하는 서버 개발에 대한 이야기를 풀어 나가보려고 한다.

이 책에서는 지금까지 IT 프로젝트를 하면서 그간에 경험했던 경험과 기술적인 내용을 설명한다. 약 15년 동안 여러 외국 벤더에서 제품 판매를 위한 일 등 세일즈도 했었고 직접 고객사에서 시스템 설계와 구축 작업도 했었다. 성능 튜닝, 장애 진단, 팀 구성, 제품 기획 등의 경험을 기반으로 단순하게 기술적인 내용만을 서술하는 것이 아니라 서버 시스템을 개발함에 있어서 필요한 전반적인 내용에 대해서 설명하게 된다.

이 책의 내용은 그간에 블로그에 올렸던 글들과 틈틈이 정리해놓았던 원고들을 정리해서 작성하였다. 그래서 어떤 내용은 다소 업데이트가 되기 전의 내용도 있고, 욕심 때문에 범위는 크게 잡았지만, 막상 시스템 운영에 관련된 내용 같은 범위는 중요하지만 다루지 못한 부분도 있다.

그러나 전체적인 범위나 깊이는 서버 개발을 하는 개발자들에게 모든 내용을 다 세세하게 설명하지 못하더라도 최소한 고민해야 하는 부분에 대한 가이드 정도는 제공하고 있다.

이 책의 구성은 다음과 같다.

1~3장: 소프트웨어 개발 프로세스
이 장에서는 애자일 기반의 소프트웨어 개발 프로세스에 대해서 소개한다. 스크럼 방법론과 실제 이를 실무에서 적용하기 위한 빅 엄브렐라 방법론이라는 것을 소개하고, 이를 자동화 하기 위한 이슈 관리 도구들에 대해서 소개를 한다. 또한, 코드의 품질을 높이기 위한 몇 가지 다양한 코드 리뷰 기법에 대해서도 소개하고 있다.

4~5장: 서버 테스팅
이 장에서는 서버에 대한 테스팅 기법과 프로세스에 대해서 설명하고 있다. 특히 서버의 경우 일반적인 시스템과는 달리 비기능적인 요구 사항 즉 성능, 장애 대응성, 확장성, 안정성 등이 특히나 중요한데, 일반적인 기능 구현은 어떻게든 할 수 있지만, 대용량 고가용 시나리오를 지원하는 서버를 구현하는 것은 대단히 어려운 일이다. 이러한 비기능적인 요구 사항은 구현도 구현이지만, 특히 테스트 단계를 통해서 검증 및 완성이 된다.

이 장에서는 ISTQB V-모델 기반의 테스팅 모델에 대해서 설명하고 테스트를 위한 환경, 팀 구조와 도구, 그리고 결함에 대한 관리 방법에 대해서 설명한다.

6~7장: 개발 환경
서버의 개발 환경은 클라이언트의 개발 환경과는 다소 다르다. 이 장에서는 서버 개발을 하는 데 필요한 개발 환경, 소스 코드 관리, 라이브러리 관리 그리고 젠킨스(Jenkins)를 이용한 CI(Continuous Integration), 배포 자동화 및 테스트 자동화 등에 대해서 다루고자 한다.

특히 다른 시스템과 연동 되는 부분이 많고 여러 사람이 공동 작업을 하는 부분이 많기 때문에 개발, 스테이징, QA, 운영 등 다양한 서버 환경을 운영해야 한다. 각 환경에 대한 차이점 및 운영 전략을 소개한다.

추천사

"소프트웨어 개발은 단순히 개발로 끝나지 않고 개발과 테스트가 함께 이루어져야 합니다. 소프트웨어 개발을 잘하려면 이상적인 개발 환경 구축과 개발 방법론, 테스트 모두가 함께 이루어져야 합니다. 이 책이 이를 위한 길잡이가 되어줄 것입니다."

— **강대명**(다음 카카오 소프트웨어 엔지니어)

"개발 프로세스에 대한 이론뿐만 아니라 솔루션, 엔터프라이즈, 서비스 등 각 도메인에 맞는 실질적인 조언을 얻을 수 있으며, PM과 PL에게는 프로젝트 기획에 대한 해결책을, 개발자에게는 소프트웨어 개발에 대한 넓은 이해와 지식을 줄 것이다."

— **김태기**(애플리케이션 아키텍트/프리랜서) — http://beyondj2ee.wordpress.com 블로그 운영

"현업에서 필요한 이야기를 위주로 잘 구성하였다. 팀의 개발, 운영 속도를 측정하고, 관리할 수 있는 JIRA에 대한 풍부한 설명, 테스팅 그리고 CI에 대한 이야기를 읽고 이해하기 쉽게 풀어나간 서적이다. 특별한 프로세스 없이 팀을 운영하는 초보 관리자에게는 유용한 서적이 될 것이라 확신한다."

— **손영수**(NHN NEXT)

"애자일 기반의 개발 방법론은 이제는 기술 기반의 조직이라면 조직의 크기와 상관없이 글로벌하게 널리 적용이 되고 있습니다. 실제 조직에 적용 시에 이론적인 것에 치우쳐 실패하는 경우가 많은데, 이 책은 조직 문화, 개발 환경, 그리고 개발 도구들까지 전반적으로 실제적인 기술 관점의 아이템들을 담고 있다. 이 책을 잘 이해한다면 어떤 기술 조직이라도 애자일을 성공적으로 적용하는 데 도움이 될 것입니다."

— **윤주선**(쿠팡 플랫폼 Tribe/Tribe Leader)

"지금까지 소프트웨어 개발에 대해 다루는 책들은 많이 있었지만, 이 책과 같이 숲과 나무를 함께 다루는 책은 없었습니다. 이상적인 소프트웨어 개발 형태에 대한 큰 그림에서부터 실무자들이 바로 사용 가능한 도구 사용법에 이르기까지 가려운 부분들을 놓치지 않고 긁어주는 이 책은 관리자와 개발자들에게 꼭 한 권 손 닿는 곳에 둘 것을 권하고 싶습니다."

– **정도현**(일본 마메조에서 컨설턴트/아키텍트로 활동)

"쉬운 설명, 가이드, 필요한 도구를 엄선해 기업 규모에 관계없이 쉽게 활용 가능하며 불필요한 낭비를 제거해 최적의 개발 프로세스 구축도 가능하고 기업의 개발 문화를 만드는 데에도 일조하는 방법들을 제시하고 있다."

– **하호진**((주)와이즈에코 공동 창업자) – 미물 개발세상 블로그(http://www.mimul.com/pebble/default/) 운영

"IT 프로젝트를 리딩하기 위해서 기획부터 개발, 테스트, 배포까지 많은 것들이 필요합니다. 급변하는 기술 트렌드 중에서 프로젝트의 아키텍처, 개발 방법과 적절한 오픈소스 제품들을 저자의 경험을 토대로 정리한 경험적인 정보가 가득 담겨 있습니다."

– **허광남**(okjsp.net 공동 대표)

차례

chapter **03**

JIRA를 이용한
스크럼과 개발 조직, 코드 리뷰 기법　　71

chapter 04

소프트웨어 테스트   129

01

애자일 개발 방법론

소프트웨어 개발은 사람이 하는 일이다. 하나의 소프트웨어를 개발하기 위해서는 요구 사항을 분석해서 디자인하고, 이 디자인을 나눠서 개발자들이 각자 개발을 진행한다. 개발된 컴포넌트는 테스트 되고 마지막에는 서로 합쳐져서 하나의 유기적인 시스템을 이룬다. 이러한 개발 과정을 '개발 프로세스'라고 하고 여기에 조직 구조와 도구 셋을 포함하여 개발 방법론이라고 정의한다.

소프트웨어가 탄생할 때부터 소프트웨어 개발 방법론은 끊임없이 연구되고 발전하여 왔다. 전통적인 폭포수(Waterfall) 방식의 개발 모델에서부터 근래에 들어서 애자일 방식까지 계속해서 진화해 왔는데, 이 진화의 핵심은 실제 개발에 얼마나 효율적으로 적용하여 품질 높은 소프트웨어를 만들 수 있는가이다.

폭포수 모델이나 IBM의 RUP(Rational Unified Process)와 같은 방법론들은 상당히 학문적이고 깊이가 있는 개발 방법론이지만, 복잡도가 높고 많은 인원이 참여하는 실제 소프트웨어 프로젝트에서는 이런 개발 프로세스는 현실과의 차이가 크다.

일례로, 폭포수 모델의 개발 방식은 요구 사항 분석 후 디자인, 개발, 테스트의 과정을 거친다. 이 프로세스의 전제 사항은 다음 프로세스로 넘어가기 위해서는 전단계가 완벽하게 끝나야 한다. 그러나 고객은 프로젝트가 진행됨에 따라 끊임없이 학습을 하게 되고, 이 학습의 결과로 요구 사항은 끊임없이 변화한다. 개발자 역시 개발 과정에서 새로운 기술을 습득하고 숙련이 되면서 프로젝트 중에 진화되어 간다. 모든 프로젝트가 계획대로 진행된다면 더할 나위 없이 좋겠지만, 소프트웨어 개발은 사람이 하는 일이기 때문에 항상 변화한다.

이렇게 소프트웨어 개발이 요구 사항과 개발자의 실력이 변화가 있음을 전제로 하고, 변화를 수용하는 형태로 개발 프로세스를 변경하고, 논문에서나 볼 수 있고, 박사급만이 이해할 수 있는 것이 아니라, 개발을 하는 주체들이 이해하고 효율적으로 사용할 수 있는 방법론이 대두하기 시작하였는데, 이를 실용주의 방법론(Practical Methodology)이라고 한다. 켄트 백(Kent Back), 앤드루 헌트(Andrew Hunt), 조엘 스폴스키(Joel Spolsky)와 같은 분들이 이 실용주의 방법론을 주도했는데, 이 실용주의 방법론의 특징들은 다음과 같다.

- **변화를 수용한다** 요구 사항 등이 변화할 것을 인정하고 진행하고, 요구 사항 변화를 수용하여 개발 범위를 조정하면서 프로젝트를 진행한다.

- **개발 과정을 짧은 조각으로 나누어서 반복적으로 개발한다** 반복적(Iterative) 개발 방법론이라고도 하는데, 소프트웨어 개발을 이터레이션(Iteration)이라는 조각으로 나눈 다음에, 각 이터레이션별로 분석-설계-구현-테스트를 반복하고, 이터레이션이 끝날 때마다 소프트웨어를 릴리즈한다. 다음 이터레이션부터는 제품을 지속적으로 업그레이드하면서 덧붙여 나가는 것으로, 이터레이션을 반복적으로 수행하기 때문에 전단계의 이터레이션이 끝나면 요구 사항을 수정 반영하고 전단계의 이터레이션에서 배운 내용을 기반으로 프로세스를 끊임없이 성숙시켜 나간다.

- **소프트웨어에 결함이 있음을 전제로 한다** 소프트웨어 개발 과정이 완벽하지 않음을 인정하고, 개발 과정 중에서 결함(버그)이 발생할 수 있음을 가정하여 개발한다. 이 결함을 미연에 방지하기 위해서 구현 과정에서부터 테스트를 병행하여 개발을 수행한다.

- **문서 작업을 최소화한다** 형식화된 문서보다는 서로 커뮤니케이션이 원활한 형태의 문서 도구를 사용하고, 될 수 있으면 산출물 형태의 문서 작업은 생략한다. 이런 문화에 의해서일까? 오픈소스 프로젝트도 일정의 소프트웨어 개발 프로젝트임에도 불구하고 워드 형태의 문서보다는 위키나 파워포인트를 이용하여 문서화를 최소화한다. 근래에는 협업을 위해서 온라인으로 문서를 작성하는 경우가 많다.

- **협업과 커뮤니케이션에 많은 비중을 할애한다** 애자일 방법론 중의 하나인 XP(Extreme Programming) 방법론에서도 보면 고객을 프로젝트 공간에 같이 있도록 하고 있다. 그만큼 커뮤니케이션이 중요하다는 의미이다. 요구 사항의 잘못된 이해는 디자인 변경, 구현 변경 등의 많은 부정적인 효과를 유발한다. 이런 잘못된 이해는 지속적인 커뮤니케이션을 통해서 해결될 수 있는데, 요즘 같이 인터넷이나 SNS 등이 발전한 환경에서는 장소에 상관없이 항상 커뮤니케이션을 할 수 있다.

- **자동화 도구를 사용한다** 빌드나 테스트를 통합된 환경에서 자동화한다. 코드를 작성한 후 빌드 버튼 하나만 누르면, 컴파일에 필요한 라이브러리를 찾아다가 빌드하고 테스트까지 자동으로 다 끝낸다. 검증된 소스 코드를 SCM(Source Code Management 소스 코드 관리 시스템)에 저장하면 자동으로 컴파일하고 테스트 환경으로의 배포와 테스트를 수행한다.

상당히 합리적인 방법론으로 보일 것이다. 상당히 합리적인 것이 맞고, 개발자에 친숙한 방법론이다. 개발자라면 누구나 이해할 수 있고 실행할 수 있다. 그래서 학문적이다. 이론적이라는 변명은 더는 통하지 않는다. 그리고 실용주의 방법론이라고 해서 무조건 쉬운 게 아니다 제대로 익히고 사용하기 위해서는 그만큼의 공부와 노력이 필요하다. 단 제대로 사용하였을 경우에는 그만큼 어마어마한 효과를 줄 수 있다.

합리적이기는 하지만, 소프트웨어 개발 프로젝트를 관리하는 관리자 입장에서는 상당히 골칫거리 중의 하나이다. 요구 사항이 변동되고, 개발 범위가 변동되면 예산이나 인력 투입 계획 또는 개발 기간이 같이 변경되어야 하고, 프로젝트의 일정 통제를 위해서는 전체 프로젝트 기간에 대해서 프로젝트 초기부터 세트업이 돼서 단계별로 관리가 되어야 하는 반면, 이러한 실용주의 방법론은 프로젝트 기간 중에 범위나 일정을 변경해버리기 때문에 통제하기가 어렵다. 이 부분에서는 엔터프라이즈 프로젝트를 위해서 적용할 수 있는 '변형된 스크럼 방법론'과 함께 일반적인 서비스 개발에 적합한 JIRA를 이용한 '일반적인 스크럼 개발 방법론'을 소개한다.

1. 애자일 개발 방법론

실용주의 방법론에서 소프트웨어 개발 프로세스는 애자일을 바탕으로 구성되는데, 애자일 방법론은 요즘 들어 가장 인기 있고 가벼운 방법론 중의 하나다. 이 방법론의 특징은 구성원 간의 협업 (Collaboration)을 중요시하는 사상을 가지고 있다. 이 책에서는 이 사상을 기반으로 하여, 일일 태스크(Task)를 관리하는 기법을 중심으로 설명하고자 한다.

애자일 방법론에는 XP(Extreme Programming), AUP(Agile Unified Process), 스크럼, Lean, 칸반 등 여러 가지 구체적인 방법론들이 있는데, 아래 도표를 보면 알 수 있듯이 근래에 들어서는 스크럼이 가장 인기있고 많이 사용되고 있다.

출처: http://agilescout.com/learn-more-agile-software-development-methods-this-year/

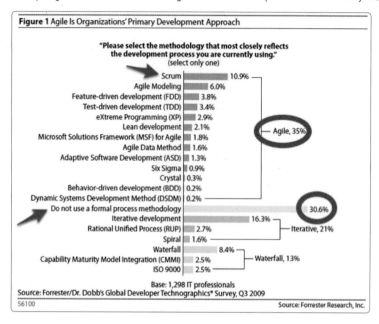

그림 1-1 주요 애자일 방법론

프로세스 디자인 방향(Process Design Principals)

여기서 소개하는 개발 방법론은 기본 디자인 방향은 기존의 전통적인 개발 방법론을 대체하는 것이 아니라, 기존의 방법론은 전체 개발 프로세스를 커버하고 스크럼 방법론에 기반을 두어 각 단계에 대한 태스크 관리를 위해서 사용된다. 조직에서 사용하는 전통적인 개발 프로세스를 사용하여 전체 프로세스에 대한 관리성을 확보하고, 단계별 개발은 스크럼 방법론을 적용한다. 이런 방법론을 '빅 엄브렐라(Big Umbrella)' 방법론이라 정의한다. 전통적인 전사 방법론을 우산처럼 감싸고, 아래 실제 개발은 애자일 방법론을 적용하는 방식이라서 빅 엄브렐라 (큰 우산)라고 칭한다.

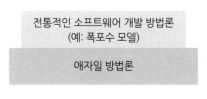

그림 1-2 빅 엄브렐라 방법론 개념

예를 들어 전사 개발 방법론을 폭포수 모델(Waterfall Model)을 사용할 때 다음 그림과 같이 각 단계에 대해서 반복(Iteration) 기반으로, 분석-설계-개발-테스팅을 반복한다. 개발 구현 과정에서는 앞 단계에서 진행했던 분석, 설계 과정을 좀 더 상세하게 분석과 설계를 수행한다.

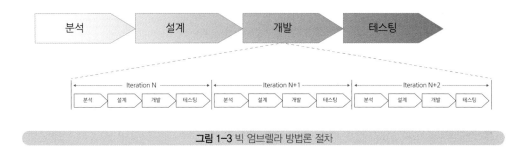

그림 1-3 빅 엄브렐라 방법론 절차

분석 단계에서는 업무의 분석과 함께, 고객의 요구 사항을 확인하기 위한 프로토타입 개발 등을 수행할 수 있고, 큰 기능 셋을 추출할 수 있다. 개발은 꼭 코드를 짜야 개발이 아니다. 분석 문서를 작성하고 기능을 수정하는 것도 구현이며, 설계 단계에서 설계 문서를 작성하는 것도 구현이다. 테스트 역시 구현된 코드를 가지고 테스트하는 것만 테스트가 아니라, 분석 문서, 설계 문서를 리뷰 하는 것 역시 테스트라고 생각하면 모든 단계에 걸쳐서 분석-설계-개발-테스팅의 사이클을 적용할 수 있다.

단 이 방법론은 거시적인 관점에서 분석, 설계, 개발, 테스팅과 같은 큰 단계를 가지는 것뿐이며, 분석 단계가 끝났다고 더는 요구 사항 정의서를 변경할 수 없다거나, 디자인 단계가 끝났다고 완벽한 디자인이 나오는 게 아니다. 분석은 소프트웨어 개발을 시작하기 위한 최소한의 요구 사항 정의와 전체적인 시스템의 기능 틀을 정의한 후에, 개발을 진행하면서 계속해서 상세화된다. 디자인 역시 초반에 거시적인 아키텍처 부분에 대한 정의가 끝나면 상세한 디자인은 개발을 진행하면서 구체화 나간다.

1.1 빅 엄브렐라 방법론의 팀 구조

빅 엄브렐라 방법론을 실제 팀에서 수행하기 위해서 팀 구조와 역할 정립이 필요하다.

- **프로젝트 매니저(PM)** 전체 프로젝트를 관리하는 역할을 한다. 큰 프로젝트의 경우 PMO나 여러 개발 단위의 프로젝트 매니저를 정의하며 주로 전통적인 개발 프로세스를 기준으로 프로젝트를 관리한다. 단 애자일 방법론의 개념을 이해하고, 애자일 방법론과 기존의 개발 프로세스를 연계시키는 역할을 맡는다.

- **프로젝트 리더(PL)** 작은 조직이나 프로젝트에서는 프로젝트 리더가 없이 프로젝트 매니저가 프로젝트 리더역할을 함께 하는 경우가 많으며, 실제 개발팀을 가지고 구현(Implementation)을 리드하는 사람이다. 실제로 애자일 프로세스를 이용하여 팀의 작업을 관리한다.

- **애자일 코치** 특이한 역할일지도 모르겠는데, 애자일 방법론 중의 스크럼 방법론의 스크럼 마스터와 같은 역할로 생각하면 된다. 프로세스가 팀에 완전히 정착되기까지는 팀에 대한 교육과 프로세스에 대한 지속적인 코칭이 필요하다. 애자일 코치는 팀의 프로세스를 세트업하고 팀이 프로세스를 준수하도록 도우며, 개선하는 역할을 진행한다.

  ※ 이 팀의 구조는 어디까지나 참고적인 구조이다. 위에서 정의한 프로젝트 매니저의 역할은 현대의 소프트웨어 개발팀 구조에서 프로그램 매니저, 프로젝트 리더와 애자일 코치는 스크럼 마스터로 맵핑되서 운영된다. 이 프로그램 매니저 등의 역할에 대해서는 이 장의 후반부에서 다시 설명하도록 한다.

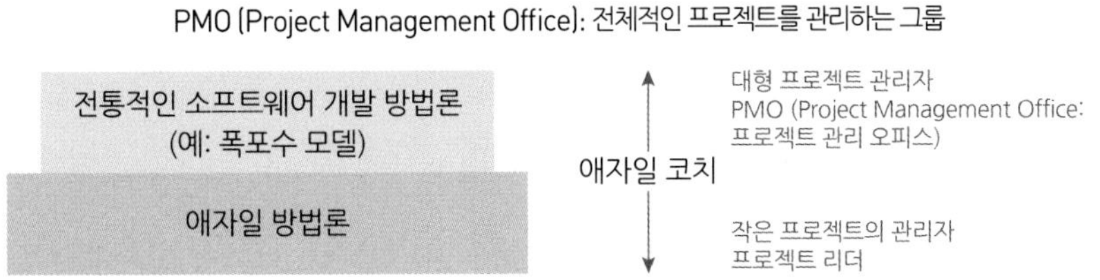

PMO (Project Management Office): 전체적인 프로젝트를 관리하는 그룹

전통적인 소프트웨어 개발 방법론
(예: 폭포수 모델)

애자일 방법론

애자일 코치

대형 프로젝트 관리자
PMO (Project Management Office:
프로젝트 관리 오피스)

작은 프로젝트의 관리자
프로젝트 리더

그림 1-4 빅 엄브렐라 방법론에서의 역할

실제로 모 은행 프로젝트에서 이 방법론을 적용해본 적이 있는데, 프로젝트 매니저가 두 개의 팀을 운영하고 있었다. 그중에 A팀에 본인이 투여되었고, 애자일 프로세스와 시스템(System)을 구축하여 A팀에서 적용하여 효과를 보자 프로젝트 매니저가 다른 팀(B팀)에도 본 프로세스를 적용해 주기를 요청하였다. 그래서 시스템을 공유해줬으나, B팀에는 별도의 코칭을 제공하지 않았다. 프로세스를 제대로 준수하는지, 상태 업데이트는 제대로 하는지에 대한 코칭이 없었는데, 1개월 후 A팀은 애자일 프로세스에 어느 정도 적응을 하여, 효율적으로 만족스럽게 사용하고 있었으나, B팀의 경우 이 프로세스와 시스템 사용이 또 다른 부담이 돼서 실업무 따로, 시스템 운영 따로 되는 결과를 만들어 냈다. 그만큼 애자일 프로세스를 적용할 때까지는 성숙단계까지 (경험상 약 2개월) 지속적인 관찰과 코칭이 필요하다.

2. 전통적인 스크럼 개발 방법론

그럼 애자일 방법론의 대표인 스크럼 방법론에 대해서 살펴보도록 하자.

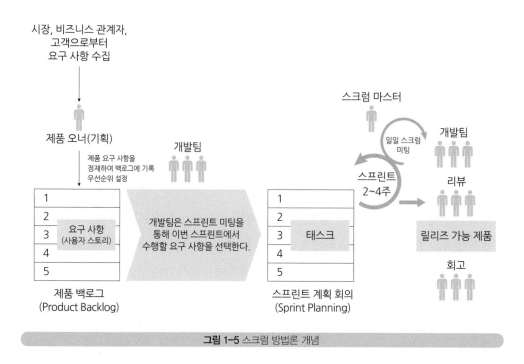

그림 1-5 스크럼 방법론 개념

스크럼은 기본적으로 반복과 점진적(Iterative and Incremental) 개발 방법에 기초한다.

스크럼은 몇 개의 이터레이션으로 구성되는데, 이 이터레이션을 스프린트라고 부르며 각 스프린트는 1~4주 정도의 기간을 갖는다. 이 스프린트는 일종의 타임 박스의 개념을 가지며 한번 정해진 스프린트의 기간은 변경될 수 없다는 것을 전제로 한다.

다음으로, 스크럼에는 고객의 요건으로부터 작성된 제품 백로그(Product Backlog)라는 것을 가지고 있다. 쉽게 이야기하면 '대략적인 할 일 목록'이다. 구현 단계에 스크럼을 적용할 경우에는 요구사항 정의서(SRS, Software Requirement Specification)이나 기술요구사항 정의서(TRS, Technical Requirement Specification)에 정의된 기능이나 구현 요구 사항이 제품 백로그의 항목으로 적절하다.

이 제품 백로그의 항목을 팀 미팅을 통해서 이번 스프린트에 수행할 항목을 선택한다. 항목의 선택은 제품 백로그 항목의 우선순위(Priority)를 통해서 선택되고, 이 선택된 항목들을 구체적으로 구현하기 위해서 태스크로 쪼게 진다. 이 태스크 목록을 이번 스프린트(Sprint)에서 구체적으로 해야 할 일로 정의하고 되고 이 목록 리스트를 스프린트 백로그(Sprint Backlog)라고 부른다.

스프린트 백로그의 태스크들은 스케줄이 지정되어 팀의 담당자에게 할당(Assign)된다. 팀은 이 스프린트 백로그를 가지고 정해진 기간 동안의 스프린트를 구현한다.

스프린트 중에 매일 아침 팀원들은 10~20분 정도의 일일 스크럼 미팅(Daily Scrum)이라는 회의 시간을 갖는데, 이 시간 동안, 팀원들은 어제 한일과 오늘 한 일에 대해서 간략하게 보고하고, 현재 태스크에 대한 문제점을 공유한다. 이 일일 스크럼 미팅을 통해서 팀은 현재 스프린트의 진행 상황을 파악할 수 있다.

스프린트가 끝나면 해당 소프트웨어를 릴리즈한다. 릴리즈가 끝난 후에는 팀은 프로젝트의 이해 당사자 (Stake hoder/ 고객)과 간단한 리뷰 미팅을 갖는데, 주로 이번 스프린트에서 구현한 내용을 간단한 형태의 데모로 소개하고 피드백을 받아서 제품 백로그에 업데이트하고 다음 스프린트를 준비한다.

리뷰가 끝난 후에는 팀원끼리 스프린트에 대한 회고(Retrospective)의 시간을 갖는데, 이 시간에는 스프린트에서 스크럼 방법론을 적용했을 때의 잘되었던 점과 잘못되었던 점을 토론하여 스크럼 운영 프로세스에 반영하여 팀의 스크럼 운영 방식을 성숙화시킨다.

2.1 스크럼 방법론에서 역할

스크럼에서는 이 프로세스를 적용하기 위해서 몇 가지 역할을 정의하고 있다.

제품 오너(Product Owner)

제품 오너는 요구 사항을 정의하고, 제품 백로그를 업데이트하는 역할을 맡고 있다. 가장 중요한 역할은 제품 백로그 내의 항목에 대한 우선순위를 조정하는 역할을 수행한다.

제품 오너는 직접 스프린트에 참여하며, 비즈니스 쪽(영업, 마케팅, 임원) 등과 지속적으로 의사소통을 하면서, 계속해서 불명확한 요구 사항을 구체화하고 기능의 우선순위를 조정해서 팀에게 명확한 제품의 방향성과 기능을 제시해준다.

대부분의 스크럼 기반의 소프트웨어 개발이 실패하는 경우가 다른 많은 이유도 있겠지만, 이 제품 오너가 약하기 때문이다. 제품 오너는 단순히 서비스를 기획하는 것뿐만 아니라. 시장의 상황을 분석하고 새로운 서비스를 기획하고, 다양한 기능에 대한 정의 그리고, 우선순위를 정하는 권한을 가지고 있기 때문에 매우 중요한 역할이라고 할 수 있다. 현업에서 프로젝트를 하다 보면 문제가 의사 결정이 안 돼서 진행을 못 한다고 하는 경우가 많은데, 대부분의 의사 결정은 개발 일정까지 어느 기능을 개발할 것인가, 아니면 뺄 것인가, 그리고 각 기능이 뜻하는 정확한 요구 사항이 무엇인가가 정해지지 않아서인 경우가 있다. 그래서 제품오너는 매우 중요한 의사 결정을 해야 하는 경우가 많기 때문에 적절한 권한과 충분한 시간이 주어져야 한다.

그리고 제품 오너는 제품에 대한 기능을 정의해야 하기 때문에, 제품 도메인에 대한 충분한 지식이 있어야 한다. 블로그 시스템을 개발하는 제품 오너는 블로그 관련 도메인에, ERP는 업무 도메인에 대한 충분한 지식이 있어야 하는데, 처음부터 전문성을 가질 수는 없고 프로젝트가 시작된 초반 전후에 도메인에 대한 분석을 통해서 도메인에 대한 충분한 이해가 준비되어야 한다.

스크럼 팀

팀은 제품 백로그의 내용에 따라 스프린트를 수행하는 역할을 한다.

스크럼 마스터(Scrum Master)

스크럼 마스터는 일종의 개발 PL (Project Leader: 프로젝트 리더) 이라고 보면 된다. 해당 프로젝트에 대한 일정과 태스크를 조율하는 역할을 수행한다. 일정을 정의하고 관리하는 것보다는 정해진 일정에 따라서 개발을 수행 리드 하는 역할에 가깝다. (한국으로 치면 프로젝트 매니저와 프로젝트 리더 중에서 프로젝트 리더의 역할에 해당한다.)

스크럼 마스터는 프로젝트를 관리하는 역할 이외에도, 스크럼 방법론을 팀에 전파하고 적용하는 책임을 갖는다. 이를 코칭이라고 하는데, 코칭은 교육과 성격이 다르다. 교육이 교육장에서 일주일 정도 강의를 듣는 것이라면, 코칭은 일종의 실무 교육과 같은 의미를 갖는다. 전문가가 프로젝트에 참여하면서 가이드를 해주는 형태인데, 필자의 경험상 애자일 적용의 경우 교육보다는 코칭이 훨씬 더 효과가 높았다. 사실상 코칭이 없는 팀은 제대로 스크럼 방법론에 적응하기가 매우 어려웠다. 스크럼 마스터가 애자일에 대한 사전 지식이 높거나 전문적인 지식을 배운 후에 팀에 전파하거나 전문적인 외부 코치를 영입해서 수 주간 프로젝트에서 코칭을 받는 경우에 효과가 높았다.

종종 스크럼 마스터의 역할과 제품 오너의 역할을 한 사람이 겸임하는 경우가 있는데, 스크럼 마스터와 제품 오너는 그 성격과 전문성이 다르다. 스크럼 마스터는 일정과 태스크 기반으로 팀을 운용하고 스크럼 방법론을 적용하는데 최적화되어 있는 관리적인 역할이라고 한다면, 제품 오너는 제품 도메인에 대한 전문적인 지식을 가지고, 제품의 기능을 정의하고, 또한 비즈니스 쪽과 조율을 하면서 요구 사항의 구체화와 우선순위 조정을 하는 기획 및 의사소통 역할이 강하기 때문에 가능하다면 스크럼 마스터와 제품 오너는 분리돼서 각기 다른 사람으로 운영하는 것이 좋다.

지금까지 스크럼 방법론에 대해서 간략하게 설명하였다. 그러나 이 스크럼 방법론은 제품 개발을 위한 프로세스에는 좋지만, 정확한 일정과 금액을 가지고 수행하는 기업 시스템 개발에는 다소 불확실성이 있다.

2.2 스크럼에서 에픽과 사용자 스토리

근래의 스크럼 방법론은 에픽(Epric)과 사용자 스토리(User Story)라는 개념을 사용한다.

사용자 스토리는 우리가 흔히 이야기하는 요구 사항이 되는데, 흔히 "as a user, I want to upload photo" (나는 사용자로서 사진을 업로드 하고 싶다.)라는 식으로, 액터(Actor, 사용자)와 액터의 행위를 서술하는 형태가 된다. 이것이 스크럼의 사용자 스토리 기술 방식인데, 기존

유스 케이스 다이어그램(Use Case Diagram)의 액터(Actor)와 유스 케이스(Use Case)의 개념과 상당히 유사하다.

이런 형태를 사용할 경우, 수백 가지의 사용자 스토리가 정의될 수 있다. 이러한 사용자 스토리를 큰 단위로 묶어 놓은 것을 에픽이라고 한다. 'as a use, xxx' 식의 표기법은 스크럼(Scrum) 기반의 개발자나 스크럼 제품 오너(Scrum Product Owner)에게는 익숙할지 모르겠지만, 일반적인 개발자나 특히 상위 매니저들에게는 익숙하지 않은 표현 방법이다. 이런 사람들은 '사진 업로드', '사진 리스트'와 같이 큰 기능 단위에 익숙하다. 그래서 사용자 스토리들을 묶어서 에픽 형태로 표현할 수 있으며, 통상적으로 에픽은 20~30개 정도가 관리하기 적절하다.

사용자 스토리는 이를 구현하기 위해서 몇 개의 하위 태스크(Sub Task)로 나누어지는데, 이를 '태스크(Task)'라고 정의한다. 예를 들어 "나는 사용자로서 사진을 업로드하고 싶다."에 대한 태스크는 다음과 같이 정의할 수 있다.

- 사진 업로드 모듈 개발
- 사진을 디스크에 저장하는 모듈 개발
- 사진 메타 정보를 데이터베이스에 저장하는 모듈 개발

3. 엔터프라이즈 개발을 위한 스크럼 기반의 개발 방법론

스크럼 기반의 개발 방법론은 유용한 것임에는 분명하지만, 엔터프라이즈 소프트웨어 개발에 있어서 적용에 어려움이 있다. 회사 내에서 자유롭게 개발하는 프로젝트라면 모를까 SI 프로젝트나 예산을 투자해서 관리하는 기업 시스템 개발 프로젝트라면 조금 더 꼼꼼한 형태의 프로젝트 관리가 필요하다. 앞에서도 언급했지만, 기업의 프로젝트는 전략을 정의한 후에 전체적인 요구 사항을 대략 잡은 후에 이를 기반으로 소프트웨어와 하드웨어의 발주, 외주 개발자의 계약 등의 인건비 책정, 기간 설정 등을 하기 때문에 스크럼과 같이 개발 단계별 진행 상황을 명확히 할 수 없는 경우 관리 관점에서 문제가 생긴다. SI 프로젝트의 구조를 생각해보면 쉽

게 이해가 가능할 것이다.

여기서 설명하는 방법론은 스크럼을 기반으로 해서 관리 지향적인 엔터프라이즈 소프트웨어 개발에 조금 더 맞도록 발전시킨 형태의 소프트웨어 개발 방법론이다.

기존 스크럼 방법론과의 차이는 조금 더 관리 지향적인 관점에서 접근하여 프로젝트에 대한 진행 상황에 대한 가시성을 확보하는 데 목적을 둔다.

3.1 제품 백로그 준비

제품 백로그는 실제로 구현되어야 하는 기능 목록을 나열한다. 목록은 고개의 요구 사항으로부터 도출 되는데, 일반적으로 요구사항 정의서(SRS)이나 기술요구사항 정의서(TRS)로부터 도출된다. 구체화 되고 정확하고 상세한 목록을 도출해야 한다. 비즈니스 요건 같은 경우를 목록으로 도출하였을 경우에는 종료 조건이 모호해질 수 있고 그런 경우 종료에 대한 기준이 모호해질 수 있다.

제품 백로그의 항목은 다음과 같다.

NO	Action Item	Description	Estimated Resource (Man/Day)	WIKI	Priority	Status
Opened						
2	ALINT deployment architecture guide	Blar…	10	http://wiki/req/ALINT	Medium	In Progress
3	Weblogic deployment architecture guide	Blar…	15	http://wiki/req/WLS	Low	Opened
4	Configuration guide for RAC	Blar…	5	http://wiki/req/RAC	High	Opened
Closed						
1	ESB proxy Tuning	Blar…	20	http://wiki/req/Proxy Tuning	High	Closed

그림 1-6 제품 백로그 예시

1) 번호(NO)

기능에 대한 ID

2) 항목 제목(Item)

구현 요건 (기능/비기능)

3) 설명(Description)

요건에 대한 간략한 설명

4) 예측 소요 시간(Estimated Resource)

얼마나 많은 리소스가 소요되는가에 대한 예측치를 기록한다. 이 값에 따라 추후 계획에 반영한다. 이 값은 초기 예측 값으로 매번 스프린트가 종료될 때마다 새롭게 업데이트 한다. 업데이트 기준은 기존에 수행한 스프린트의 아이템의 실제 수행 시간을 기준으로 앞으로 수행할 아이템의 상대적인 개발 난이도 등을 측정하는 방법으로 예측할 수 있다.

스크럼 방법론에서는 이를 스토리 포인트(Story Point)라는 개념을 사용해서 표현한다.

5) 요건 설명 링크

백로그의 아이템 이름과 설명만 가지고는 정확한 요건을 알 수 없다. 그래서, 해당 아이템에 대해서 구체적인 요건(Requirement Description 또는 Use Case)을 알기 위해서는 별도의 문서에 기술하여 참고 하는 것이 좋다.

문서는 워드와 같은 형태로 공유 폴더나 셰어포인트같은 문서 공유 시스템을 이용할 수도 있고, Accompa(accompa.com), inflectra.com과 같은 온라인 요구 사항 관리 시스템 등을 사용할 수도 있다.

문서 방식의 경우, 업데이트가 잘 안되거나 찾아보기가 어려운 경우 (문서의 내용이 너무 길어서)가 있고, 전문적인 온라인 요구 사항 추적 도구는 가격이 비싸고 사용이 복잡한 경우가 있기 때문에 필자의 경우에는 위키 페이지에 요구 사항을 정의하고 업데이트하는 방식을 권장한다. 위키의 경우 사용이 쉽고 검색이 쉬우며, 문서를 구조화(계층화)할 수 있기 때문에 요구 사항을 관리하기 매우 편리하다.

이 항목에는 요구 사항을 정의한 후 요구 사항 문서로의 링크 (위키 URL이나 문서의 경우 페이지나 제목 번호)를 기술한다.

6) 우선순위(Priority)

항목에 대한 우선순위를 지정한다. 이 우선순위에 따라서 스프린트를 스케줄링하기 때문에 제품 백로그에서 매우 중요한 부분이다.

우선순위의 설정은 비즈니스에 대한 영향이 큰 기능, 필수 기능, 그리고 난도가 높은 기능, 비기능적(성능, 장애 대응, 확장성 등) 요건 등에 대해서 우선순위를 높게 설정하는 것을 권장한다. 특히 비기능적 요건은 성능이나 안정성 등에 관련되는 경우가 많고 이러한 요건들은 아키텍처에 많은 영향을 주고 아키텍처는 후반으로 갈수록 변경이 어려우므로 초반에 구현 및 검증 작업을 수행해야 한다.

7) 상태(Status)

상태는 해당 아이템의 진행 상황을 의미한다. 이미 아직 진행 전이지, 진행 중인지 완료가 되었는지를 표현한다. 필드의 값은 프로젝트 상황이나 프로세스에 맞춰서 변화한다. (QA 검증 중, 운영 서버에 반영됨 등)

8) 항목에 대한 비즈니스 가치(Estimated Value of item) [선택 사항]

이 항목은 항목에 대한 비즈니스적인 가치에 대해서 점수를 매기는 방법으로 SI 개발보다는 제품 개발이나 자체 서비스 개발 등에 유용한 항목이다. 이 값의 조정을 통해서 제품 오너는 정해진 기간 내에 소프트웨어가 최대의 가치를 가질 수 있도록 우선순위를 지정할 수 있다.

3.2 릴리즈 계획

해야 할 일의 목록인 제품 백로그가 정의되었으면, 언제 어떤 일을 해야 할지를 정의해야 한다. 일반적으로 말하는 스케줄링인데. 릴리즈 계획(Release Planning)에서는 프로젝트의 큰 마일스톤(중요 시점: Mile Stone)을 정하는 작업을 한다.

릴리즈 시기마다 작동 가능한 기능들을 릴리즈한다. (모든 기능이 완료되지 않았다 필 수 기능이 완성되었으면 릴리즈를 시작한다.)

릴리즈된 시점에서 QA(Quality Assurance: 품질보증)팀에게 릴리즈된 버전 넘겨서 테스트를 수행하고 구현된 부분에 대한 품질을 검증받는다. 이러한 활동은 모든 개발이 끝난 시점에서 빅뱅(개발이 다 완료된 후에 통합 및 테스트를 하는 방식) 방식으로 통합하고 테스트하는 기존에 방식에 비해서 위험을 조기에 발견할 수 있고, 그 위험을 해결하는 비용을 줄일 수 있다. (복잡한 문제일수록 나중에 발견되면 더 고치기가 어렵다.)

그리고 이 릴리즈된 버전을 고객에게 데모를 통해서 요구 사항과 부합하는지 확인하고, 잘못된 부분에 대해서 수정할 수 있는 기회를 가질 수 있다.

이 단계에서 해야 하는 구체적인 작업은 다음과 같다.

① 주요 릴리즈 일정 지정

② 릴리즈 일정별로 포함할 제품 백로그 내의 항목 지정

이 단계에서 완성된 릴리즈 계획은 프로젝트 관리 입장에서 전체 스케줄과 맵핑되서 관리팀 관점에서 스케줄 관리를 쉽게 할 수 있다.

3.3 스프린트 계획

릴리즈 계획이 끝난 후에는 각 릴리즈를 달성하기 위해서 각 중요 마일 스톤을 작은 스프린트 단위로 쪼갠다. 전통적인 스크럼 방법론에서는 다음과 같은 절차로 스프린트를 계획(Sprint Planning)한다.

- **팀원의 가용 시간**
- **제품 백로의 항목을 구체적인 태스크로 분할**
- **각 태스크에 대해서 수행 시간을 예측**

전통적은 스크럼 방법론에서는 기능에 대한 항목은 제품 오너가 하지만 이를 세부 태스크로 나누는 과정을 개발팀이 함께 수행하는 경우가 많다. 엔터프라이즈 개발을 위한 스크럼 방법론은 프로젝트 관리 차원을 강조한 방법론이기 때문에, 개발팀 내의 자유로운 접근보다는 관리 측면에서 리드가 백로그 항목의 정의와 태스크 관리를 하도록 한다.

그래서 실제 엔터프라이즈 프로젝트에서는 다음과 같은 방법을 권장한다.

- **제품 백로그의 항목을 구체적인 태스크로 분할**
- **각 태스크를 프로젝트 리더인 스크럼 마스터가 적절한 사람에게 배분**
- **배분된 사람이 태스크의 수행 시간을 예측하도록 함**

이 작업을 좀 더 상세하게 설명해보면 다음과 같다.

스프린트는 보통 1~4주 정도로 정의된다. 스프린트의 기간을 정의할 때 기준 중의 하나는 고객의 요구 사항 변경이나 작업에 대한 변경도가 얼마나 많은가? 예측된 작업 일정이 충분한가? 와 같이 불확실성이 높을 수록 스프린트 주기는 짧게 잡는 것이 좋고, 불확실성이 적고 스케줄이 안정적으로 정의될 수 있는 경우에는 길게 잡는 것이 좋다. 경험상 보통 2주 정도를 스프린트의 주기가 가장 효과적이었다.

스프린트를 정의할 때 먼저 스프린트 기간과 가용 자원(개발자)을 바탕으로 릴리즈 계획에 의해 정의된 제품 백로그 항목들의 예측 기간(Estimated Resource: Man/Day)를 기준으로 스프린트에 제품 백로그 항목들을 할당한다.

> **POINT** 해당 스프린트의 기간과 수행할 백로그 항목을 정의하는 일은 프로젝트 매니저가 수행하는 것을 권장한다. 스크럼 방식이 유연해도 스케줄 자체는 프로젝트 진행에 있어서 가장 중요한 위험 요소 중의 하나이며, 팀원 간의 협의를 해서 진행한다 하더라도 고객 입장에서는 꼭 끝마쳐야 하는 부분이기 때문에, 우선순위 지정과 스케줄 조정은 그에 대한 책임을 지는 프로젝트 매니저가 하는 것이 위험 요소 관리 측면에서 합리적이다.

선별된 제품 백로그의 항목은 실제로 수행되기 위해서 구체적인 태스크로 나누어진다.

태스크는 어떤 사람이 무슨 일은 한다는 구체적인 정의로, 명확한 종결 조건을 가지고 있어야 한다. 예를 들어 '로깅(Logging) 기능의 설계'는 언뜻 보면 적절한 태스크로 생각될 수 있지만, 설계에 대한 종료 조건이 명확하지 않다. 즉 '로깅 기능 설계 문서 작성' 또는 '로깅 설계 리뷰 회의'와 같이 산출물이나 회의와 같이 어느 정도 정해진 종결 조건을 정의하게 되면 태스크를 관리하기가 용이하다. (로깅 기능의 설계' 태스크만 있다면 문제지 위에 예를 든 종료 조건이 다른 태스크로 정의되어 있으면 괜찮다.)

실제 태스크를 관리를 해보면 '구현 태스크'가 끝났다고는 하는 경우 개발자 본인의 역량에 따라서 코딩만 되고 실제로 기능이 작동하지 않거나, 의도하지 않은 설계대로 구현된 경우가 생각보다 많기 때문에 이런 경우 프로젝트를 관리하는 입장에서 '구현 보강'이라는 새로운 태스크를 만들고 새롭게 리소스(개발자)와 시간을 할당해야 하는 부담을 가지게 되기 때문에 태스크에 대한 종료 조건을 명확히 하는 것은 매우 중요하다.

1:1:1 법칙

태스크를 정의하는 데 가이드를 제시하면, 제품 백로그 항목은 분석/설계, 구현, 테스트 이 3가지로 크게 분리될 수 있다. 어떤 구현 테스트를 하기 위해서 요건에 대한 분석 및 설계가 필요하다. 비록 미리 다 설계가 되어 있는 부분이라도, 실제 구현에 있어서는 국지적인 설계 변경이 필요하거나, 프로토타이핑(설계 검증을 위한 기술 검증)들이 필요하기 때문에 분석/설계에 대한 시간은 소요된다.

다음으로, 테스트는 구현된 내용을 바탕으로 검증해야 하는데, 특히 비기능적인 요건은 시스템 테스트를 하지 않더라도 최소한 자기 PC에서 소규모 성능 테스트(이를 마이크로 벤치마크 테스트(Micro Benchmark Test)라 한다.)를 하고 단위 테스트를 수행해야 하고, 구현이 아닐 경우라도 설계나 요건 분석 등의 문서 상 산출물은 리뷰 시간을 필요로 하기 때문에 일반적으로 분석/설계, 구현, 테스트에 대한 리소스 할당 비율은 1:1:1이 된다.

> 태스크 수행의 위의 3단계가 종료될 때마다 주요 태스크에 대해서는 어떤 형식으로든지, 리뷰 회의를 갖는 것을 권장한다. 전체 팀 단위의 리뷰가 되었건, 상급자로부터 검수를 받는 형태이건, 다른 사람으로부터 리뷰를 받게 되면 요구 사항을 벗어나는 구현이나 품질에 대한 문제점을 예방할 수 있다.

20% 버퍼의 법칙

이렇게 태스크 항목을 도출하고 나면 각 태스크에 수행 시간과 담당자를 지정해야 한다.

이 태스크 항목 도출과 이 과정은 팀원들과 함께 수행되어야 하는데, 팀원들의 능력과 근무 가능 시간이 각각 다르기 때문에 팀원의 의사가 매우 중요하다. 팀원과 미팅을 통해서 해당 태스크를 수행 가능한 사람에게 할당하고, 할당을 받은 사람과 수행 시간을 논의하여 결정한다. 될수 있으면 할당받은 사람의 수행 시간에 대한 결정과 의견을 존중하는 것을 권장한다. 실제 태스크에 대한 시간을 예측하는 방법을 보면, 경험상으로 충분한 시간으로 태스크 수행 시간을 할당하게 하고 여유율을 20%를 두도록 해도, 실제 수행해보면 그보다 20~50%의 시간이 모자라는 경우가 태반이고, 이는 초반 프로젝트 스케줄 관리에 위험 요소가 된다. 보통 초반 1~2개월간 동안 몇 개의 스프린트 기간에는 이런 스케줄 예측에 대한 오차 범위가 크게 나타나는데 이를 반영해서 일정을 잡고, 2개월 후에는 팀의 스케줄 측정에 대한 경험이 쌓여서 점점 더 정확하고 세밀한 스케줄 예측이 가능하게 된다.

이렇게 만든 스프린트의 태스크 목록, 예측 시간, 담당자의 목록을 스프린트 백로그에 기술하고 하고 다음과 같은 형태로 작성하여 관리할 수 있다.

이 스프린트 백로그가 전통적인 스크럼 방식에 비해서 차이를 갖는 부분인데, 전통적인 스크럼 방식은 백로그에 앞으로 해야 할 일만을 정의한다. 이를 통해서 앞으로 해야 할 일과 완료된 일에 대한 추적성은 부여할 수 있지만, 앞으로 해야 할 일과 진행되고 있는 일이 언제 시작해서 언제 끝날 것인지에 대한 관리가 어렵다. 여기서 소개하는 방식은 이 문제점을 해결하기 위해서, 태스크별로, 시작일과 종료일을 지정하는 일종의 WBS (Work Breakdown Structure*)의 개념을 사용해서 진행하는 일과 앞으로 해야 할 일의 일정을 추적할 수 있다.

* http://en.wikipedia.org/wiki/Work_breakdown_structure

NO	Action Item	Task	Estimated Resource	Owner	Status	Feb											
						1	2	3	4	5	6	7	8	9	10	11	12
1	AI 1. ESB Proxy tuning	Build or review testing plan	3	mhjeong	Closed	3	2	1	0								
2	AI 1. ESB Proxy tuning	Execute load testing	4	bcho	Closed	3	3	2	1	0							
3	AI 1. ESB Proxy tuning	Gather performance data and find bottleneck point	9	bcho	In Progress	9	9	9	9	9	8	7	6	5			
4	AI 1. ESB Proxy tuning	List up bottleneck point and prioritizeit	8	fenton	In Progress	8	8	8	7	6	5	3	2				
5	AI 1. ESB Proxy tuning	Develop alternative solution	3	fenton	Closed	3	2	1	0								
6	AI 1. ESB Proxy tuning	Prototype alternative solution	4	andy	Closed	4	3	2	1	0							
7	AI 1. ESB Proxy tuning	Micro benchmark prototype solution	5	andy	In Progress	5	5	5	5	5	4	3	2	1			
					Remaining Time	35	32	28	24	21	18	15	11	8			

Sprint Back Log: Sprint Planning 단계에 작성됨

그림 1-7 스프린트 백로그

릴리즈 계획과 스프린트 계획을 다시 정리해보도록 하자. 기본 원리는 큰 스케줄을 작은 단위의 스케줄로 나누어서 관리하는 방법으로, 기존의 전통적인 방법론이 가지고 있는 스케줄 단계를 릴리즈 계획으로 나누어서 관리한다.

릴리즈 계획은 프로젝트 매니저가 관리할 수 있는 단위의 프로젝트 주요 마일스톤이 되며, 각마일스톤은 실제 개발팀이 수행할 하루 단위의 개인 스케줄로 정의되는 스프린트 계획으로나뉘어서 관리된다.

From main methodology	Analysis		Design		Implementation		
Release Planning	Release 1	Release 2	Release 1	Release 2	Release 1	Release 2	Release 3
Sprint Planning	Sprint Sprint	Sprint Sprint	Sprint Sprint	Sprint Sprint	Sprint Sprint	Sprint Sprint	Sprint

그림 1-8 릴리즈와 스프린트 관계

 개발자가 하루에 코딩하는 시간은?

어떤 개발 방법론을 사용하든 간에 일단 태스크에 대해서 개발자가 구현에 걸리는 시간을 예측해야 하는데, 일반적으로 개발자에게 구현 시간을 예측하라고 하면, "3일 정도소요됩니다." 이런 유의 답이 나온다. 그런데 이러한 예측된 시간은 "사흘 동안 열심히디자인과 코딩을 했을 때입니다."라는 전제가 붙어 있다. 그러나 현실은 개발자의 근무시간 100%를 디자인과 코딩에 할애할 수 있도록 절대 도와주지 않는다. 그렇다면 실제업무에 있어서 개발자가 코딩에 할애할 수 있는 시간은 얼마나 될까?

스크럼과 같은 반복적 기반의 개발 방법론을 사용할 때, 각 이터레이션이 약 4~6주라고 가정하자.

이터레이션의 10%는 계획(Planning)에 소요되고, 25%는 안정화, 나머지 65%가 개발에 소요된다.

이 65% 기간 동안 매일 25% 정도는 다른 잡무 (회의, 코드 리뷰 등)에 소요되고 남는 시간인 75%만 개발 관련 작업에 사용되는데, 그중에서도 10%는 코딩 전의 디자인에 소요된다.

그림으로 도식화해보면 다음과 같다.

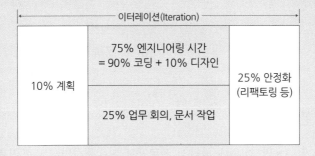

그림 1-9 개발자의 하루 업무 시간

디자인 시간 = 코딩 시간 * 0.1

실제 소요 시간 = (코딩 시간 + 디자인 시간) / 0.75 (생산성 변수 – 하루에 실제 개발에 소요하는 비중을 수치화한 것)

생산성 변수 = 코드 리뷰, 회의, 커뮤니케이션 시간 등을 고려한 가중치

코딩 시간 = 코딩 + 단위 테스트 + 문서/주석

예전 데이타를 기준으로 대충 검산해봤는데, 어느 정도 맞는 것 같다. 결국, 오차 범위는 생산성 변수 (하루에 코딩에 집중하는 시간/전체 시간 또는 (전체 시간 – 회의, 시스템 관리, 지원 업무 등)/전체 시간)을 잘 뽑아내느냐가 관건인 것 같다.

1 이터레이션을 4주로 잡았을 때 주 5일 근무 시 전체 근무 시간은 20일이 된다. 이 중에서

　계획(Planning)은 20일의 10%인 = 2일

　안정화(Stabilization) (버그 수정, 테스트, 통합 등)은 25%인 = 5일

나머지 13일이 구현에 소요되는 시간이 된다. 이 중에서 회의나 기타 잡무에 소요되는 시간은 약 3.25일이 된다. 즉 실제 디자인이나 코딩에 소요되는 시간은 20일 중에서 10일이 채 안 되게 된다.

3.4 스프린트 관리

스프린트 계획이 끝났으면, 계획에 따라서 프로젝트를 수행하면서 스프린트를 관리(Sprint Tracking)해야 한다. 스프린트의 태스크 진행 상황을 추적하기 위해서 몇 가지 기법을 지원하는데 다음과 같다.

일일 스크럼(Daily Scrum)

일일 스크럼은 일일 오전 업무 공유 시간이다(보고나 회의가 아닌). 스크럼에서 가장 유용하고 중요한 기법의 하나다.

스크럼 팀은 매일 오전에 같은 자리에 모여서 어제 자신이 한일과 오늘 자신이 해야 할 일을 짧게 발표한다. 전체 시간은 30분을 넘지 않도록 한다. 이와 함께 자신이 진행하는 태스크를 종료하는 데 필요한 시간을 같이 이야기한다.

이 과정에서 팀원은 다른 팀원의 태스크 진행 상황을 공유할 수 있고, 만약 일의 진행에서 문제가 있는 부분이나 도움을 받고 싶은 부분은 이 과정에서 이슈로 제기하여 다른 사람의 도움을

요청하거나 받거나 프로젝트 매니저가 일정을 조정할 수 있도록 한다.

프로젝트 관리 관점에서는 일일 스크럼을 통해서 지정된 태스크의 진행 상황을 매일 추적할 수 있다.

프로젝트 매니저는 일일 스크럼에서 공유된 일정을 바탕으로 스프린트 백로그의 상세 태스크를 업데이트 하는데, 중요한 점은 각 태스크의 종료 시까지 남은 시간을 반드시 기록한다. 이 데이터는 처음 계획 대비 현재 상황이 어떻게 되고 있는지를 판단할 수 있게 해주는 중요한 지표가 된다.

Daily Scrum에서 업데이트

NO	Action Item	Task	Estimated Resource	Owner	Status	1	2	3	4	5	6	7	8	9	10	11	12
										Feb							
1	AI 1. ESB Proxy tuning	Build or review testing plan	3	mhjeong	Closed	3	2	1	0								
2	AI 1. ESB Proxy tuning	Execute load testing	4	bcho	Closed	3	3	2	1	0							
3	AI 1. ESB Proxy tuning	Gather performance data and find bottleneck point	9	bcho	In Progress	9	9	9	9	9	8	7	6	5			
4	AI 1. ESB Proxy tuning	List up bottleneck point and prioritizeit	8	fenton	In Progress	8	8	8	8	7	6	5	3	2			
5	AI 1. ESB Proxy tuning	Develop alternative solution	3	fenton	Closed	3	2	1	0								
6	AI 1. ESB Proxy tuning	Prototype alternative solution	4	andy	Closed	4	3	2	1	0							
7	AI 1. ESB Proxy tuning	Micro benchmark prototype solution	5	andy	In Progress	5	5	5	5	5	4	3	2	1			
					Remaining Time	35	32	28	24	21	18	15	11	8			

종료까지 남은 날짜

그림 1-10 스프린트 백로그에 일정을 업데이트하는 예시

이상적인 프로젝트 진행이라면 위의 스프린트 계획(칠해진 부분)이 끝나는 다음날 남은 작업 시간이 0 이 되어야 한다. 만약 연장 작업이 계속 되더라도 칠해진 블록의 범위는 변경하지 않고 남은 날짜만 계속 업데이트 해간다. 그러면 추후에 결과가 계획 대비해서 얼마나 초과되어서 끝났는지를 확인할 수 있다.

진행 중에 고객 요건 변경이나 구현의 난이도에 의해서 스케줄을 바꿔야 할 경우가 있는데, 전통적인 스크럼 방법론에서는 스프린트가 한번 계획된 후에 될 수 있으면 스프린트를 중간에는 바꾸지 못하도록 가이드 하고 있다.

국내 SI 프로젝트와 같은 상황에서는 이를 매우 통제하기가 어려워서, 개인적으로는 융통성 있게 태스크를 추가하거나 일정을 변경하는 것을 반영하는 것을 권장한다. 새로운 태스크가 생겼을 경우에는 스프린트 백로그에 넣고, 우선순위를 재조정하는 방식을 사용하는 것이 좋은데, 이러한 태스크는 개발성(구현, 설계, 테스트) 태스크인 경우가 많기 때문에, 스크럼 마스터

나 프로젝트 리더(PL)가 이를 조정하는 것이 좋고 기능 단위의 변화가 생겼을 경우 기능 단위의 변화가 많은 개발 작업 변경을 유발 경우 제품 오너를 통해서 우선순위를 재조정하고, 스프린트 계획을 재설계 하는 것이 좋다.

단. 새롭게 발생한 태스크가 있을 때 그만큼 다른 태스크에 대한 일정을 미루거나 우선순위를 재조정 것을 전제로 해야지, 정해진 스프린트 기간 안에 새로운 태스크만 넣게 된다면 야근이나 무리한 개발 작업이 생길 수 있기 때문에, 제대로 스프린트를 끝마칠 수 없다.

번 다운 차트(Burn Down Chart)

스프린트 제품 백로그를 위와 같은 방법으로 업데이트하면 매일 남은 작업 일 수를 계산할 수 있는데, 이를 그래프로 표현한 것을 번 다운 차트라고 한다. 전통적인 스크럼에서는 남은 스토리 포인트를 이용해서 번 다운 차트를 작성한다.

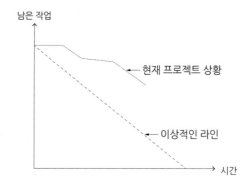

그림 1-11 번 다운 차트

이상적인 번 다운 차트는 위의 그림과 같이 스프린트가 끝나는 쪽으로 갈 수 록, 남은 태스크의 시간이 0으로 수렴하는 형태를 띠어야 한다. 그리고 실제 프로젝트의 남은 시간 역시 이 이상적인 식선에 근접해야 하는데, 번 다운 차트를 매일 업데이트함으로써 이상인 그래프에서 실제 프로젝트의 남아 있는 작업량이 그래프가 얼마나 벗어나는가를 측정함으로써 프로젝트의 일정상 위기 요소를 파악하고 대비할 수 있다.

이 번 다운 차트는 프로젝트 룸의 칠판이나 또는 시스템의 대시보드(요약 현황)이나, 일일 스크럼을 통해서 공유되는 것이 좋은데, 프로젝트 팀원 역시 사람이고, 사람은 시각적인 개념을 통해서 현재 상태를 파악하고 프로젝트의 위험도를 좀 더 체감할 수 있기 때문에 위험 요소에 대해서 심각도를 서로 공유하는데 잘 사용될 수 있고 이는 실제 팀의 사기에 영향을 줄 수 있다.

태스크 상태

다음으로, 각 태스크에 대해서 상태를 관리해야 한다. 위의 예시에서 보여준 스프린트 제품 백로그 상태 부분을 말하는데, 이 부분은 사실 매일 일일 스크럼 미팅을 하고 엑셀로 프로젝트를 관리하는 경우에는 크게 중요하지 않지만, 좀 더 전문화되고 정교한 태스크 관리 절차를 만들거나 시스템으로 구축하고자 할 때는 필수적인 부분이다.

시스템으로 구축할 경우에는 해당 태스크를 일일 스크럼 때뿐만 아니라, 항상 상태를 업데이트해서 팀원이나 운영 조직 간에 자주 의사소통을 할 수 있고 저장된 상태나 값을 기반으로 여러 가지 지표를 뽑아 낼 수 있다.

태스크 상태는 태스크의 상태 흐름에 따라 정의되는데, 이를 태스크 워크플로라고 한다. 태스크 워크플로는 최대한 단순해야 하며, 관리 지향적이기보다는 실무 중심적이어야 한다.

또한, 워크플로가 적용되는 업무의 특성별로 잘 정의되어야 한다. (개발의 태스크 플로와 버그의 태스크 플로는 분명히 달라야 한다.)

다음은 태스크 플로의 한 예이다.

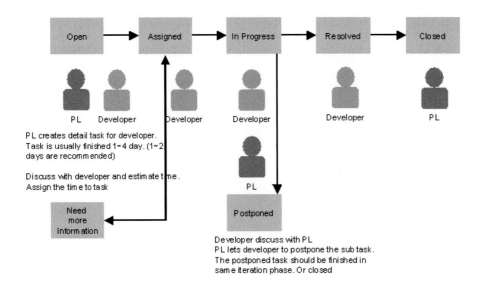

그림 1-12 태스크 상태 전이 흐름

① **Open (생성됨)** 새롭게 생성되고 정의된 태스크로, 담당자가 지정되지 않은 태스크이다.

② **Assigned (할당됨)** 태스크가 담당자와 협의를 거쳐 지정되게 되고, 수행 시간이 할당되고 스케줄링 된 상태이다. 이때 반드시 태스크를 받은 담당자가 태스크의 내용을 이해하고 자신에게 할당되었다는 것을 인지해야 한다.

③ **Need more information (추가 정보 필요)** 만약에 할당받은 태스크의 내용이 명확하지 않거나 추가 정보가 필요할 경우 Need more information(추가 정보 필요)으로 상태를 바꾸고 태스크 지정자나 프로젝트 매니저 에게 태스크의 재정의 또는 추가 정보를 요청하는 상태이다.

④ **In Progress (진행 중)** 태스크를 개발자가 작업을 시작했을 때 '진행 중' 인 상태를 나타낸다.

⑤ **Postponed (연기됨)** 진행 중인 작업이 어떤 이유(제품 버그, 환경 준비 미비)로 인해서 더는 진행할 수 없을 때, 프로젝트 매니저와 상의하여 해당 Task를 '지연' 상태로 변경한다.

⑥ **Resolved (해결됨)** 개발자가 할당된 태스크를 완료하고 종료조건을 충족하였을 때, '해결됨' 상태로 바꾸고 프로젝트 매니저에게 작업이 완료되었음을 알린다.

⑦ **Closed (종료됨)** 프로젝트 매니저는 개발자가 완료한 작업을 태스크의 지시사항대로 제대로 종료되었는지 확인하고, 종료 조건을 충족하여 제대로 완료되었을 때는 '종료' 상태로 바꾸거나, 만약 제대로 종료가 되지 않았으면 상태를 'Assigned'로 바꿔서 다시 개발자에게 할당한다.

3.5 스프린트 종료

정해진 기간에 스프린트가 종료되면 스프린트를 정리한다. 스프린트의 종료 조건은 팀에 따라 정할 수 있는데 크게 아래 조건들을 많이 사용한다.

- **정해진 시간**
- **태스크 종료**
- **예산 종료 시까지**

어떤 조건을 사용하든지 가장 중요한 것은 명시적인 종료 조건을 정의해야 한다는 것이다. 좋은 종료 조건의 예는 다음과 같다.

1) 구현의 경우 단위 테스트 100% 성공, 테스트 코드 커버리지 (테스트 케이스가 테스트한 코드 라인 수/ 전체 코드 수) 60% 달성

2) 설계 단계 메시지 채널 설계 문서 고객 확인받음

3) 설계 단계 프로토타입 작성 및 A, B, C, D 기능 동작 확인

4) 일정 기반인 경우 3/19일까지 코드 분석된 내용 리뷰 (이 경우, 컨설팅이나 코드 인스펙션, 탐색적 테스팅 같이 특정 기간과 예산을 가지고 진행하는 경우에는 기간 단위의 종료 조건을 사용하는 경우도 있다.)

스프린트 리뷰

스프린트가 종료된 후에는 스프린트에서 구현된 산출물을 리뷰하는 단계가 필요하다. 요건에 따라 적절하게 구현이 되었는지 품질은 만족해야 했는지 등의 검증이 필요하다.

단순히 스프린트에서 무엇 무엇을 했고, 잘됐다 안됐다가 아니라, 실제 구현 코드, 산출 문서, 테스트 결과 등의 구체적인 자산을 가지고 리뷰를 수행해야 한다.

이 과정에서는 고객을 참여시켜서 자산에 대해서 간략한 데모를 고객에게 수행한다. 이 데모는 고객 보고를 위해서 별도의 PPT나 데모 준비를 하는 것이 아닌 비정규적인 리뷰이다. 정규적인 리뷰는 릴리즈(Release) 시기별로 진행하도록 하고, 스프린트 리뷰 준비를 위해서 별도의 시간이나 리소스(인원)를 낭비하지 않도록 한다.

테스트

특히 스프린트가 구현인 경우, 구현이 제대로 완료되었는지 아닌지를 확인하는 방법은 테스팅 밖에 없다.

스프린트 계획(Planning)에서 구현의 경우 테스트 작업을 반드시 포함시켜야 하고, 리뷰 과정 에서는 이 테스트결과를 리뷰하도록 한다. 테스트는 기능적 테스트뿐만이 아니라 안정성이나 성능과 같은 비기능적 요건에 대한 테스트도 반드시 포함되어야 한다.

스프린트별 테스트를 통해서 잠재적인 문제를 빨리 찾아낼 수 있고 필요에 따라서 디자인이나 아키텍처에 대한 변경을 가할 수 있다.

스크럼을 사용하는 실제 구현 팀에 대해서 테스팅 구현은 다음과 같은 구현을 권장한다.

- **단위 테스트(Unit Test)** 개발자가 개발 컴포넌트 단위로 테스트 수행
- **회귀 테스트(Regression Test)** 테스트했던 내용을 다음 테스트에도 포함 시켜 새로운 코드 추가 나 변경이 기존 기능에 영향을 주지 않는 지 매번 검증
- **테스트 자동화(Test Automation)** 테스트를 자동화하여 회귀 테스트를 지원하고, 테스팅의 효율 성을 극대화 함
- **점진적 통합(Contiguous Integration)** 일일 빌드 등을 통해서 빅뱅 방식의 일시적인 코드 통합이 아닌 점진적 통합 전략을 사용함

3.6 제품 백로그 업데이트

리뷰가 끝났으면 리뷰 과정에서 나온 추가 요건이나 변경 상황을 반영하여 제품 백로그를 업 데이트한다. 팀이 모여서 우선순위를 다시 조정하고 요구 사항을 좀 더 구체화하며, 예상 소요 시간을 업데이트한다.

사람들은 프로젝트를 수행하면서 배우게 되고 실력적으로 진화하게 된다. 그래서 요구 사항이 나 예측치는 그때 상황에 따라 계속 업데이트되어야 한다. 제품 백로그는 고정된 것이 아니라 항상 변경되고 실상황을 반영해야 한다.

3.7 회고(Retrospective)

스프린트가 종료되고 모든 작업이 끝나면, 팀에서 운영 중인 방법론 자체에 대한 리뷰가 필요하다. 팀에서 운영 중인 태스크 관리 시스템(Task Management Process)은 처음에 세트업되면 많은 시행착오를 겪게 된다. 수행 시간 예측이나 스프린트 주기 설정, 태스크 관리 프로세스 등 많은 과제가 있는데, 스프린트의 경험을 기반으로 회고를 수행함으로써 프로세스를 발전시킬 수 있는 방향을 찾을 수 있다.

가장 간단한 수행 방법은 프로젝트 매니저가 이메일이나 종이를 이용하여 이번 스프린트에 "무엇이 잘되었는가?"와 "무엇이 잘못되었는가?"를 수집한 다음에 SWOT 분석 등을 통해서 개선방안을 찾아볼 수 있다.

02

태스크 관리

1. 태스크의 정의와 우선순위 결정

1.1 우선순위 결정

스크럼 방법론을 적용할 때 중요한 점 중의 하나가 각 스프린트(Iteration)에 처리할 작업의 우선순위를 결정하는 것이다. 다른 시스템 개발에 대한 종속성이 있을 때는 당연히 선행 개발해야 하는 것이 맞겠지만, 이 우선순위 결정은 개발된 시스템의 전체적인 품질에 큰 영향을 미치게 된다.

가장 기본적인 원칙은 "기본 기능을 먼저 개발하되, 개발 난도가 높은 것을 우선으로 한다."이다. 기본 기능은 대부분 전체적인 구조의 뼈대가 되는 아키텍처와 연관되어 있는 경우가 많고 난도가 높은 부분의 경우, 구현의 실패 가능성이 많기 때문에 이러한 부분을 먼저 개발해서 시행착오를 초기에 겪고 나중에 문제를 해결할 시간을 벌기 위해서이다.

기본적인 아키텍처 같은 경우에는 제품이 개발이 중반 이상 들어간 경우에는 변경하기가 어렵다. 전체적인 구조를 뜯어고친다는 것은 상당 부분의 재코딩을 의미하기 때문이다. 쉽게 생각해서 건물의 기둥을 먼저 올리고 그다음에 벽이나 지붕 등을 올리고 인테리어를 한다고 생각하면 될 것이다. 기둥을 허물거나 바꾸는 것은 당연히 기둥만 있을 때 하는 게 쉽지 않겠는가?

우선순위를 정할 때는 두 가지 요소를 고민해야 하는데 '긴급도(Severity)', '우선순위(Priority)' 또는 '난도(Difficulty)'이다.

- 긴급도는 우선하여 구현해야 하는 기능이다. 난도가 높지 않더라도 필수적으로 필요한 기능들이 여기에 들어간다.
- 우선순위 또는 난도라는 항목을 사용한다. 이 항목은 개발의 난도를 뜻한다.

개발의 우선순위는 긴급도가 높은 것을 우선으로 하되, 그 중 난도가 높은 것을 우선하여 수행한다.

난도가 높은 태스크의 경우, 해당 스프린트에서 개발을 개시하였을 경우에 난이도에 의해서 해당 기간 내에 개발을 끝 맞추기가 어려울 수 있기 때문에, 선행 개발 또는 탐색 개발이라는 방법을 사용하는데, 쉽게 이야기하면 개발이 들어가기 전에 '공부하고 테스트해보는 것'을 의미한다.

1.2 선행 개발

해당 기능에 대해서 적용 가능한 기술들을 찾고 검토해서, 시험 코드를 만들어보고 테스트를 거쳐서 개발에 대한 확신을 한 후에 개발을 착수하는 방법이다.

이런 선행 개발을 하는 방법으로는 프로젝트 시작 전에 기술 탐색 개발을 해보는 방법과 조직적으로 별도의 '선행 개발팀'이라는 것을 운영할 수 있다. 프로젝트 시작 전에 기능이 리소스(개발 인원)가 확보되어 있는 상황이라면 프로젝트 시작 전에 탐색 개발을 하는 것이 유리하다. 해당 개발원들이 그 기간을 통해서 기술을 습득하고 내재화할 수 있는 기간을 확보할 수 있기 때문이다. 이런 프로젝트 전의 탐색 개발의 경우 내부 개발팀이나 자체적으로 솔루션을 개발하는 경우에는 유리하지만, SI 관련 프로젝트의 경우 내부 개발 인원을 확보하지 못한 경우가 많지 않기 때문에 SI 프로젝트에서는 적용하기가 어려운 방법이다.

SI 프로젝트에서는 이를 대처해서 기술에 대한 PoC (Proof of Concept: 콘셉트 검증)나 BMT (Benchmark Test: 벤치마크 테스트)를 수행하는 방법이 있다. PoC는 업체로부터 제안받은 기술이나 솔루션에 대해서 제대로 요구 사항에 맞게 작동을 하는지 어떤 아키텍처로 갈 것인지를 사전 검증하는 방법으로 선행 개발과 유사한 효과를 발생시킬 수 있다. BMT는 기술이 검증된 상태에서 여러 제안된 솔루션을 비교 검토하는 과정으로 좀 더 최적화된 선행 개발 효과를 낼 수 있다.

다른 방안으로는 선행 개발팀을 팀 내에 운영하는 방법이 있는데, 선행 개발팀은 1~2 스프린트에 앞서서 기술을 검토하고 프로토타이핑 후에 샘플 코드들을 개발팀에 전달하는 역할을 한다. 개발 과정에서 이 작업을 수행하기 때문에 개발 요구 사항 변화에 따라 바로 대응한 선행 개발을 할 수 있고, 팀 내에 속해 있기 때문에 기술이전과 지속적인 기술 지원이 가능하다.

2. 엑셀을 이용한 태스크 관리 방법

이런 스크럼 방법론을 적용하기 위해서 JIRA와 같은 이슈 추적 시스템을 이용하여 스케줄 관리와 작업 추적을 할 수 있지만, 프로젝트에 따라서는 이슈 추적 시스템의 도입이 어렵거나, 별도의 프로세스 정립이나 학습 곡선(Learning Curve: 지식 습득 시간)이 필요한 경우가 있기 때문에, 때에 따라서는 엑셀 기반의 태스크 관리가 효율적일 수 있다. 조엘 온 소프트웨어에서도 언급된 바 있는 내용이다.

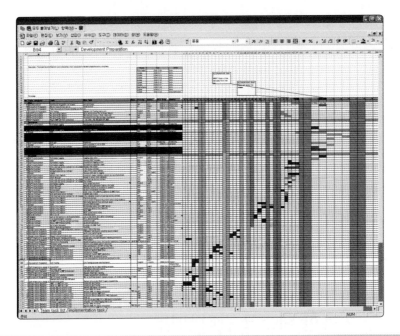

그림 2-1 엑셀을 이용한 태스크 관리

엑셀 항목에 다음과 같은 항목을 정한다.

태스크 #	카테고리	서브 태스크	태스크 상세	담당자	우선순위	종료일	상태

카테고리는 태스크의 종류가 된다. 디자인, 분석 같은 단계가 될 수도 있고, 로그처리, 에러 핸들링과 같은 각 패키지가 될 수도 있다. 서브 태스크는 태스크들을 나눠서 정의하는 부분으로 하위 카테고리 정도로 생각하면 되고, 가장 좋은 단위는 독립된 기능으로 하는 것이 좋다.

태스크는 실제 작업을 해야 하는 태스크인데, 보통 1일 단위로 나누는 것이 좋고 최대 3일을 넘지 않아야 제대로 된 관리가 가능하다.

① 담당자는 작업이 지정된 사람을 지정한다.

② 우선순위는 중요도를 지정한다.

③ 종료일에는 작업 예상 종료일을 지정한다.

④ 상태는 신규/할당됨/진행 중/연기됨/종료로 정하는데, 신규는 새로 생성된 것, 할당됨은 생성되고 각 개발자에게 할당된 작업, 진행 중은 실제 작업 중인 것, 연기됨은 일정에 의해서 미뤄진 작업이고 종료는 완료된 작업이다. 뒤에 그래프는 날짜별로 작업을 진행하는 기간을 명시한다.

2.1 프로세스

크게는 스크럼 방법론을 따르는데, 기본적으로 해야 할 태스크 리스트들을 정하고 이터레이션 기간을 정한다. 보통 한 달 이하가 적절하다. 태스크 리스트를 뽑는 것은 프로젝트 매니저가 주도로 하고 세세한 태스크는 각 구성원이 직접 작성하고 그에 필요한 시간 역시 직접 작성한다. 그래야 책임 여부가 확실해 지지만, 이것은 스케줄이 늦어졌을 때 책임을 묻기 위함이라기보다는 좀 더 현실적인 스케줄링을 하고 책임감을 부여하기 위함이다.

프로젝트 매니저는 구성원이 작성한 스케줄을 가지고, 이터레이션 기간 내에 맞출 수 있는지 체크하고 태스크가 일정 내에 끝나지 못한 경우에는 우선순위에 따라서 다음 이터레이션으로 넘기거나 리소스(개발자)를 더 할당한다.

태스크 시간을 예측하는 데는 몇 가지 규칙이 있는데, 절대 태스크는 각 팀원의 가동률(Utilization)을 100%로 해서 잡지 않는다. 80%가 적절한데, 80%로 잡더라도 항상 100% 근처가 되기 때문에 낭비가 되지는 않는다.

그리고 다른 규칙은 모듈을 개발할 때, 설계:구현:테스트의 비율이 실제적으로 실행해보면 1:1:1의 비율을 갖는다. 설계 단계에서는 관련 기술을 공부하고, 테스트하고 문서화 하는 기간, 테스트에서는 버그 추적 및 리팩토링 등의 기간이 들어가기 때문에 1:1:1의 법칙 역시 많은 시간을 소요하는 것은 아니다.

이를 바탕으로 오전에 10~20분 정도 팀원의 스케줄을 체크하고 문제 사항이 없는지 도움을 주거나 받을 사항을 간단하게 이야기하고 매일 태스크 리스트를 업데이트하여 스케줄 상에 발생할 수 있는 리스크를 관리한다.

전문화된 도구를 사용하는 것도 좋겠지만, 일반적인 소규모 프로젝트에서는 사실 이 엑셀만으로 해도 충분하다. 배우기 편하고 빠르게 적용할 수 있으며 직관적이다. (도구를 배울 필요가 없다.) 처음 스크럼 방법론 등을 적용한다면 먼저 이 엑셀 기반으로 태스크를 관리하고 프로세스와 사상이 몸에 익은 후에 도구를 도입하는 것을 권장하고 싶다.

3. 태스크의 상하 구조

엑셀보다 조금 더 자동화, 큰 규모의 관리를 원한다면 태스크를 관리할 수 있는 시스템을 도입하는 것이 좋다.

3.1 요구 사항 저장

요구 사항은 파워포인트나 워드와 같은 문서에 저장할 수도 있지만, 이런 문서는 자칫하면 죽은 문서가 될 수 있다. (만들어놓고 저장되어 다시 보지 않는 문서) 그리고 요구 사항이 지속적으로 변경될 때마다 이 문서를 업데이트해서 재배포해야 하는데, 재배포 과정이 잘못되었을 경우에 예전 버전의 요구 사항 문서 등이 참조될 수 있기 때문에 가능하다면 변경된 요구 사항도 항상 일관되게 하나의 문서로 관리할 필요가 있다.

이런 요구 조건을 만족하는 방법으로는 문서를 온라인에 저장해놓고 공유하는 방법이 있는데, 쉽게는 공유 파일 저장소에서, 마이크로소프트의 셰어포인트(Share Point)와 같은 문서 협업 도구를 사용하는 방법도 있지만, 위키(Wiki)를 사용하는 방법을 고려해볼 필요가 있다

요구 사항을 위키에 페이지로 유지하고, 변경이 되었을 때마다 업데이트하면 항상 최신 문서를 볼 수 있고, 위키는 업데이트 내용에 대한 히스토리를 저장해놓기 때문에 문서 변경 내용도 함께 관리할 수 있다.

3.2 요구 사항 변경 협의

고객과의 협의에 의해서 요구 사항이 변경될 경우, 변경에 대한 근거 자료를 남겨야 하는데, 그 근거 자료는 회의록(Meeting Minutes)이다. 회의록을 정리하고, 회의록에서 나온 액션 아이템(Action Item)을 다시 요구 사항이나 태스크로 만들어서 반영해야 한다.

회의록은 요구 사항을 저장하는 Wiki를 함께 사용하면 효과적이고, 회의록이 영향을 주는 태스크나 요구 사항에 대해서 링크를 걸어서 추적성을 제공할 수 있다.

3.3 요구 사항의 상세화

분석 단계에서 추출되서 요구 사항은 실제 구현을 위해서 상세화되어야 한다. 요구사항 정의서(SRS)와 같이 비즈니스(업무) 입장에서 정의된 요구 사항인 기술요구사항 정의서(TRS)와 같은 기술 요구 사항으로 변경하는 과정에서 상세화될 수 있다.

위키(Wiki)에 정의된 요구 사항을 Requirement라고 정의한다면, 상세화한 요구 사항을 Sub-requirement(하위 요구 사항)라고 정의한다. 이 둘 간에는 상하 계층 연결 관계를 갖도록 하여 추적성을 제공해야 한다.

> **☕ 요구 사항 정의 방법에 대한 변화**
>
> 기존의 개발 프로세스에서는 요구 사항을 받아서 개발하는 형태였는데, 이 요구 사항이 완벽하지 않다는 것은 누구나 알고 있고, 이를 전제로 해서, 변경 가능한 요구 사항을 기반으로 개발하는 프로세스가 애자일 프로세스이다.
>
> 관리 관점뿐만 아니라, 요구 사항을 수집하는 관점도 변화가 필요한데, 기존의 요구 사항 수집 방법이 고객이 요구 사항을 내는 방법이었다면, 이제는 "요구 사항은 고객이 정해주는 것이 아니라, 스스로 정하는 것이다."

사실 고객도 새로운 시스템에 대해서 요구 사항을 완벽하게 정의할 수 없다. 이 점이 바로 기존의 소프트웨어 개발 방법론의 실수인데, 기존의 폭포수 모델의 경우 요구 사항 분석 단계에서 요구 사항을 완벽하게 정의하고 디자인 단계로 넘어갔다. 그러나 고객의 요구 사항은 프로젝트 진행 중에 고객이 학습하면서 조금 더 꼼꼼한 요구 사항이 나오게 되고, 프로젝트가 끝날 때까지 고객은 자신의 요구 사항을 정의하지 못한다. 그러나 제품의 기능에 대해서 고객에게 언급하면 그것이 고객에게 필요하다 아니다. 즉 좋다 나쁘다는 이야기 해줄 수 있다.

"고객은 자신의 요구 사항을 정의하지는 못하지만, 반대로 제시된 기능에 대해서 좋다, 나쁘다는 이야기 할 수 있으며, 고객의 요구 사항은 프로젝트 진행 과정 중에서 학습을 통하여 끊임없이 변화한다."

이런 고객의 특성에 맞춰서 요구 사항 수집 방법을 바꿔서 생각해볼 필요가 있는데, 고객에게 요구 사항을 받은 것이 완벽하다고 판단하지 말고, 요구 사항이 부족한 부분은 개발하고, 완벽하게 만들어 나갈 것. 즉 고객이나 다른 사람에게 요구 사항 정의에 대해 의존하지 말고, 커뮤니케이션, 가정, 레퍼런스를 통하여 스스로 요구 사항을 정리할 수 있도록 해야 한다.

완벽하지 않은 요구 사항에 대해서는

① 고객에게 요구 사항을 커뮤니케이션을 통해서 물어볼 것.

② 고객의 요구 사항이 확실하지 않다면, 유사 레퍼런스를 통해서 요구 사항을 정의하여, 고객과 협의한다.

③ 요구 사항을 역 제안할 때는 프로토타입 등을 제작해서 커뮤니케이션 하면 좀 더 정확한 의사소통을 할 수 있다.

④ 또는 요구 사항을 가정하되, 가정의 원칙을 고객의 비즈니스 밸류(가치)를 우선으로 한다.

요구 사항은 변경될 수도 바뀔 수도 있다. 그러나 원칙이 되는 것은 고객이 얻고자 하는 비즈니스 밸류가 되어야 하며, 개발팀 역시 고객의 비즈니스를 이해하고 이를 통해서 요구 사항을 함께 정의해야 한다. 최고의 요구 사항은 "고객의 비즈니스 가치이다."

요구 사항의 정의 기법은 스크럼 사용자 스토리나 다른 기법에서도 여러 방법으로 표현하고 있지만, 요약해보면 적절한 요구 사항 정의는 다음과 같다.

"누가? 왜? 이 행위를 원하는 것이며" – Who & Why

"이 행위의 결과로 얻을 수 있는 비즈니스 가치는 무엇인가?" – What

그리고, "이 비즈니스 가치를 얻으려고 하는 행위가 무엇인가가 명확하게 정의되어야한다." – How

3.4 태스크의 종류

이제 상세 요구 사항을 구현하기 위해서 여러 가지 작업을 해야 한다. 디자인도 해야 하고, 문서도 만들어야 해야 하고, 코딩도 해야 한다. 그리고 테스트 과정에서 상세 요구 사항에서 발견되는 버그(결함)에 대한 처리도 해야 한다. 이러한 행위를 태스크라고 정의한다.

태스크는 몇 가지 종류를 가질 수 있으며, 팀의 프로젝트 관리 방안에 따라서 재정의되어야 한다. 몇 가지 예를 들어보면 다음과 같다.

- **작업 아이템(Working Item)** 작업 아이템은 일반적인 작업으로, 디자인 및 구현, 디버깅 작업 등이 여기에 해당한다.
- **문서화(Documentation)** 문서화 작업으로 산출물이나 매뉴얼을 작성하는 태스크이다.
- **테스트** 해당 태스크에 대한 테스트이다.
- **버그** 테스트 과정에서 버그가 발생하였을 경우, 추적성을 부여하기 위해서 버그를 서브 요구 사항과 연결한다.

앞서 설명한 요구 사항, 서브 요구 사항과 이를 구현하기 위한 태스크들의 관계를 정리하면 다음과 같다.

순서를 보면 먼저 요구 사항을 정의한 후에 스프린트 일정을 잡은 후 요구 사항을 각 스프린트에 분리해서 배치한다. 그리고 스프린트에 들어가기 전에 요구 사항들을 상세화하여 태스크로 나누고 각 태스크를 개발자들에게 배치한다. 각 개발자는 일정을 배치한다.

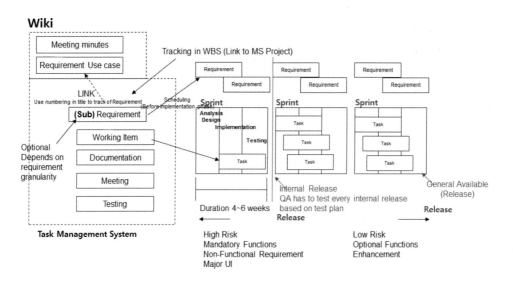

그림 2-2 위키를 이용한 요구 사항 및 태스크의 추적

앞에서도 설명하였지만, 태스크는 1~2일 단위로 처리할 수 있는 분량까지 나누는 것이 좋다. 이 태스크를 정의하는 과정에서 가장 중요한 것은 요구 사항에서부터 1~2일 단위의 상세 태스크까지 계층 구조를 갖는 연결성을 부여하며 개발 프로세스에 맞는 태스크의 타입을 제대로 정의하는 것이 관건이다.

4. 태스크 관리 도구

이제 애자일 스크럼 방법론에 대한 개념, 프로세스, 조직 구조나 수행 방법 등에 대해 전반적인 내용을 모두 살펴보았다. 그러면 스크럼 방법론을 시스템을 도입하여 효율화할 수 없을까?

4.1 왜 도구를 사용하는가?

태스크 관리에 있어서 엑셀 등을 사용할 수 있음에도 왜 도구(Tool)를 사용하는가? 도구를 사용하면 위치적으로 멀리 떨어져 있는 사람도 쉽게 공유가 가능하고 검색 등을 이용하여 지난 이슈에 대한 내용 추적이 용이하며 업무 프로세스에 맞춰서 플로 등을 커스터마이징할 수도 있다. 즉 태스크 관리에 있어서 많은 효율성을 부여하는데, 이때 주의해야 하는 점은 도구는 프로세스를 실체화하기 위한 하나의 수단이지 도구 자체가 목적이 돼서는 안 된다. 많은 경우를 보면 도구만 사면 프로세스가 안착할 것이라는 기대를 가지고 도구만 구입했다가 프로세스를 녹여내는 데 실패하는 경우가 많다. 도구가 있으면 효율적이기는 하지만, 중요한 것은 프로세스와 조직 문화 자체임을 인지하고 도구 도입을 고려하자

4.2 도구 선택 시 고려 사항

태스크 관리를 위해서는 프로젝트 관리 도구나 이슈 트랙킹 도구를 사용한다. 여러 가지 도구들이 있지만, 도구를 선택할 때 몇 가지 고려사항을 정리해 보면 다음과 같다.

워크플로 사용자 정의(Workflow Customization) [필수]

앞에서 설명한 바와 같이, 각 태스크는 처리 과정에 따라서 상태 값을 갖는다. 이 상태 값의 전이는 일종의 흐름, 즉 워크플로를 가지고 있다. 단순한 상태 플래그가 아니라 이 상태 플래그는 상태에 따라 다음 상태로 전이될 수 있는 조건을 가지고 있다. 예를 들어 Assigned 상태

는 In-Progress나, Need More Information 단계로 넘어갈 수 있고, In-Progress 단계는 Postponed(연기됨)나, Resolved(해결됨) 상태로만 넘어갈 수 있다. 이 워크플로는 각 개발 조직의 업무 프로세스에 의해서 다시 정의되기 때문에 반드시 이 워크플로를 커스터마이징할 수 있는 기능이 필요하다.

계층(Hierachy) [필수]

등록되는 태스크의 종류를 정하고, 이 종류별 상하 또는 평행상의 관계 설정이 가능해야 한다. 보통 태스크 간의 링크 기능이 이에 해당하는데, 일반적인 링크 기능은 태스크 간에 연결성만 제공하지만, 계층을 명시적으로 보장하는 시스템의 경우에는 상하 연결성을 제공한다.

이 계층이 필요한 이유는 추적성을 보장하기 위함인데, 예를 들어, 요구 사항을 클릭하면, 이를 구현하기 위한 태스크들을 쭉 리스트 업을 해주고, 진행 상황을 체크해줄 수 있기 때문에, 프로젝트의 진행 현황을 체크하는 것이 매우 편리하다.

대시보드 [권장]

대시보드는 프로젝트 진행 현황에 대한 요약 표이다. 태스크 관리 도구의 초기화면으로, 진행 상황, 위험요소, 팀원들의 개별 워크플로들을 모니터링할 수 있다.

- **위험 태스크 관리** 태스크의 우선순위가 높거나 위험도가 높은 태스크는 요약 화면에 별도로 표시하여 상위 매니저들이 별도로 관리할 수 있도록 한다.

- **번 다운 차트(Burn Down Chart)** 진행 중인 스프린트의 [마감된 태스크 수/전체 태스크 수]를 일별로 그래프 형태로 나타내어 프로젝트의 진행 상황과 프로젝트팀의 개발 속도를 보여줘서 관리할 수 있도록 한다.

- **스프린트별 진행 현황** 진행 중인 스프린트의 완료율을 %로 출력하여 추적할 수 있도록 한다.

- **스프린트별 결함(버그) 발생 수** 진행 중인, 그리고 진행이 완료된 스프린트에서 발생한 결함의 수를 출력하여, 품질 관리의 지표로 사용한다. 일반적으로, 프로젝트가 진행되어감에 따라 뒤로 갈수록 스프린트 별 결함의 수는 줄어드는 것이 정상이다. 이유는 애자일 방법론에서는 위험 감

소를 위해서 앞부분에 배치한 스프린트에서는 구현이 어렵거나 핵심 모듈을 우선으로 개발하기 때문에, 난도가 높은 앞부분에서 결함 발생할 확률이 높고, 뒤로 갈수록 개발원들의 프로세스에 익숙해지고 기술적으로도 성숙하기 때문에 결함의 발생 비율을 줄어들게 된다. 만약 뒤로 갈수록 결함의 발생 비율을 증가한다면 반드시 원인을 규명해볼 필요가 있다.

- **개발자별 태스크 처리량** 대시보드에서 중요하게 다뤄볼 수 있는 것 중 하나는 개발자의 생산성이다. 먼저 개발자에게 밀려 있는(Assigned) 태스크의 양을 보면, 어느 개발자가 현재 업무 부하가 많은지 판단할 수 있고, 이에 따라 업무를 재분배할 수 있다. 또한, 개발자별 업무 처리량(Total number of closed task)을 보면, 어느 개발자가 생산성이 좋은지 평가의 지표로도 사용할 수 있고, 반대로, 지나치게 많은 태스크 처리량은 개발자가 태스크의 크기 (1~2일이 아니라 더 작은 단위)로 쪼개었을 수도 있기 때문에 프로세스 적용에 있어서 문제가 없었는지 검증하는 용도로도 사용할 수 있다.

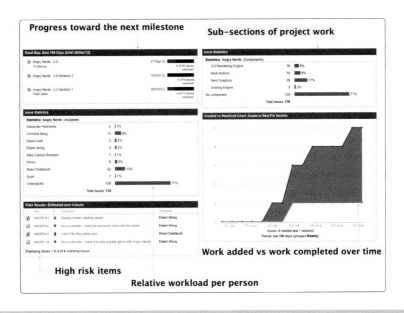

그림 2-3 JIRA 대시보드 예(http://blogs.atlassian.com)

모 은행권 차세대 프로젝트 때 사용한 태스크 관리 시스템(JIRA)의 대시보드의 경우, 그 대시보드는 임원 레벨에서도 사용되었는데, 출근한 임원은 이 화면 하나만 보고 현재 진행 상황과 리스크에 대해서 파악이 가능했기 때문에 만족하였고, 실무 개발 입장에서는 이슈에 대해서 지원이 가능했기 때문에 빠른 이슈 처리와 프로젝트 진행 상황에 대한 보고와 문서 작성을 줄일 수 있어서 효율적이었다.

보통 개발상의 장애나 리스크 요인에 대해서 임원들은 상황을 파악하지 못하고, 매번 보고를 시키거나, 회의를 한다. 그런데 이슈 관리 시스템을 제대로 사용하면, 중요한 이슈만 노출 시켜서 집중관리할 수 있고, 이슈의 내용에 해당 리스크 요인에 대한 정의, 현상, 효과 그리고 무엇보다 중요한 것이 진행 상황을 업데이트함으로써 매번 보고할 필요없이 관리자가 이슈에 달린 노트만 보고도 현황을 파악할 수 있게 해주기 때문에 개발자에서부터 상위 관리자까지 일관된 뷰를 제공하는 위험 이슈 관리 기능을 제공한다.

경우에 따라서는 이 대시보드를 여러 개 만들 수 있는데, 요즘 도구들은 이런 기능들을 잘 지원한다.

개별 개발자의 경우에는 자신의 개발 내용에 대한 내용들, 할당된 리스크 수 등에 관심이 있을 테고, 프로젝트 리더 급은 단위 팀의 프로젝트 진행 현황, 임원급들은 전체 프로젝트의 진행 현황과 위험 요인에 관심이 있기 때문에 역할에 따라 맞는 대시보드를 제공하는 것은 매우 효율적인 방안이 될 수 있다.

외부 시스템 연동 [권장]

태스크 관리 시스템은 외부 다른 개발 환경과 연동하면 시너지 효과를 줄 수 있는데, 주로 연동 대상이 되는 시스템들은 다음과 같다.

- **인증 체계 연동** 사용자의 이름, 아이디, 비밀번호 등을 저장한 인증 시스템과 연동을 할 수 있으면 별도로 개정 관리를 하지 않아도 된다. 보통 전사적인 개정 시스템이 있을 때(윈도우의 Active Directory 인증이나 이메일 주소 인증) 연동해서 사용하면 중복적으로 아이디나 비밀번호를 사용하지 않아도 되고, 신규 입사자나 퇴사자에 대한 계정 관리가 편리하다.
- **형상 관리 시스템 연동** 형상 관리 (소스 관리 시스템)의 연동은 여러 가지 유용한 면을 제공하는데, 구현으로 정의된 태스크의 내용이 코드 상에 어떻게 구체적으로 반영되었는지를 추적할 수 있다. 한마디로 요구 사항 정의에서부터 각 기능이 실제 코드에서 언제 누가, 어떻게 구현하였는지까지 End to End 추적성을 보장해준다.

- **위키 등의 외부 시스템 연동** 앞에서도 설명하였듯이, 태스크 관리 시스템에만 저장할 수 없는 공통된 문서나 API 문서, 설계문서, 요구 사항 분석서들은 태스크 처리에 있어서 기반이 되는 근거 자료들이다. 이런 자료들을 링크를 통해서 태스크와 연결할 수 있다면 태스크 관리 시스템을 중심으로 모든 자료를 온라인에 취합할 수 있어서, 누구나 해당 태스크가 어떻게 구현되었고, 어떤 근거에 의해서 개발되었는지를 손쉽게 알 수 있다.

리포팅(권장)

마지막으로 리포팅 기능이 있는 것이 유리한데, 리포팅 기능은 개발자별 이슈 현안, 번 다운 차트(Burn Down Chart), 전체 개발팀의 중요 아이템 등 여러 가지 조건에 따라서 질의한 결과를 엑셀이나 다른 형태의 리포트로 출력할 수 있게 해주는 기능이다.

이 기능은, 다양한 매트릭스를 이용하여, 프로젝트를 관리할 수 있게 해주고, 회의나 보고 시에 별도의 문서를 만들 필요 없이 리포팅 기능으로 출력된 보고서를 사용하면 되기 때문에 업무 효율성을 높일 수 있다.

4.3 이슈 트랙킹 도구

태스크 기반의 소프트웨어 개발 프로세스 관리를 해주는 도구가 있는데, 이런 도구들을 태스크 관리 시스템(Task Management System) 또는 이슈 트랙킹 시스템(Issue Tracking System)이라고 한다. 몇 년 전까지만 해도 직접 자신의 서버에 설치해서 운용하는 형태가 대부분이었는데, 근래에는 클라우드 서비스 형태로 월 사용료를 내고 서비스만 사용하는 형태도 많이 사용한다. http://trello.com이나 JIRA On Demand 서비스(http://www.atlassian.com/software/jira/try/) 등이 있고 설치형 오픈소스에는 다음과 같은 것들이 있다.

Trac (http://trac.edgewall.org/)

Trac이 재미있는 점은 이슈 관리뿐만 아니라, 소스 코드에 형상 관리(SCM: Source Code

Management)와 Wiki를 포함하고 있어서 태스크 관리, 문서 관리, 소스 코드 관리를 하나의 도구에서 통합해서 지원할 수 있다.

특히 Subversion이라는 형상 관리 도구와 연동되어서 이슈에 대한 구현 내용이나 결함에 대한 처리 내용이 소스 코드 어느 부분에 반영되어 있는지 Subversion Revision (코드 변경 버전)과 연동할 수 있는 장점이 있다. 단, Trac의 경우 하나의 Trac 시스템은 하나의 프로젝트만 관리할 수 있기 때문에, 다중의 프로젝트를 관리하는 경우에는 사용하기가 좀 어려운 점이 있다.

RedMine (http://www.redmine.org/)

근래에 들어서 많이 인기가 많은 제품으로, Trac과 비슷한 특징을 가지면서, Trac의 단점을 많이 보완한 제품이다. 문서, 형상 관리와 연동 기능을 물론이고, 프로젝트 다수를 하나의 RedMine 시스템으로 관리가 가능하며, 우리에게 익숙한 간트 차트를 지원하며, 달력과 연동하는 기능을 가지고 있다.

그리고 형상 관리 서버 연동의 경우 SVN 뿐만 아니라, CVS, Git, Bazaar 등 다양한 형상 관리 서버를 지원한다. Trac을 고민하고 있다면 반드시 RedMine을 한 번 정도 검토해보고 결정하기를 권장한다.

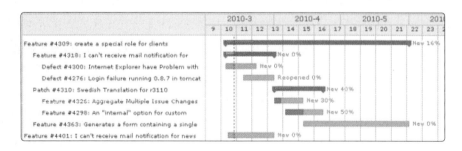

그림 2-4 RedMine에서 지원하는 간트 차트

대표적인 상용 제품으로는 아틀라시안사의 JIRA를 들 수 있다. 개인적으로 상당히 좋아하는 회사인데, 주로 개발 환경에 관련된 도구들을 만드는 회사인데, 이론보다는 실무에 정말로 유

용한 기능을 많이 가지고 있고, 쉬운 설치와 높은 안정성을 가지고 있다.

JIRA

JIRA는 순수하게 이슈 트래킹을 위해서 개발되었다. 버그 관리 용도로도 사용할 수 있으며, 아틀라시안의 다른 제품과 연동하여 Trac이나 RedMine 이상의 기능을 제공할 수 도 있다. 형상 관리 연동, 위키, 코드 리뷰 연동, 빌드 자동화까지 상당히 넓은 범위로 확장할 수 있다.

그리고 다양한 유/무료의 플러그인들을 제공하고 있기 때문에 MS Project Gantt Chart 연동 등 용도나 프로세스에 맞게 수정할 수 있다. 국내에서는 N사 등이 사용하였고, 많은 개발 업체들이 사용하고 있다.

IBM Jazz / RTC (Rational Team Concert)

IBM Jazz / RTC (Rational Team Concert)는 IBM에서 인수한 레이셔널사에서 만든 도구다. Jazz는 이슈관리뿐만 아니라 요구 사항 관리, 품질관리, 빌드 관리까지 소프트웨어 개발의 전 과정을 자동화할 수 있는 도구이다. 그중에서 RTC (Rational Team Concert)는 우리가 지금 보는 태스크 관리 모듈이다.

> URL: http://www-01.ibm.com/software/kr/rational/jazzrtc_func.html

폭넓은 기능을 제공하고는 있지만, 무거운 편이라서 응답 속도가 느리다. 그리고 기능이 많은 만큼 복잡도가 높다. 다른 솔루션에는 다음과 같은 것들이 있다.

- **VersionOne (http://www.versionone.com)** 스크럼 방법론 지원이 잘된다.
- **Rally Enterprise (http://www.rallydev.com)** SaaS 형태로 제공되며, 애자일 방법론이 잘 적용되어 있고, 고도화된 애자일 프로세스 구현에 알맞다.
- **Senera (http://www.serena.com/)** 오래된 회사로, 이슈 관리뿐만 아니라 빌드 자동화 형상 관리까지 소프트웨어 개발의 전체 프로세스를 지원하며 고도화된 개발 프로세스를 시스템화할

수 있다. 반대로 이야기하면, 작은 팀이나 개발 프로세스의 성숙도가 낮은 팀에서는 사용하기
가 어려우며 난이도가 있다.

마지막으로 마이크로소프트 진영에는 비주얼 스튜디오와 연동할 수 있는 TFS (Team
Foundation Server) 등이 있다. TFS도 Jazz 등과 마찬가지로 태스크 관리뿐만 아니라 전체
개발 과정을 커버할 수 있는 도구다.

클라이언트 연동

대부분의 태스크 관리 시스템은 기본으로 웹 기반의 사용자 인터페이스를 제공한다. IDE 개발
환경과 연동하는 방법이 있는데, MyLyn (http://www.eclipse.org/mylyn/)이라는 이클립
스 플러그인을 사용하면 이클립스에 태스크 목록을 나타나게 할 수 있다.

출처: http://tasktop.com/blog/tasktop/microsoft-team-foundation-server-mylyn-connector

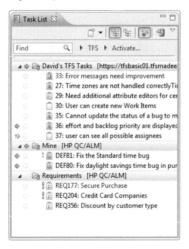

그림 2-5 MyLyn 이클립스 화면

이렇게 하면, 개발자가 별도의 웹 화면을 들어갈 필요 없이 IDE에서 자신이 해야 할 태스크를
모두 조회하고 처리할 수 있어서 화면 전환이 필요 없기 때문에 효율적으로 태스크 처리를 할

수 있다. 반대로, 개발자 측면에서 IDE만 보면 되기 때문에, 웹 화면을 들어가지 않게 돼서 웹 화면에서만 볼 수 있는 대시보드들을 보지 않기 때문에 프로젝트의 전체적인 진행 상황을 보지 않게 된다.

한편으로는 자신의 일에만 집중할 수 있는 장점이 될 수도 있고 다른 한편으로는 프로젝트의 전체 진행 현황 등 기타 정보에서 소외될 수 있다는 단점으로 작용할 수도 있다.

 Cost, Quality, Quick

언젠가 호주 컨설턴트에게서 들은 재미있는 접근. 한때 가브리엘(Gabriel)이라는 호주인 컨설턴트랑 일을 했던 적이 있습니다. 점심 식사때 재미있는 이야기를 하더군요. 고객한테 이야기할 때 항상 2가지를 고르라고 한답니다. Cost, Quality, Quick 3가지 중에서요. Quality와 Quick(기간)을 갖춘 시스템을 원하면 Cost가 올라갈 것이고 Cost와 Quality (저비용에 좋은 품질)을 원하면 당연히 Quick(기간)이 떨어질 것이고 Quick과 Cost를 원하면 (단기간에 낮은 비용)으로 구축을 원하면 결과적으로 Quality가 떨어질 것입니다.

당연한 사실이지만, 재미있는 접근 방법 같네요.

 Technical Debt

Technical Debt는 직역하자면 '기술적인 빚'이라는 뜻입니다. 은유적인 표현으로, 개발 단계에서 제대로 개발을 해놓지 않게 되면 그게 빚이 되고 나중에 이자가 붙어서 더 많은 일을 해야 한다는 것이지요. 쉽게 예를 들어서, 개발 단계에서 문서화를 제대로 해놓지 않은 경우 개발이 끝난 후 기능 개선이나 기타 수정을 하려고 했을 때 문서가 없기 때문에 코드를 분석하고 구조를 다시 분석하는 작업을 한 후에 다시 개발을 해야 하므로 더 많은 노력이 든다는 겁니다. 즉 문서로 만들어놓지 않은 것이 '빚' 이 되는 것입니다.

Technical Debt가 생기는 원인은 여러 가지를 들 수 있는데, 주요한 원인은 다음과 같습니다.

① **비즈니스 조직으로부터의 무리한 압박** 시장 출시를 맞추기 위해서 무리한 일정이나 무리하게 적은 예산으로 진행한 경우, 소프트웨어의 품질에 문제가 생기고 결국 나중에 이 부분을 다시 보강해야 한다.

② **부정확한 요구 사항이나 잦은 변경** 요구 사항이 정확하지 않게 정의되면 시스템의 기능이 제대로 개발되지 않고 프로젝트 후반에 집중되는 경향이 있으며 이는 심각한 일정과 품질 문제로 연결된다.

③ **잘못된 의사 결정 프로세스** 비즈니스 쪽에서 일정 변경이나 요구 사항 변경에 대한 Implication (영향도)를 인지하지 못하고 일정이나 비용 등에 없이 변경을 하면 결국 문제가 발생하고 이것이 Technical Debt의 원인이 된다. 이는 잘못된 의사 결정 프로세스에서 기인한다.

④ **부족한 협업** 팀 간의 협업 부족으로 서로 정보가 공유되지 않거나 정보가 오역되는 경우에 발생하기 쉽다.

⑤ **부족한 테스트** 테스트 부족으로 말미암아 소프트웨어의 품질이 심각하게 저하되는 경우에 발생하기 쉽다.

⑥ **부족한 문서화** 문서화의 부족으로 향후 참고할 자료가 없는 경우에 발생하기 쉽다.

⑦ **리팩토링 지연** 리팩토링을 미루다가 소프트웨어 품질이 저하된 경우에 발생하기 쉽다.

⑧ **낮은 수준의 아키텍처 설계** 아키텍처 설계가 유연하지 않아서 향후 요구 사항에 대한 반영이 어려운 경우. 또는 용량이나 성능에 대한 부분이 충분히 고려되지 않아서 향후 용량 초과 시 문제가 될 때에 발생하기 쉽다.

요약하자면, 개발 단계에서 제대로 개발을 하지 않으면 그 부분은 빚이 되고, 그 빚은 빠른 시일 내에 처리하지 않으면 이자가 붙어서 나중에 그 빚을 갚아야 할 시기에 더 많은 노력을 들이게 된다는 내용입니다.

Technical Debt에 대해서 오해하지 말아야 하는 점은 Technical Debt가 없는 것이 좋은 프로젝트가 아니라는 점입니다.

실제 사업에서도 그렇듯이 적정 비율을 부채를 유지하면서 그 비용을 다른 곳에 투자하는 것이 오히려 많은 이익을 낼 수 있습니다. 소프트웨어 개발에서도 Technical Debt를 발생시키면서 남는 잉여 리소스를 다른 곳에 투자함으로써 좋은 효과를 낼 수 있습니다. 중요한 것은 이 Technical Debt의 비율을 어느 정도로 유지할 것이냐입니다. 이러한 Technical Debt는 금융 부채와는 다르게 수치화가 어려운데, 근래에 이를 수치화 하는 노력이 이루어지고 있습니다. 자세한 정보는 http://www.ontechnicaldebt.com/를 참고해보기 바랍니다.

빚이 있으면 반대로 투자도 있습니다. 투자는 바로 아키텍처입니다. 소프트웨어의 기능적인 요건을 구성하기보다는 주로 비기능적인 요소를 충족하기 위해서 아키텍처를 디자인합니다. 고가용 아키텍처, 분산 아키텍처, 대용량 아키텍처, 서비스 지향 아키텍처 등 모든 아키텍처 사상은 어떤 기능을 구현하기 위해서 보다는 대부분 비기능적인 용량이나 재사용성 등을 위해서 설계됩니다. 투자 역시 자원을 사용하는 행위입니다. 즉 자원을 과 사용하면 다른 곳에 쓸 자원이 없어집니다. 아키텍처와 Technical Debt 모두 균형이 중요합니다.

Technical Debt에 대해서 공부하던 중에 재미있는 그림을 하나 찾았는데, Technical Debt와 아키텍처, 그리고 기능과 버그의 관계를 설명해놓은 그림입니다.

출처: http://www.andrejkoelewijn.com/blog/2010/11/25/lac2010-technical-debt/

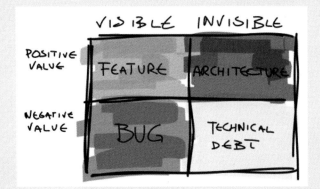

긍정적인 가치가 구체화되어서 시각화되는 것이 기능(Feature), 부정적인 가치가 구체화되어서 시각화되는 것이 버그(Bug)입니다. 이 둘은 쉽게 인식할 수 있습니다. Technical Debt와 아키텍처도 각각 부정적인 가치와 긍정적인 가치에서 비롯되지만, 둘 다 시각화나 수치화하기가 어렵습니다.

그나마 아키텍처의 경우에 비기능 요구 사항이라는 이름으로 관리되고, 문제가 있을 경우 시스템 운영에 영향을 주기 때문에 어느 정도 관리가 되지만, Technical Debt는 품질에 영향을 주기는 하지만(스파게티 코드 등), 시스템의 작동에 직접적인 문제를 주지 않기 때문에 그간 관리가 잘되지 않았습니다. (보통 개발자만 밤새우면 됩니다.) 하지만 소프트웨어의 복잡도가 올라가고 대규모 협업이 필요해지면서 소프트웨어 품질 문제가 발생하게 되었고 이에 대한 문제가 기능, 아키텍처, 버그로는 설명되지 않고 다른 요인에 있다고 해서 새로운 정의가 필요하였고, 그것이 Technical Debt로 표현되었습니다.

참고: http://en.wikipedia.org/wiki/Technical_debt

03

JIRA를 이용한
스크럼과 개발 조직, 코드 리뷰 기법

1. JIRA를 이용한 스크럼 프로젝트 관리

3장에서는 엔터프라이즈 개발에 적절한 변형된 스크럼 방법론을 소개하였는데, 이번에는 서비스 개발에 적절한 일반적인 스크럼 방법론을 기반으로 JIRA라는 태스크 관리 도구를 이용하는 방법을 소개하고자 한다.

아틀라시안사의 JIRA는 버그 트랙킹 시스템에서 시작해서, 이슈나 이슈 기반의 전체적인 프로젝트 관리를 할 수 있게 하는 도구다. 클라우드를 이용한 호스팅 서비스와 설치형 서비스 양쪽을 모두 지원하며, 10 사용자일 때 설치형의 경우 $10를 지불하면 라이선스를 받을 수 있고, 호스팅형의 경우 매달 $10 정도면 서비스를 사용할 수 있다. 100 사용자 라이선스를 구매하더라도 $4, 000 밖에 되지 않는다. 다른 상용 프로젝트 관리 시스템과 비교해보면 상당히 저렴한 가격임에도 불구하고, 실제 사용해보면 그 기능과 편의성에 놀라지 않을 수 없다. JIRA에 대한 선전성 글로 보일 수 있겠지만, 선전을 해줘도 될 만큼 훌륭한 제품이고 가격 또한 적절하다. 이외에도 소스 코드 관리나 CI를 위한 자동 빌드 도구, 팀 채팅 서비스, 코드 리뷰 도구 등 개발에 필요한 많은 도구를 제공하고 있다. 아직 써보지 않았다면 꼭 둘러보기를 바란다.

그러면 JIRA로 어떻게 프로젝트를 관리할 수 있을까? 먼저 가상의 서비스를 생각해보고 시나리오를 정의해보자.

1.1 가상 프로젝트

페이스북의 Server Side Architecture (이하 SSAG) 그룹을 별도의 웹 사이트에서 운영할 수 있게 하는 사이트를 개발한다고 해보자 이 사이트를 통해서 해당 그룹의 멤버들은 글을 읽을 수도 있고, 올리거나, 삭제 편집 그리고 검색을 할 수 있다. 이 서비스의 이름을 Yurry라고 하자.

주요 기능
....

먼저 서비스의 주요 기능을 정의하고 엑셀로 먼저 정리해보자.

바로 JIRA에 등록하지 않고 먼저 엑셀로 정리하는 이유는 기능을 정의하고 나면 빠진 것이 많을 수도 있고, 요구 사항이 잘못 기술되었을 수도 있기 때문에 먼저 엑셀로 만들어 놓고 다른 팀원 (특히 개발, 기획, UX)들과 함께 리뷰하면서 수정하기 위함이다. 아래는 초기 버전 정도의 기능 정의서로 생각하면 되고 개발이나 기획 그리고 UX 사람들과 몇 번의 리뷰를 거치면서 조금 더 상세화되어야 한다.

Feature (Lv1)	Feature (Lv 2)	Detail
서비스 가입 및 로그인	페이스북 사용자는 SSAG 에 가입할 수 있다.	- 페이스북에 가입한 사용자는 페이스북을 통하여 SSAG 그룹에 가입할 수 있다.
	페이스북 사용자는 Yurry 서비스에 로그인 할 수 있다.	- 모든 페이스북 사용자는 페이스북 계정을 이용하여 Yurry 서비스에 로그인할 수 있다. - 글을 쓰는 권한은 SSAG 멤버만이 할 수 있다. - 서비스에서 SSAG의 페이스북 페이지로 링크를 제공하여, 일반 페이스북 회원이 SSAG에 가입할 수 있는 경로를 제공한다.
글 읽기	로그인한 사용자는, 포스팅 글과 댓글을 읽을 수 있다.	- 로그인한 사용자는 누구나 포스팅을 읽을 수 있다. - 포스팅한 글에는 글을 올린 사람의 사진,이름,포스팅 일정, 좋아요 카운트를 포스팅 글과 함께 출력한다. - 댓글에는 글을 올린 사람의 사진, 이름,포스팅 일정, 좋아요 카운트를 포스팅 글과 함께 출력한다. - 포스팅한 글은 최신 순서에 따라서 정렬 된다. - 포스팅한 글에 댓글이 있을 경우, 댓글이 함께 포함 되어 출력된다.
	로그인한 사용자는, 포스팅 글에 첨부된 그림을 볼 수 있다.	- 포스팅한 글에 첨부 이미지가 있을 경우, 썸네일 형태로 해당 이미지를 출력하여 준다. - 사용자가 썸네일을 출력하였을 경우, 원래 크기의 이미지로 확대해서 보여준다.
글 쓰기	로그인한 사용자중에 SSAG 멤버만이, 포스	- 포스팅시에 이미지를 첨부할 수 있다.
	로그인한 사용자중에 SSAG 멤버만이, 포스 팅글에 댓글을 달 수 있다.	- 댓글을 입력할 수 있는 창이 포스팅글 아래, 댓글들의 맨 아래 나타나고, 이를 통해서 사용자는 댓글을 남길 수 있다.
좋아요	로그인한 사용자중에 SSAG 멤버는, 포스팅 글에 "좋아요" 를 선택할 수 있다.	
	로그인한 사용자중에 SSAG 멤버는, 댓글에 "좋아요" 를 선택할 수 있다.	
검색	로그인한 사용자는, 검색어를 사용하여, 포스팅이나 댓글을 포함하여 검색을 할 수 있다.	
사용자 랭킹	로그인한 사용자는,SSAG의 활동이 활발한 사용자 들을 출력해준다.	- 사용자들의 활동을 유도하기 위해서, 사용자들의 활동 내용을 점수로 계산하여 상위 랭커를 페이지에 출력한다. - 포스팅글은 5점, 댓글은 1점으로 계산하여, 당일 대비 1개월간의 점수를 총 합하여 사용자의 랭킹을 메기고, 상위 랭커 5명의 이름과 사진, 점수를 화면에 항상 출력해준다.
페이스북 연동	모든 포스팅과 댓글을 페이스북과 동기화된다.	- Yurry 서비스에서 작성한 포스팅,댓글,좋아요는 페이스북 SSAG 페이지에 실시간으로 반영된다. - 반대로 페이스북 SSAG 페이지에 업데이트 내용은 Yurry 서비스에 실시간으로 반영된다.

그림 3-1 엑셀로 정리한 기능 목록

이때, 두 단계 정도로 나눠서 Feature(기능)를 기술하는데, Feature Level(기능 레벨) 1의 경우에는 일반적으로 생각할 수 있는 기능으로 보면 된다. (누구나 이해할 수 있는 레벨) 통상 20개 정도가 적절하다. Feature Level(기능 레벨) 2에는 상세 기능을 정의하는데, 이때는 스크럼 방법론의 사용자 스토리 기술 방법을 사용한다.

> "as a {user}, I want to do {something}" (나는 {사용자}로서 {무엇을} 하고 싶다.)

위와 같은 형태를 취하는데, 어떠한 사용자가 시스템을 통해서 어떠한 기능을 한다는 것을 서술하는 것으로, 마치 UML의 유스 케이스 와 같은 개념을 내포하고 있다. 기타 자세한 사항은 Description에 서술한다.

이런 Feature List (기능 리스트)를 정의할 때 중요한 것은 크게 3가지 정도를 들 수 있다.

■ **스토리(Flow 혹은 Sequence)** 먼저 가장 중요한 것은 전체적인 Feature가(기능) 스토리 형태로 흐름을 가져야 한다. Level 1 Feature들을 순서대로 이어 놓으면 사용자가 서비스를 사용하는 흐름 형태가 되어야 한다. 예를 들어 위의 경우 사용자 로그인 → 글 읽기 → {글쓰기 | 좋아요

선택하기 | 검색하기}와 같은 흐름이 되어야 한다. 위의 예에서는 Level 2 Feature는 나열식이 되기는 하였지만 조금 더 디테일한 경우에는 마찬가지로 순서성을 지키면 이해하기가 편하다. 나중에 이 Feature들을 리뷰할 때 위에서부터 Feature를 순서대로 리뷰를 하면 사용자 스토리에 따라서 리뷰를 하기 때문에 조금 더 빠짐없이 리뷰가 가능하다.

- **테스트 가능(Testable)** 각 Feature는 테스팅이 가능한 수준으로 디테일하게 서술되어야 한다. 앞서 설명한 바와 같이, 스토리대로 각 기능 등이 정의되어 있으면 스토리를 따라서 테스트 케이스로 만들 수 있다.

- **디자인 가능(Designable)** 마찬가지로 디자이너가 기능에 있는 스토리에 따라서 UX를 만들 수 있는 정도로 충분히 기술되어야 하며, 특히 입력이나 출력을 받을 수 있는 필드가 충분히 기술되어야 한다.

UX 프로토타입

다음으로, UX에 대한 프로토타입을 구현한다. 필수과정은 아니지만, 기능을 명확하게 하고 빠진 부분이 없는지 흐름이 잘못된 곳은 없는지를 체크하기 위해서 UX 프로토타입을 구현해보는 것이 좋다. 이러한 UX 프로토타입을 와이어프레임(Wireframe)이라고 한다.

다음은 balsamiq라는 프로토타입 디자인 도구이다.

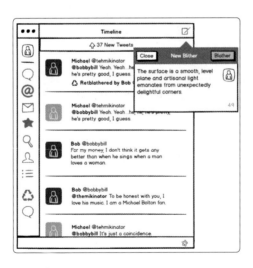

그림 3-2 http://balsamiq.com/의 프로토타입 도구

http://mashable.com/2012/06/07/mockup-tools/를 보면 몇 가지 유용한 프로토타입 도구들이 소개되어 있다. 또는 UX 자바스크립트를 사용할 예정인 경우, 예를 들어 부트스트랩 (Bootstrap) 등을 이용할 경우에는 자바스크립트 디자인 도구를 사용해서 프로토타입을 만들어보는 것도 좋다. 이 경우에는 만들어진 프로토타입을 거의 구현 단계에 그대로 사용할 수 있기 때문에 구현 기간을 줄일 수 있다. 복잡한 UX가 아닌 경우에는 이러한 방법도 효과적이다.

다음은 layoutit이라는 부트스트랩 디자인 도구이다.

그림 3-3 Layoutit 서비스 화면

http://mashable.com/2013/10/20/bootstrap-editors/를 보면 부트스트랩 디자인 도구가 소개되어 있다. 아래는 실제로 layoutit 도구를 사용하여 Yurry 서비스를 프로토타입핑을 한 예이다.

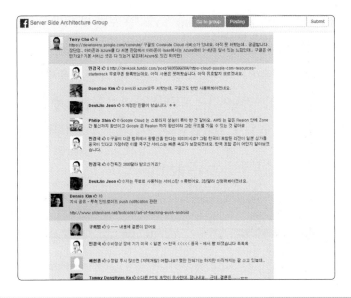

그림 3-4 Yurry 서비스 프로토타입

여기까지 진행됐으면 Feature list가 어느 정도 필터링되고 다듬어져서 완성되었을 것이다.

1.2 JIRA 애자일 보드

자아 준비가 끝났으면 이제 JIRA에 Feature들을 등록해보자. Feature를 등록하기 전에 JIRA의 애자일 보드(Agile Board)에 대해서 알아볼 필요가 있다.

스크럼 애자일 방법론을 보면 '스크럼 보드'라는 것이 소개되는데, 해야 할 일(To do 또는 Backlog), 진행 중인 일(In Progress), 완료된 일(Complete)로 나눠서 각 일(이슈)을 포스트 잇으로 만든 후, 진행 단계에 따라서 각 단계로 포스트잇을 이동해서 붙이는 방법이다.

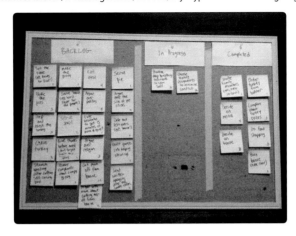

그림 3-5 스크럼 보드

이런 스크럼 보드를 웹으로 만들어 놓은 것이 JIRA의 애자일 보드라는 기능이다. 이 기능을
사용하면 같은 장소에 있는 팀원뿐만 아니라 원격지에 있는 팀원까지 같이 스크럼 보드를 공유
할 수 있다는 장점이 있으며, 각 해야 할 일(이슈)에 대해서 자세한 내용을 Description에 서술
함으로써 조금 더 자세한 이슈 관리가 가능하다.

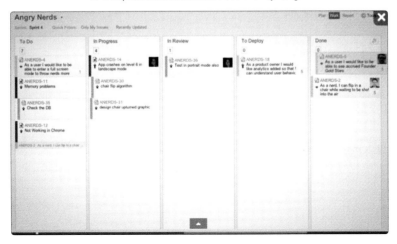

그림 3-6 JIRA 애자일 보드

JIRA의 상단 메뉴에서 [Projects] → [Create Project] 메뉴를 이용해서 프로젝트를 생성한다.

그림 3-7 프로젝트 생성

다음으로, 상단 메뉴의 [Agile] 메뉴에서 [Manage Board]를 이용하여 애자일 보드를 생성한다. 여기서는 스크럼 방법론을 사용할 것이기 때문에, 'Scrum Board'를 선택하고 프로젝트를 선택한다.

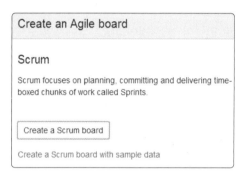

그림 3-8 애자일 보드에서 스크럼 생성

여기까지 수행하면 빈 애자일 보드가 생성된다.

그림 3-9 생성된 애자일 보드

1.3 이슈 종류

자 그럼 이제 앞서 정의한 Feature들을 JIRA 애자일 보드에 입력하기 전에 이슈를 입력할 때 어떤 필드들을 입력해야 하는지 먼저 알아보자. JIRA에 입력되는 해야 할 일 Feature들을 '이 슈'라고 정의하는데, 이슈에는 몇 가지 타입이 있다.

Epic (에픽)

하나의 스프린트에 걸쳐서 끝나지 않고, 여러 스프린트에 걸쳐서 종료되며, 여러 스토리들의 집합이다. 주로 주요 Feature들을 중심으로 정의한다. Level 1 Feature가 적절하다.

에픽을 정의할 때 팁 중의 하나는 꼭 사용자 스토리 단위로만 할 것이 아니라, 사용자가 직접적으로 관계가 없는 일에 대해서도 정의할 필요가 있는데, 예를 들어, 서버 설정이나 디자인 작업, 문서 작업등이 이에 해당한다.

Story (스토리)

"as a {user}, I want to {do something}" (나는 {사용자}로서 {무엇을} 하고 싶다.)에 해당하는 사용자 직접적으로 사용하는 기능이다. 이때 Story Point (스토리 포인트) 라는 것을 입력할 수 있고 Story Point에는 개발에 걸리는 시간 또는 난도 등으로 지정할 수 있는데, 필자의 경우에는 '1=개발자 한 명이 개발할 수 있는 분량'으로 정의하고, 0.5, 1, 2, 3, ... 등의 단위를 사용했다.

Chore (초어)

초어는 개발을 해야 하는 부분이지만 사용자와 직접적으로 관계되지 않는 개발 내용을 정의한다. 예를 들어 'Server Logging 구현', '데이터베이스 분리'와 같은 작업 등을 정의한다. 초어 (Chore) 역시 스토리와 마찬가지고 스토리 포인트를 부여할 수 있다.

Task (태스크) [옵션]

태스크는 해야 하는 일이지만, 구현에 관련되지 않으며, 일정이 없는 경우에 해당한다. 예를 들어 디자인 문서 작성, 기획과 업무 협의 등이 해당한다.

Issue (이슈)

이슈는 말 그대로 이슈이다. 매니저들이 관리하는 이슈, 예를 들어서 클라우드 계약, 서버 다운, 솔루션 결정들과 같이 매니저들이 관리해야 하는 항목이다.

Bug (버그)

버그는 테스트 엔지니어에 의해서 테스팅 되고 버그로 리포팅된 타입이다.

Sub Task (서브 태스크)

서브 태스크가 중요한 내용인데, 스토리나 초어(Chore)를 개발하기 위해서는 여러 가지의 실제적인 개발 작업이 필요하다. 예를 들어 "as a user, I want to read posting" (나는 사용자로서 포스팅을 읽고 싶다.)이라는 스토리가 있을 때, "Open API를 호출하여 최근 글을 JSON으로 호출하여 출력한다." "API 호출을 로깅한다."와 같이 상세한 개발 태스크로 나누어지는데, 이를 스토리나 초어(Chore)같은 이슈 아래 Child (Sub) Task로 등록할 수 있다.

이때 하나의 팁은 이 Sub Task는 개별 개발자에게 할당되며 0.5일~2일 정도에 끝날 수 있는 태스크로 정의되어야 하며, 만약 2일 이상이 될 경우 다른 Sub Task로 나누어 주는 것이 좋다. 여기서 주의할 점은 스토리와 초어(Chore)는 실제 개발해야 하는 이슈이고 스토리 점수를 부여할 수 있으며, 테스트 엔지니어에 의해서 테스팅되는 부분이라는 점이다.

JIRA는 자유도가 매우 높은 도구라서 이러한 이슈 타입(Issue Type) 등을 지정할 수 있다. 다음 그림은 JIRA의 [Project] → [Administration] 메뉴에서 이슈 타입을 정의하는 부분이다.

앞에서 설명한 이슈 타입에 맞춰서 커스터마이징하였다.

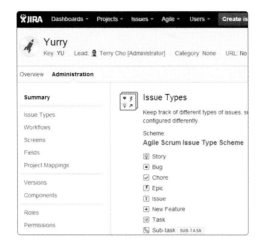

그림 3-10 관리자 화면에서 이슈 타입 설정

1.4 에픽 등록

이슈 타입에 대해서 이해를 했으면 이제 먼저 에픽을 등록해보자. 앞에서 등록한 Feature Level 1을 에픽으로 등록하면 좋다. 먼저 애자일 보드의 Plan 모드(우측 상단에 모드가 있음)에서 [Create Epic]을 눌러서 다음과 같이 에픽을 등록한다.

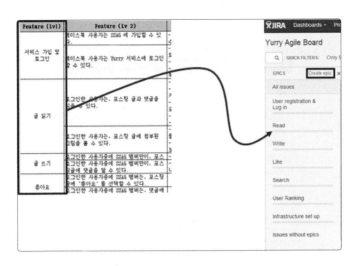

그림 3-11 엑셀의 기능 리스트를 JIRA의 에픽으로 맵핑

여기서 한가지 주목할만한 점은 원래 Feature List에 있던 '페이스북 연동' 에픽에 등록되지 않고 새롭게 'Infrastructure'라는 에픽이 등록되었다. '페이스북 연동'이라는 Feature는 요구 사항이기는 하지만 다른 기능 개발에 전제 사항으로 포함되는 기능이기 때문에 별도로 에픽으로 등록하지 않았으며 대신 개발 과정에서 서버, 데이터베이스 세트업, 배포 환경 자동화와 같은 인프라 작업이 생길 수가 있는데, 이러한 작업은 Feature List에는 정의되어 있지 않았기 때문에 에픽 정의 단계에서 새롭게 정의하였다.

1.5 이슈 등록과 맵핑

다음으로 이슈(Story, Chore, Issue) 등을 등록한다. 상단 메뉴의 [Issues] 메뉴의 [Create Issue]를 이용하면 된다. 만약에 등록해야 할 이슈가 많을 경우에는 엑셀로 된 내용을 불러올 수도 있다.

https://confluence.atlassian.com/display/JIRA/Importing+Data+from+CSV를 보면 엑셀을 CSV로 바꿔서 불러오는 방법이 설명되어 있다. 이때 몇 가지 필수 필드를 등록해야 한다.

Component (컴포넌트)

Component는 시스템의 컴포넌트를 정의한다. Yurry 시스템의 구조가 서비스를 제공하는 앞단의 서비스 웹 사이트(Service Web Site), 배포 시스템(Deployment System)으로 구성이 되어 있다면 Component는 웹 사이트와 배포 시스템 두 개로 구성된다. 이러한 컴포넌트 설계는 Feature가 다 정의된 후 아키텍처 설계를 거쳐서 시스템을 구성하는 컴포넌트를 정의한 후에 이 컴포넌트를 컴포넌트로 사용하면 좋다.

컴포넌트는 상단 메뉴의 [Projects] → 해당 프로젝트 선택 → [Administration] → [Components] 메뉴에서 추가할 수 있다.

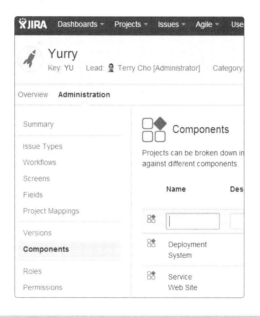

그림 3-12 JIRA프로젝트 관리자 메뉴에서 컴포넌트 등록

Priority (우선순위)

다음으로, Priority인데 해당 이슈가 얼마나 중요한지를 나타내는 것으로 Blocker, Critical, Major, Minor, Trivial 식으로 나누어진다. 일반적으로 Major를 선택하면 되고 다음과 같은 방식으로 중요도를 나눌 수 있다.

- **Blocker** 해결되지 않으면 프로젝트가 진행될 수 없는 경우

- **Critical** 프로젝트 진행은 가능하나 해결하지 않으면 정상적인 서비스 개발이 어려운 경우

- **Major** 꼭 개발해야 하는 경우

- **Minor** 개발은 해야 하나 없어도 상관없는 경우

- **Trivial** 있으나 없으나 크게 상관없는 경우

프로젝트에 따라서 의미를 정의해서 사용하면 되고, Blocker의 경우에는 공통으로 프로젝트 진행을 할 수 없는 수준으로 사용하면 된다.

그림 3-13 우선순위 선택

이슈 생성

이제 실제로 이슈를 생성해보자 상단 메뉴의 [Issues] → [Create Issue] 메뉴를 이용하여 이슈를 등록한다. Summary (요약) 부분에 제목을 등록하고, 알맞은 Priority를 선택한 후 이슈에 해당하는 Component (컴포넌트)를 선택한다. 다음으로 Assignee (할당자) 부분에 해당 이슈에 대한 담당자를 지정한다. 그리고 마지막으로 Description 부분에 앞의 엑셀에서 만든 Detail Description (상세 설명)을 채워 넣는다.

그림 3-14 이슈 등록 화면

에픽 맵핑

이제 모든 스토리를 등록하였으면 애자일 보드가 다음과 같은 형태가 될 것이다.

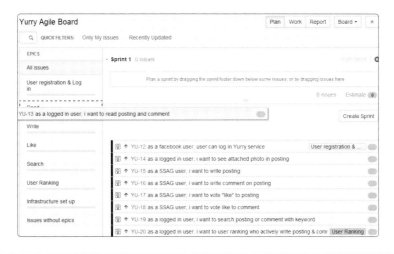

그림 3-15 생성된 이슈를 에픽에 맵핑

EPCIS에서 맨 아래 'Issues without epcis'를 클릭하면 오른쪽 아래에 에픽이 맵핑되지 않은 이슈들이 리스트업된다. 이 이슈들을 드래그 앤 드롭해서 좌측에 표시된 에픽과 맵핑시킨다.

> 만약에 이슈를 등록했음에도 애자일 보드의 백로그에서 보이지 않는 경우 https://answers.atlassian.com/questions/102966/no-issues-displaying-in-scrum-backlog를 참고하기 바란다.

1.6 릴리즈 버전 정의와 맵핑

릴리즈의 개념을 먼저 이해하자. 릴리즈는 작동 가능한 서비스 가능한 상태로 만드는 것이다. 정확하게 이야기하면 운영 서비스로 올리는 것을 릴리즈라고 한다. 요즘의 애자일 방법에서는 쇼트 릴리즈(Short Release)라는 전략을 사용하는데, 아주 짧은 주기로 서비스나 소프트웨어를 릴리즈하는 방법이다. 그렇다고 릴리즈마다 매번 운영 환경에 배포하는 것이 아니라 서비스로 배포할 수 있는 형태로 만들거나 어느 정도의 기능 등이 마무리되었을 때 릴리즈한다.

보통 이상적인 경우 매 스프린트가 끝날 때마다 릴리즈(Release)하는 것이 좋지만, 하나의 스프린트 내에서도 긴급 릴리즈가 될 수도 있고 (버그 수정, 긴급 반영 등) 또는 개발하는 기능이 클 경우 여러 스프린트에 걸쳐서 릴리즈를 할 수도 있다.

그림 3-16 스프린트와 릴리즈

어떠한 기능을 언제 릴리즈할 것인가를 정의하는 것을 '릴리즈 계획(Release Planning)'이라고 한다. JIRA에서는 이러한 릴리즈의 개념을 지원하는데, 애자일 보다 좌측에 [Version]이라는 탭을 클릭하면 다음과 같이 출력된다.

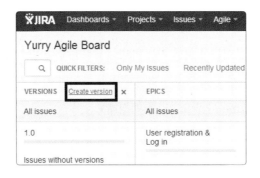

그림 3-17 버전 생성

여기서 〈Create Version〉이라는 버튼을 누르면 버전을 생성할 수 있고, 이때 해당 버전을 개발하는 기간 'From-To' 을 명시할 수 있다.

이렇게 버전 정보를 생성한 후 다음 그림과 같이 애자일 보드에서 이슈들을 드래그 앤 드롭하여 릴리즈 버전에 맵핑할 수 있다. 개발 목표 완료일을 맵핑할 수 있다. 즉 어떤 기능들이 어느 릴리즈 버전에 포함될 것인가를 맵핑할 수 있다는 것이다. 이는 제품 관리 관점에서 매우 중요한데, 1.0에서는 어느 기능까지 지원하고 2.0에서는 어느 기능까지 지원하겠다는 것을 명시적으로 지정하는 것이다. 이러한 릴리즈 계획에 따라 테스팅, 마케팅, 영업 등 다른 조직이 함께 움직인다.

그림 3-18 이슈를 버전에 맵핑

1.7 스프린트 계획

여기까지 진행했으면, 스토리들이 어떤 기능 개발이 (에픽)에 맵핑이 되는지 그룹핑이 되었고, 각 기능이 어느 버전에 (언제) 완료될지가 맵핑되었다. 그러면 이제 각 스토리들을 개발하는 데 얼마의 노력(Resource/Time)이 필요한지를 측정해보자.

스토리 포인트 부여

앞에서 이미 스토리와 초어(Chore)에 대해서 설명하면서 스토리 포인트의 개념에 대해서 설명하였다. 여기서 이 단계에서 스토리 포인트를 부여하는데, 백로그에 있는 이슈를 클릭하면 오른쪽에 'Estimate'라는 항목이 나온다. 여기에서 스토리 포인트를 부여하면 된다.

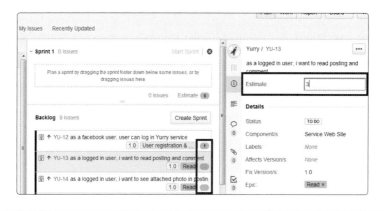

그림 3-19 이슈에 스토리 포인트를 부여

스프린트 생성 및 이슈 맵핑

이제 백로그가 완성되었다. 이제 스프린트를 생성하고 백로그에 있는 이슈 중에 이번 스프린트에 진행할 이슈들을 맵핑해보자.

다음 그림처럼 애자일 스크럼 보드에서 'Create Sprint'를 선택하면 스프린트가 생성된다. 이 때 스프린트 이름에 기간 '(Dec.16~Dec.27)'과 같은 식으로 지정해놓으면 기간을 파악하는 데 도움이 된다.

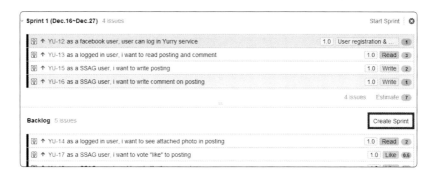

그림 3-20 스프린트 생성

다음으로, 백로그에 있는 이슈들을 드래그 앤 드롭으로 스프린트로 이동하여 스프린트에 맵핑한다.

그 후에 팀원들이 모여서 해당 스토리나 초어(Chore)들을 구현하는 데 필요한 서브 태스크들이 있으면 정의한다. (이슈에서 [More] → [Create Sub-Task] 메뉴를 사용하면 된다.)

그림 3-21 서브 태스크 생성

다음으로, 해당 이슈나 서브 태스크를 수행할 사람을 [Assign] 메뉴를 이용하여 개발자에게 할당한다.

그림 3-22 서브태스크를 할당

이 작업이 끝나면 해당 스프린트에 할당된 스토리와 초어(Chore) (스토리 점수들이 있는 이슈들)에 대한 스토리 포인트가 아래 'Estimate'로 나타난다. 이를 통해서 해당 스프린트에서 처리할 스토리와 초어(Chore)들의 양이 적절한지 판단할 수 있다. 위의 그림의 경우 총 Estimate가 7로, 한 사람이 일 기준 1주 반 정도면 구현 가능한 양이다. 만약 팀이 4명 정도고, 스프린트가 10일이라면 40 정도가 최고 가능치가 된다. 버퍼를 20~30%로 생각하면 28~30 정도의 스토리 포인트가 적절하다고 볼 수 있다. 이 버퍼는 팀의 업무 스타일에 따라서 유동적으로 설정한다. 스프린트를 대략 3번 정도 해보면 어느 정도의 버퍼가 필요한지 산정할 수 있다.

1.8 스프린트 시작

이제 스프린트 계획도 다 끝났고, 드디어 스프린트를 시작할 준비가 되었다. 애자일 스크럼 보드 / [Plan] 메뉴에서 〈Start Sprint〉 버튼을 누르면 스프린트가 시작된다.

스프린트가 시작되면 애자일 보드에서 [Work] 메뉴에 들어가 보면 변화가 생긴 것을 볼 수 있다.

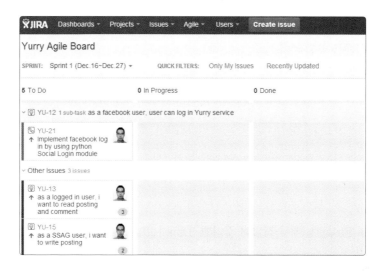

그림 3-23 스프린트가 시작된 애자일 보드

앞에서 설명한 포스트잇 기반의 스크럼 보드처럼 TO DO/In Progress/Done 형태로 3개의 영역으로 나누어지고, 모든 이슈는 TO DO에 위치한다. Sub Task(그림에서 YU-21) 의 경우 위의 그림과 같이 YU-12와 같은 스토리나 초어(Chore)등 다른 이슈 아래에 다른 색으로 표시 된다.

1.9 스프린트 진행

스프린트 계획이 끝났으면 실제 스프린트를 어떻게 진행하는지 살펴보자.

이슈 처리

이슈의 상태 업데이트

지정된 담당자는 이슈에 대한 작업을 시작했으면, 작업의 상태를 'To Do'에서 'In Progress'로 변경한다. 애자일 보드 / Work 모드에서 해당 이슈를 드래그 앤 드롭을 이용하여 In Progress

로 옮기거나 이슈 디테일에 들어가서 [Start Progress] (사용하는 워크플로에 따라 다를 수 있음)을 눌러서 상태를 바꿔 준다.

마찬가지로, In Progress에서 작업이 끝나면 [Done] (또는 [Close], 사용하는 워크플로에 따라 다름)을 눌러서 상태를 옮겨준다.

코멘트를 이용한 진행 상태 추가

JIRA에 각 이슈에는 코멘트(Comment)를 달 수 있는 기능이 있는데, 해당 이슈를 해결하는 데 필요한 내용이나 다른 사람과 커뮤니케이션한 내용(이메일/전화/메신저) 내용을 붙인다.

이유는, 해당 이슈를 해결하는 데 담당자가 무슨 일을 했는지에 대한 로그를 남기는 것이다. 향후 다른 사람이 해당 업무를 받거나 또는 비슷한 문제를 해결하고자 할 때 선임자가 어떤 식으로 업무를 해결했는지를 찾아볼 수 있도록 하는 것이다.

기술적인 질문을 하는 경우에도 이메일보다는 코멘트에 내용을 달아놓고, 질문을 하고자 하는 사람에게 이슈를 할당시켜서 JIRA를 통해서 커뮤니케이션을 하면 별도로 이메일 내용을 JIRA에 붙일 필요가 없이 커뮤니케이션이 가능하다. (코멘트가 붙으면 감독하는 사람이나 할당된 사람, 담당자에게 자동으로 이메일이 간다.)

경험상 코드 수정이나 기능에 대한 코멘트 내용은 대단히 도움이 되는데, 코멘트를 자세히 적도록 팀의 문화를 바꾸는 것은 대단한 노력이 필요하다. 필자의 경우에는 미국계 미들웨어 회사에서 일할 때 제품 개선 요청이나 버그 수정에 대한 커뮤니케이션에 대해서 본사 개발자가 JIRA와 유사한 이슈 트래킹 도구를 통해서만 커뮤니케이션을 하도록 프로세스가 잡혀 있었다. 그래서 자연히 접하게 되었는데, 향후에 비슷한 문제가 생겼을 때 이슈 트랙킹 도구만 검색해도 유사한 문제와 현상 그리고 해결 방법을 다른 사람들의 커뮤니케이션 스레드를 통해서 많은 힌트를 얻은 경험이 있다. (실제로 다른 사람들도 그렇게 사용하였다.)

이런 경험 때문에 컨설팅할 때나, 또는 실제 개발에 적용할 때 이런 문화를 적용하고자 노력을 많이 했었는데, 엔지니어적인 특성들 때문인지 보고서처럼 무언가 적고 기록하는 데 익숙하지 않은 탓인지 적용이 상당히 힘들었던 경험이 많다. (소스 코드에 주석 많이 안다는 것과 같은 원리)

이슈에 코멘트를 적을 때에는, '내가 휴가를 가더라도 다른 사람이 이슈에 기록된 코멘트만 보고도 업무를 인수받을 수 있는 정도의 수준'을 적어 주는 정도로 자세하게 기록하는 것이 좋다.

해결됨(Resolved) 처리

처리가 끝난 이슈를 'Done' 처리할 때 사용 중인 워크플로에 따라서 'Resolution'을 수동으로 입력해줘야 하는 경우가 있다. 이 'Resolution'을 명시적으로 Complete나 다른 완료 상태로 바꿔 주지 않고, Unresolved 상태로 놔두게 되면 JIRA에서 해당 태스크를 제대로 끝나지 않은 상태로 인식하는 경우가 있다.

JIRA 에는 팀이 가지고 있는 전체 이슈대비 끝난 이슈를 추적하는 기능이 있다. 이 기능을 이용하면 전체 프로젝트팀의 진행 상태를 알 수 있다.

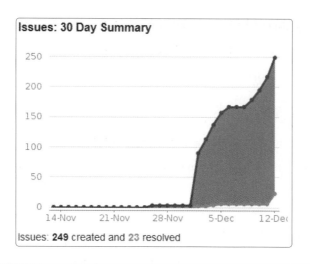

그림 3-25 생성된 이슈 대 처리된 이슈

그림과 같이 위의 붉은색 그래프가 열려 있는 이슈이고, 아래 초록색이 해결한 이슈의 수이다. 이 해결한 이슈는 상태를 'In Progress' → 'Resolved(Testing)'으로 변환할 때 초록색으로 변하게 되는데, 이때 반드시 'Resolution'을 선택해주지 않으면 아래 초록색 그래프에 반영되지 않는다. 앞서 설명했듯이 워크플로에 따라 'Done'이나 'Resolve'를 선택하면 자동으로 'Resolution'이 선택되는 경우가 있는데, 만약 현재 사용하는 워크플로가 자동으로 'Resolution'을 선택해주지 않는 경우 이렇게 반드시 설정해줘야 한다.

그림 3-26 Resolution을 선택하는 화면

여기서 'Resolution'을 선택해주지 않으면 해결되거나 마감되었다 하더라도, 실제 시스템에서는 해결하지 않은 것으로 인식해서 'Resolved' 카운터가 증가하지 않는다. (위의 그래프에서 녹색 그래프가 올라가지 않는다.) 그리고 해결된 이슈는 애자일 보드에서 아래와 같이 이슈 #에 선이 그어진 상태로 표시된다.

그림 3-27 해결된 이슈가 애자일 보드에서 밑줄이 그어진 상태로 표시된 화면

만약에 현재 Resolved 처리하거나 Close 처리한 이슈 중에서 위와 같이 이슈 #에 줄이 처져 있지 않다면, 반드시 Resolution을 확인하고, Unresolved 상태로 되어 있다면, 해당 이슈를 다시 연(Reopen) 다음 다시 Resolve하고 이때 반드시 Resolution을 입력해줘야 한다.

워크플로

JIRA의 가장 큰 특징 중의 하나가 상당히 많은 부분에 대해서 커스터마이징이 가능하다는 것이다. 그중에서 강력한 기능 중의 하나가 워크플로 기능이다. 지금까지 설명한 프로세스는 To do/In progress/Closed와 같은 일반적인 스크럼 기반의 워크플로지만, 버그나 태스크, 태스크 케이스와 같은 이슈 타입에 따라서 워크플로가 다를 수 있다. JIRA에서는 이렇게 각각 다른 이슈 타입에 대해서 다른 워크플로를 정의할 수 있도록 지원한다.

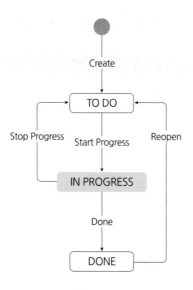

Create

TO DO

Stop Progress   Start Progress   Reopen

IN PROGRESS

Done

DONE

그림 3-28 JIRA에서 워크플로를 정의하는 메뉴

Version Control System 연동을 이용한 이슈(Task)별 코드 변경 추적

JIRA는 이슈들, 즉 스토리나 초어(Chore)를 개발 내용이 어느 소스 코드에 반영되었는지까지 추적할 수 있는 기능을 제공한다. SVN이나 Git에 커밋(Commit)을 할 때 해당 이슈 #를 넣어서 커밋을 하게 되면 아래와 같이 해당 이슈에 관련된 소스 코드 변경 부분을 JIRA에서 링크로 해서 직접 코드 변경(또는 반영) 부분을 보여준다.

설정 방법: https://confluence.atlassian.com/display/JIRA
/Integrating+with+a+Source+Control+System

출처: https://confluence.atlassian.com/display/JIRA/Integrating+JIRA+with+Subversion

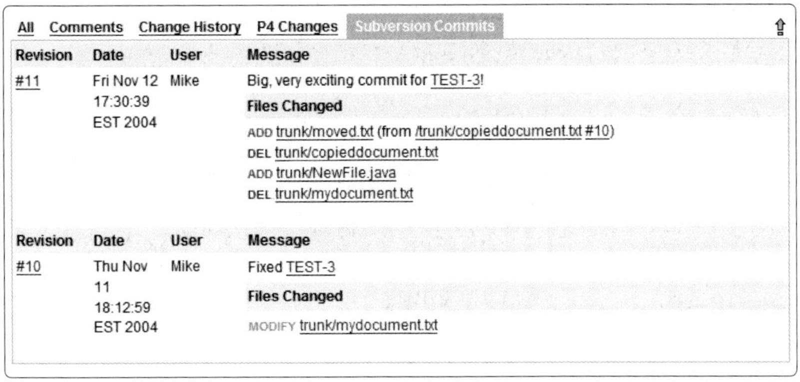
All Comments Change History P4 Changes Subversion Commits
Revision Date User Message
#11 Fri Nov 12 17:30:39 EST 2004 Mike Big, very exciting commit for TEST-3!
Files Changed
ADD trunk/moved.txt (from /trunk/copieddocument.txt #10)
DEL trunk/copieddocument.txt
ADD trunk/NewFile.java
DEL trunk/mydocument.txt
Revision Date User Message
#10 Thu Nov 11 18:12:59 EST 2004 Mike Fixed TEST-3
Files Changed
MODIFY trunk/mydocument.txt

그림 3-29 JIRA에서 이슈별로 코드 변경 내용을 반영한 화면

특히 버그 수정을 했을 때 버그 수정을 위해서 어떤 부분을 변경했는지를 추적할 수 있기 때문에 대단히 편리하다. 이 기능이 유용하기는 하지만, 개발한 코드를 커밋할 때마다 이슈 번호를 넣는 건 습관화 되지 않으면 상당히 귀찮은 일이다. 이슈에 코멘트를 부지런히 남기는 것처럼, 코드 커밋 시마다 이슈 #를 넣도록 습관을 변경하는 것이 중요하다.

이런 방식으로 이슈를 진행 및 해결하면서 스프린트를 진행한다. 만약 중간에 필요한 이슈나 태스크가 나오게 되면 추가를 하고 앞서 진행한 방식과 같은 방법으로 스프린트에 추가하여 진행하되, 하위 태스크들은 스토리나 초어(Chore)를 구현하기 위한 것이기 때문에 스프린트에 추가하는 것이 타당하지만, 새로운 스토리나 초어(Chore) 등은 계획(Planning)할 때 정의한 것이 아니기 때문에 추가 요구 사항이 된다. 처음 계획 당시 팀의 사이즈에 맞는 분량의 양만 정했기 때문에 마구잡이로 현재 진행 중인 스프린트에 넣게 되면 야근(?)이 발생하게 된다.

그렇다고 스토리와 초어(Chore)를 결정해서 딱 정해버리는 것은 것은 맞지 않을 수 있다. 초기에 스프린트 설계 시 요구 사항 분석을 잘못했을 가능성이 있기 때문에 빠진 스토리나 초어(Chore)가 있을 수 있다.

일단 스프린트 진행 중 새로운 스토리나 초어(Chore)가 생긴다면 넣고 빼는 것에 상관없이 생성해서 백로그에 넣어 놓는다. 그리고 꼭 먼저 진행해야 하는 경우 현재 스프린트에 넣고 현재 스프린트에 포함된 다른 덜 중요한 내용을 빼내서 다시 백로그로 내려놓는 방법이 타당하다.

그렇다고 부담없이 넣었다 뺐다 하라는 것이 아니라, 꼭 필요한 경우에만 융통성을 발휘해서 유동적으로 진행하라는 것이다. 만약 스프린트에 들어가 있는 스토리나 초어(Chore)를 자주 변경하게 되면 전체 팀의 프로젝트 진행에 혼선을 줄 수 있고 특히나 여러 지역에 분산된 팀의 경우에는 여파가 크다.

몇 가지 팁

애자일 보드 / Plan 모드에서 상단의 스프린트 제목 우측을 보면, 아래와 같이 To do/In progress/Done (점수) 상태별 스토리들의 Story Point를 합산해서 보여준다. 이 값을 보면 현재 스프린트를 진행하면서 해야 할 일, 하는 일, 끝난 일의 비중을 쉽게 알 수 있다.

그림 3-30 애자일 보드에서 스프린트의 상태 화면

애자일 보드 / Plan 모드에서 진행 중인 스프린트의 이슈들과 백로그 이슈들은 드래그 앤 드롭을 이용해서 순서를 조정할 수 있다. 중요한 이슈들을 위로 놓아서 관리하는 것이 편리하다.

그림 3-31애자일 보드에서 위아래로 위치를 바꿔서 중요한 태스크를 위의 순서로 정렬

애자일 보드 상단을 보면 'Quick Filter'가 있는데, 이는 [Configure] 메뉴를 이용하여 커스터마이징이 가능하다. 이 필터를 잘 정의해놓으면 검색이나 진행 중인 이슈들을 필터링해서 보는 데 매우 편리하다.

그림 3-32 애자일 보드에서 검색 필터(Quick Filter)를 미리 설정해놓은 화면

일반적으로 특정 컴포넌트별, 이슈별, 사람별 필터를 미리 정의해놓고 사용하면 편리하다.

1.10 스프린트 종료

이렇게 이슈들을 진행하고 스프린트가 끝나는 기간이 되면 해당 스프린트를 종료해야 한다. 스프린트를 종료하는 방법은 애자일 보드 → Work에서 왼쪽 위의 스프린트 명을 클릭하면 다음과 같이 〈Complete Sprint〉라는 버튼이 나타나고 이 버튼을 누르면 해당 스프린트가 종료된다.

그림 3-33 스프린트 종료 화면

이때 종료되지 않은 이슈들은 다시 모두 백로그로 내려가게 된다.

1.11 새로운 스프린트 시작

다음 새로운 스프린트를 바로 시작할 수 있는데 권장 사항은 이 시기에 스크럼 회고(Retrospective)를 진행하면서 지난 스프린트에서 잘한 것, 못한 것 그리고 개선해야 할 것을 논의하면서 프로세스를 개선해나가는 것이 좋다.

경험상 팀장급(스크럼이나 애자일에서는 Chicken: '치킨'이라고들 부르곤 함)은 빠진 자리에서 회고를 하는 것이 좋다. 일반 개발자나 팀원들이 눈치를 보느냐고 제대로 된 토론이 이루어지지 않을 수 있기 때문이다. 반드시 프로세스 개선을 위한 의견들을 논의하고 다음 번에 반영하는 것이 좋다. 또는 회고 중에 나온 내용을 간단히 메모해서 이메일로 '치킨'에게 보내서 향후 개선을 요청할 수도 있다.

'치킨'들도, 회고에는 치킨끼리의 자체적인 회고를 하면서 자체적인 개선 작업을 수행하는 것이 좋다. 회고가 끝난 후에 앞서 진행했던 스프린트 계획 작업부터 다시 수행한다.

1.12 JIRA의 확장

대시보드
·············

JIRA는 홈 화면에 개인별 또는 프로젝트별로 대시보드를 구성할 수 있다. 여기서 여러 가지 현황을 볼 수 있도록 만들 수 있는데, 몇 가지 추천할만한 항목으로는 다음과 같은 것들이 있다.

① **사용자별 이슈 할당 현황** 팀원별로 할당된 이슈의 수를 모니터링하면 어느 팀원에게 일이 몰리는지를 알 수 있고, 이를 바탕으로 적절하게 이슈를 분산해서 배치할 수 있다.

② **Block, Critical, Major 이슈 개수** Blocker나 중요한 이슈들은 프로젝트를 진행하는 데 문제가 될 수 있으므로 항상 모니터링하는 것이 좋다.

③ **신규 생성 대 해결되는 이슈 그래프(Created vs. Resolved Graph)** 이슈가 생성되는 추이 vs. 해결되는 추이인데, 스프린트 끝으로 갈수록 Resolved Graph가 생성되는 그래프를 쫓아가야 한다. 팀의 속도를 측정할 수 있는 부분으로, 만약에 생성되는 그래프가 올라가는 속도가 해결되는 속도 보다 빠르게 증가한다면 해당 스프린트 내에 일을 끝낼 수 없다는 의미이고 해결되는 그래프가 완만하게 증가하고, 새로운 이슈가 생성되는 그래프가 증가 속도가 둔화되면 프로젝트가 제대로 되고 있다는 의미가 된다.

④ **나에게 할당된 이슈** 당연히 나한테 할당된 이슈는 모니터링해야 한다.

⑤ **내가 모니터링(Watching)하고 있는 이슈** 또한 내가 Watcher List에 들어가 있는 이슈도 모니터링 되어야 한다.

⑥ **다른 프로젝트의 진척 상황** 몇 개의 프로젝트를 동시에 진행하는 프로젝트 매니저의 경우에는 여러 개의 프로젝트에 대한 진척 상황을 모니터링하는 것이 좋다.

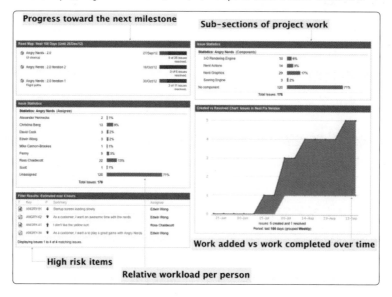

그림 3-34 JIRA 대시보드 예제

JIRA에서 대시보드는 가젯(Gadget) 등을 이용해서 얼마든지 커스터마이징이 가능하다. 별도의 규칙은 없고 각 업무에 맞게 잘 만들어서 사용하면 되는데, 참고할만한 팁은 대시보드를 만들 때 팀 내의 역할에 따라서 다른 형태의 대시보드를 만들어서 사용하면 효과적이라는 점이다. 프로젝트 매니저의 경우 여러 개여 프로젝트의 진척 상황과 이슈에 대해서 집중적으로 관리가 필요할 것이고, 개발자의 경우에는 자기에게 할당된 이슈와 자신이 모니터링하는 이슈들을 집중적으로 관리할 필요가 있다. 운영팀의 장애 대시보드(Incident Dash Board)에 장애 이력을 장애가 발생한 시스템의 분포도, 장애의 원인 분포도(네트워크 에러, 사람 실수, 설정 오류), 달력으로 장애 발생 횟수 표시 등을 할 수 있다.

모바일 클라이언트
....

아무래도 시대가 모바일과 스마트폰 시대이다 보니, 당연히 JIRA도 스마트폰용 애플리케이션이 있다. 단순하게 스마트폰에서 이슈를 보거나 코멘트를 다는 정도로 생각할 수 있겠지만, 생각보다 재미있는 기능들이 많다.

출처: https://marketplace.atlassian.com/plugins/com.atlassian.jconnect.jconnect-plugin
https://itunes.apple.com/us/app/resolveit-for-jira/id533476633?ls=1&mt=8

그림 3-35 JIRA 모바일 클라이언트 지원 모듈

그림에서 가운데처럼 채팅 형태로 코멘트를 달 수 있는 기능도 있고, 이슈를 등록했을 때 맨 오른쪽 그림처럼 이슈가 등록된 위치는 구글 맵을 통해서 나타내 줄 수도 있다.

당연히 기본적인 리스트를 보여주는 기능도 제공한다. 외부 이동이 잦은 세일즈 엔지니어나 컨설턴트 또는 장애 처리를 해야 하는 운영 엔지니어들에 매우 편리하다. 특히 채팅 기능의 경우 SMS와 같이 문자를 받는 형태로 코멘트를 붙일 수 있기 때문에 이메일로 알림을 받는 것보다 훨씬 빠르게 해당 이슈에 대한 커뮤니케이션이 가능하다.

확장 플러그인
....

JIRA는 다양한 확장 플러그인을 제공한다. https://marketplace.atlassian.com/에 가면 유/무료 플러그인을 구매하여 JIRA를 확장할 수 있다. 또는 JIRA의 관리자 메뉴에서 'add on'을 검색해서 자동으로 내려받아 설치하게 할 수 있다. (정말 쉽다.)

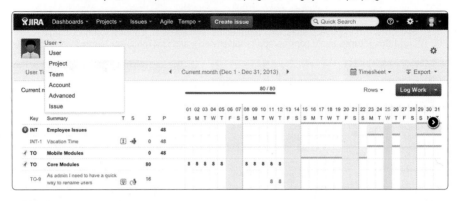

그림 3-36 Tempo Timesheets for JIRA 플러그인

위의 그림처럼 우리가 이 장의 앞에서 소개한 엑셀 기반의 트래킹 시스템 형태로 JIRA를 운영하는 플러그인이나 간트 차트 플러그인 등 다양한 플러그인 조합을 통해서 팀의 스타일에 맞는 형태의 JIRA로 커스터마이징이 가능하다.

1.13 JIRA를 이용한 프로젝트 관리 정리

필자의 경우 애자일 팀을 운영하면서 IBM Jazz, Mantis, Bugzilla Trac, Redmine 등 많은 도구를 사용해봤는데, JIRA가 저렴한 가격대에 정말 실용적인 기능들을 많이 제공한다.

적절한 수준의 복잡도와 커스터마이징을 통한 유연성을 제공하는데, 무엇보다 중요한 것은 도구보다는 프로세스이다. 어떤 개발 프로세스를 정립하고 팀이 적용하느냐가 문제이지 어떤 도구를 사용하느냐는 그다음 문제이다. 흔히 이런 형태의 도구를 도입하는 과정을 보면 도입하는 당사자만 재미있어하고 구축에만 힘을 쏟다가 정작 팀 전체의 프로세스를 바꾸고 적용하는 데 실패하는 경우를 자주 봤다.

도구를 구축하는 것보다 단순한 프로세스로 먼저 팀 전체가 움직일 수 있도록 적용하고, 다음 점점 도구와 프로세스를 고도화해 나가는 것을 고려해보자. 본인의 경험상 도구 세트업과 프로세스 정의가 끝난 후 최소한 2~3개월은 지속적으로 노력해야 팀에 적용된다. 그전까지 이 슈를 제대로 마감하지 않거나 내용을 제대로 적지 않거나 등의 여러 가지 프로세스를 따르지 않는 경우가 많이 발생한다. 그래서 초기 2~3개월 동안은 스크럼 마스터가 이슈들을 관리하면서 일일이 개인들에게 멘토링을 하면서 프로세스를 따르도록 해야 한다.

2. 소프트웨어 팀의 구조

소프트웨어 개발에서 여러 가지 구조와 팀 모델이 있을 수 있겠지만, 인터넷 서비스와 같은 서비스를 개발 및 운영하는 팀의 구조를 한번 살펴보도록 하자.

시스템 개발 및 운영에서 팀의 구조는 매우 중요하다. 효율적인 의사소통과 협업은 이 팀 구조에 많은 영향을 받는데, 지금까지 여러 가지 팀 구조에 대한 레퍼런스가 존재해왔다. 개인적으로 느끼는 생각은, 사실 정답은 없다는 것이다. 비즈니스나 팀의 특성, 문화적 특성에 따라서 그 팀 구조는 매우 상이하다. 지금까지 수천 명이 들어가는 은행 차세대 프로젝트에서부터 4~5명으로 구성된 프로젝트팀, 50명 규모의 프로젝트팀 등 다양한 팀 구조를 경험하거나 직접 세트업 및 운영해왔다. 경험상 보면 보편적으로 많이 사용되는 팀 구조 모델이 있기는 마련인데, 여기서는 지금까지 프로젝트를 해오면서 가장 적절했다고 생각하는 팀 구조를 소개하고자 한다.

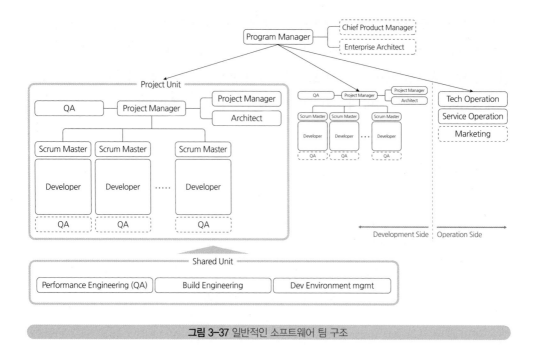

그림 3-37 일반적인 소프트웨어 팀 구조

일반적인 소프트웨어 개발팀의 구조는 위와 같은 구조를 따른다. 소프트웨어를 직접 개발하는 프로젝트 유닛, 전체 프로젝트들을 관리하는 관리조직과 각 개발팀에 공통으로 테스트 등의 지원을 해주는 공통팀과 마지막으로 개발된 시스템을 운영하는 운영팀으로 나눌 수 있다.

2.1 프로젝트 유닛

프로젝트 유닛(Project Unit)은 하나의 시스템을 개발하는 최소의 단위이다.

- **프로젝트 매니저(Project Manager)** 여러 개의 스크럼 팀을 운영하면서 단일 시스템을 구현을 관리한다. 프로덕트 매니저(Product Manager)와 협업하여, 요구 사항을 각 스크럼 팀에 분배하고 관리한다. 그리고 다른 팀 간의 조율이라 프로젝트 관리에 관련한 모든 작업을 수행한다.

- **프로덕트 매니저(Product Manager, 상품 관리자)** 고객으로부터 시스템에 대한 요구 사항을 수집하고 시장을 분석하여 시스템에 대한 요구 사항을 정의하고, 우선순위를 정하는 역할을 한다. 사용자 관점에서 상세한 흐름과 상세한 요구 사항을 정의한다.

- **아키텍트(Architect)** 전체 시스템에 대한 구조를 설계한다. 필요에 따라서는 기술 선택 및 코드를 통한 프로토타이핑 작업까지 진행한다.

- **스크럼 팀(Scrum Team)** 하나의 프로젝트 유닛은 내부의 서브 시스템이나 컴포넌트 단위에 따라서 몇 개의 스크럼 팀으로 나누어진다. 하나의 스크럼 팀은 스크럼 마스터를 포함하여 4~7명 정도가 적당하다. 이 스크럼 팀의 운영에는 유연성을 발휘해야 하는데, 일의 성격이나 팀의 규모에 따라서 한 명의 스크럼 마스터가 동시에 2~3개의 스크럼 팀을 관리할 수도 있다.

- **스크럼 마스터(Scrum Master)** 스크럼 마스터는 프로젝트 매니저로부터 받은 요구 사항을 개발원들에 나눠주고, 관리하는 역할을 한다. 해당 스크럼 팀의 구현 태스크를 분배하고 관리하는 역할을 한다.

- **개발자(Developer)** 스크럼 마스터로부터 받은 태스크를 구현한다. 팀의 형태에 따라서 구현 부분에 대한 단위 테스트(Unit Test)를 직접 구현한다.

- **테스트(QA)** 시스템의 특성이나 팀의 구조에 따라서, 해당 스크럼 팀에서 개발된 코드나 기능에 대한 테스트를 수행한다. 각 스크럼 팀에 테스터를 배치하는 방법도 있지만, 리소스 상황에 따라서 전체 프로젝트팀에 대한 공통 QA를 배치해서 운영할 수도 있다.

2.2 관리 조직

프로그램 매니저(Program Manager)

프로그램 매니저의 경우에는 하나의 프로젝트 조직을 운영하더라도 필수적으로 필요하다. 또는 프로젝트 매니저가 프로그램 매니저를 겸임할 수 있다. 여러 개의 프로젝트를 동시에 관리하며 개별 프로젝트의 구현보다는 비즈니스 조직과의 커뮤니케이션과 개발 후 서비스에 대한 운영, 고객 지원, 판매, UX 등에 대한 전반적인 면을 모두 아울러서 관리한다.

수석 프로덕트 매니저(Chief Product Manager, 선택적 - 팀 규모가 클 경우)

팀 규모가 클 경우, 개별 프로젝트 관리자만으로는 전체 프로덕트 콘셉트의 일관성을 잃을 수 있다. 그래서 전체 프로덕트 요구 사항에 걸쳐서 전반적인 부분을 관리하는 사람을 치프 프로덕트 매니저(Chief Product Manager)라고 한다. 개별 프로덕트 매니저(Product Manager)

가 개별 제품에 집중한다면, 치프 프로덕트 매니저(Product manager)는 이 제품으로 구성된 포트폴리오를 관리하는 역할을 한다.

엔터프라이즈 아키텍트(Enterprise Architect, 선택적 – 팀 규모가 클 경우)

시스템의 구조가 커지게 되면 개별 프로젝트팀에 있는 아키텍트로 만은 전체 시스템을 그릴 수 없다. 각 프로젝트팀의 아키텍트가 건물을 그린다면, 엔터프라이즈 아키텍트는 전체 도시를 설계하는 개념으로 보면 된다. 프로젝트 유닛의 아키텍트가 기술 지향적이고 프로토타이핑 등 디테일한 설계에 집중한다면 엔터프라이즈 아키텍트는 전체 시스템에 대한 개념적인 구조와 비즈니스 간에 연계 역할을 하면서 비즈니스와 개발 간의 기술적인 소통 채널이 된다.

 프로그램 매니저와 프로젝트 매니저의 차이

프로젝트 매니저는 시스템의 구현 자체에만 포커스를 맞춘다. 주로 기술적인 관점에서 프로젝트의 범위와 스케줄 그리고 리소스를 관리하는 관점이다. 프로그램 매니저는 구현을 포함한 운영 및 비즈니스와의 관계까지 전반적인 서비스에 대한 부분을 넓게 아우르며, 구현이나 기술적인 관점보다는 외부와의 관계, 비즈니스, 사람에 포커스를 맞추며, 외부와의 소통, 정치 그리고 협상(요구 사항이나 범위, 리소스) 등에 포커싱이 되어 있다. 또 프로젝트 매니저가 구현 단계에만 투입된다고 보면 프로그램 매니저는 전체 프로젝트 기획 단계에서부터 개발, 개발 종료 후의 운영까지 전반적인 과정을 관리한다. 전체적인 범위로 보자면 프로그램 매니저가 프로젝트 매니저보다 더 넓은 범위를 포함한다고 폴 수 있다.

2.3 공통팀

공통팀(Shared Unit)은 개발 기간에 한 팀에 집중돼서 사용되지 않고 중간마다 필요한 때만 사용되기 때문에 자원의 효율성을 위해서 전체 팀에 걸쳐서 공통된 조직으로 운용하는 것이 좋으며 이를 통해서 전체 팀에 대한 표준화를 지원할 수 있다.

- **빌드 엔지니어** 전체적인 빌드 배포를 담당하는 엔지니어이다. 메이븐(Maven) 등의 빌드 스크립트와 fabric 등의 배포 자동화 도구를 이용하며, 젠킨스(Jenkins)와 같은 CI 도구를 이용한 빌드 환경과 테스트 자동화 환경을 구축한다.

- **개발 환경 관리 엔지니어** 개발환경에 필요한 전반적인 부분을 관리한다. Git와 같은 VCS 도구에서부터, JIRA와 같은 태스크 관리 도구, 위키와 같은 협업 도구, 문서 관리 도구 등 개발 인프라 관리를 담당하며, 역할을 확장할 경우, 가상 머신 기반의 개발 환경 구축, 표준 개발 VM 이미지(톰캣, MySQL 등이 이미 설치되어 있는) 개발과 관리, 이클립스와 같은 IDE에 대한 표준화 등의 역할을 수행한다. 조직의 규모에 따라서 빌드 엔지니어의 역할을 겸임할 수도 있다. 필요에 따라 개발 서버 세팅 및 개발 서버에 설치되는 각종 서버 소프트웨어에 대한 설정을 관리한다.

- **성능 엔지니어** 스크럼팀의 QA 엔지니어 역할이 단위테스트라면, 성능 엔지니어는 전체 시스템에 대한 통합 테스트(Integration Test)와 시스템 테스트에 집중한다. 특히 시스템 테스트를 위한 부하테스트 작성 및 장애 테스트의 수행. 그리고 병목 구간 발견 및 튜닝에 대한 모든 작업을 수행한다. 성능 테스트에 대한 깊은 이해와 함께, 튜닝을 위한 지식과 솔루션, 애플리케이션에 대한 모든 지식을 겸비해야 한다. (슈퍼맨 같고 록스타 같은 엔지니어)

- **프로젝트 관리 오피스(Project Management Office PMO)** 프로젝트 조직이 거대할 경우, 전체 프로젝트를 중앙에서 통제한다. 각 프로젝트의 진행 상황을 모니터링하고 리스크에 대한 관리를 진행하며, 특히 각 릴리즈 일정을 관리한다. 이 외에도 기타 관리 업무를 지원하는데, 예산 책정 및 관리, 집행. 외부 업체와의 아웃소싱, 컨설팅, 제품 구매 계약. 필요에 따라 법률 검토 등의 행정적인 작업을 지원한다.

2.4 운영팀

시스템 릴리즈 후에 운영을 담당한다. 보통 운영을 생각하면, 하드웨어나 소프트웨어를 운영하는 시스템 운영만을 생각하는 경우가 많은데, 서비스를 운영하기 위한 고객 대응까지 포함한 모든 운영을 포함한다.

시스템 운영(Technical Operation)

흔히 테크 옵스(Tech Ops) 또는 시스템 운영이라고 이야기하는 분야로, 구현된 하드웨어나 소프트웨어를 포함한 시스템에 대한 운영을 담당한다. 테크 옵스는 시스템의 설치, 설정, 세트업 및 배포와 같이 설치에 대한 전체 프로세스뿐만 아니라 시스템에 대한 모니터링 및 장애 (Incident) 처리까지의 시스템에 대한 기술적인 운영에 대한 전반적인 부분을 담당한다.

- **인프라 엔지니어** 인프라 엔지니어는 네트워크 장비, 서버 등 하드웨어 장비에 대한 설치, 설정과 운영을 담당한다.

- **솔루션 엔지니어** 솔루션 엔지니어는 메시지 큐, MQ, 애플리케이션 서버와 같은 미들웨어를 운영한다.

- **DBA** 다른 미들웨어 시스템도 중요하기는 하지만 데이터베이스의 경우 분야도 비교적 더 넓고, 전문성도 높게 필요하기 때문에 일반적으로 데이터베이스 운영자는 별도로 분리하는 경우가 많다.

이 테크 옵스에서는 24시간 7일 운영을 하는 것을 24x7 운영이라고 하고 운영팀을 지리적으로 분리해서 24x7을 지원하는 것을 FTS (Follow the Sun: 해를 따라서 지원)이라고 한다. 팀 A, B, C가 8시간씩 시스템을 운영 및 모니터링해야 하기 때문에 여러 대륙에 걸쳐서 팀을 구성한다.

그리고 근무 시간이 끝난 후에 다음 팀에게 운영을 넘기는 것을 핸드오버(Hand Over)라고 하는데, 어떤 장애가 났는지 자세한 장애의 원인과 상태 진행 상황 등을 전달해서 지속적인 운영하는 절차이다(일종의 수문장 교대식?). 이 과정에서 적절한 프로세스와 핸드오버에 대한 문서 템플릿을 구축하는 것이 중요하다.

아울러, 장애 대응이 중요하다. 조직이 아주 크다면 모르겠지만, 특정 솔루션에 대해서 장애가 났을 때 전문성이 있는 엔지니어가 있는 팀이 운영하고 있지 않다면 장애에 대한 대응이 불가능하다. 그래서, 장애 발생 시 문제 해결이 안 되면 전문성을 가진 사람에게 일을 넘길 수 있는 에스컬레이션(Escalation: 의사 결정이 안날 때, 상위 의사 결정 조직으로 문제를 보고하여 의사 결정을 요청하는 것) 프로세스가 필요하다.

시스템에 대한 기술적인 운영은 기술적인 전문성을 갖추는 것도 중요하지만, 더 중요한 것은 적절한 프로세스를 갖춰서 운영 자체가 물이 흐르듯이 잘 흘러가게 하는 것이다.

서비스 운영(Service Operation)

서비스 운영은 구축된 서비스에 대한 운영을 담당한다. 시스템에 대한 기술적인 면을 배제한 부분을 포함한다.

- **관리자(Admin)** 서비스에 대한 관리를 한다. 예를 들어 게시판 관리자나 포탈 시스템의 관리자 등 시스템에 대한 기술적인 운영이 아닌 비즈니스 관점의 운영을 담당한다.
- **고객지원(Support)** 기술지원이나 고객 불만 접수와 같은 고객 지원 서비스를 담당한다.

이외에도, 유료화 서비스의 경우에는 빌링이나 정산을 하는 팀, 게임에서는 불법 사용자를 처리하는 사람이나 서비스에 대한 이벤트 마케팅을 하는 것도 운영의 범주로 볼 수 있다.

 프로젝트 매니저

프로젝트 매니저의 역할은 어떻게든 프로젝트를 성공적으로 끝내는 것이다. 인원이나 일정에 대한 관리뿐만 아니라, 특히 돈(Budget)과 위험 요소(Risk)에 대한 관리가 중요하다. 무엇보다 중요한 것은 커뮤니케이션(Communication)이다. 고객과의 의사소통과 팀원들과의 의사소통이 가장 중요한 역할이다. 그 과정에서 리스크들이 자연스럽게 도출되고, 각자의 능력을 최대화해줄 수 있는 방법을 찾을 수 있게 된다.

경험상 많은 프로젝트 관리자들을 보면 정작 자신이 해야 할 무언가를 외면하고 엉뚱한 것에 매달려서 집착하는 경우를 많이 봤다. 마치 자신의 능력이 부족함을 다른 데서 메워 보여 주려는 듯이. 일정 관리는 MS-PROJECT를 그려놓고 일정이 늦었네 마네 하는 것이 아니라, 매주 단위로 각 개발 인원의 일정과 작업량을 체크하고 요건의 변화나 위험 요소에 따라서 탄력적으로 일정이나 범위(Scope)를 조정하는 것이다. 야근 안 한다고 쪼는 게 아니란 말이지~~

그리고 리스크 관리, 정말 하는 사람들 많이 못 봤다. 많은 기법과 쉬운 관리 방법들이 있는데도 불구하고 말이다. 또 다른 PM의 역할 중 하나는 정치와 고객의 요건 변화에서 팀원을 보호하는 일이다. 요건 변화를 무조건 거절하라는 말이 아니라. 요건 변화에서 오는 일정 변경에 대해서 적절하게 평가하고 자원을 할당하라는 말이다.

적어도 필자 경험상으로는 그렇다. 야근이 절대 프로젝트 품질에 도움이 되지 않는다. 피치 못할 일정 때문에 야근은 분명히 있을 수 있다. 동감한다. 그런데 그런 집중 근무 기간이 2주가 넘게 되면 생산성에 심각한 문제가 온다.

예전에 시스템 테스트를 45일간 진행한 적이 있다. 9시 출근해서 보통 11시~1시 사이에 끝나는 일정이 한 달 반 동안 계속되었다. 처음 2주는 그럭저럭 버텼지만, 그다음부터 지각하는 사람들이 늘어나고, 일정 진행에 있어서 꼭 있어야 할 사람들이 아침에 지각하게 되고, 보통 안 늦어도 10시 정도에 출근들을 하게 되었다. 고객 측에서도 야근에 의한 피로로 생각해서 이해를 해줬지만 지친 몸 상태에서 업무를 정작 시작할 수 있는 시간은 11시가 넘어서였고 한 30분 정도 업무를 보면 점심때가 되었기 때문에 결과적으로 실제 업무는 1시부터 시작되었다.

그렇게 저녁 늦게까지 또 야근을 하다 보면(사실 야근이 모든 인원에게 필요한 것은 아니었지만. 한국 IT의 이상한 문화 때문에 앉아 있는 일이 많았다.) 몸의 피로도도 올라가고 사기도 저하가 된다. 결국에는 야근을 안 하느니만 못하는…. 결과는 내겠지만, 그 품질이 보장될까?

고객은 항상 무리한 일정으로 무언가를 요구한다. "우린 이 시스템의 성능 테스트를 하고 싶습니다!! 단 3일 만에 말이지요." 당신이라면 받아들이겠습니까? 안 받아들이겠습니까? 어떤 업무(Task)를 할 때 현재 가용한 자원을 가지고 프로젝트에 필요한 가치를 생산할 수 있는지 없는지가 결정의 포인트가 되어야 하리 않을까?

사실 프로젝트 매니저의 커뮤니케이션과 위험 관리 능력에 대해서 정리를 해보려고 했는데, 쓰다 보니 야근 이야기에서 욱!! 하는 바람에 이야기가 삼천포로 빠져 버렸다.

다음 이야기는 또 나중에 이어서.

3. 코드 리뷰

코드 리뷰는 개발 과정에서 가장 쉽게 적용할 수 있으나, 가장 큰 효과를 볼 수 있는 것 중의 하나가 코드 리뷰다.

소프트웨어의 품질을 보장하기 위한 활동은 테스팅, 일일 빌드, 프레임워크의 사용, 개발 패턴들 수없이 많은 방법이 있다. 그중에서 개인적으로 생각하건대, 코드 리뷰 만큼 적은 투자로 큰 효과를 얻을 수 있는 기법은 없는 것 같다. 이 문서에서는 코드 리뷰에 대한 몇 가지 기법에 대한 정리와 함께 적용 방법을 간단하게 소개해보고자 한다.

코드 리뷰의 시초는 파간(Fagan)에 의해서 소개된 코드 인스펙션에서 기인한다. 소프트웨어의 개발이 끝난 후에 전문 인스펙션팀이 정해진 프로세스와 패턴에 따라서 코드를 검증하고 결함(Defect)을 찾는 프로세스를 코드 인스펙션이라고 한다.

코드 리뷰란 '코드를 실행하지 않고 사람이 검토하는 과정을 통하여 코드에 숨어 있는 잠재적인 결함을 찾아내고 이를 개선하는 일련의 과정'을 정의한다. 테스팅의 범주에서는 정적인 분석에 속한다. 정식적인 코드 리뷰 기법일수록 결함 발견에 집중하고 소프트웨어 개발 주기의 후반에 위치하지만, 가벼운 코드 리뷰 기법은 결함의 발견뿐만이 아니라, 같은 로직을 여러 관점에서 생각하는 아이디어 회의나, 후배 개발자에게로의 지식 전달 등의 부가적인 목적들도 함께 가지고 있다.

3.1 코드 리뷰 스펙트럼

코드 리뷰의 기법을 나누는 방법은 크게 얼마나 정석적이고 프로세스적(정형성)이냐에 따라서 Formal(정형적)/Lightweight(손쉬운) 방법으로 나눌 수 있고, 오프라인에서 직접 커뮤니케이션을 하느냐 또는 메신저, 이메일이나 기타 자동화된 코드 리뷰 도구를 사용하느냐에 따라 온라인 리뷰와 오프라인 리뷰로 나눌 수 있다.

먼저 정형성에 따라서 대표적인 리뷰 방법을 나열해보면 다음과 같다.

코드 리뷰 기법 중에는 페어 프로그래밍(Pair Programming)이 종종 언급되고는 하지만, 필자의 개인적인 생각으로는 엔터프라이즈 애플리케이션 개발에서 페어 프로그래밍을 실제로 적용한다는 것은 매우 어렵다고 판단하기 때문에 코드 리뷰 스펙트럼에서는 제외한다.

그림 3-38 코드 리뷰 스펙트럼

3.2 코드 인스펙션

코드 리뷰 기법 중에서 가장 정형화된 패턴의 기법이다. 전문화된 코드 리뷰팀이 시스템이 어느 정도 구현된 단계에서 일정한 패턴을 가지고 코드를 분석한다. 인스펙션팀은 크게 4가지 역할을 가지고 구성이 된다.

중재자(Moderator)

중재자는 인스펙션팀의 실제적인 매니저로 생각하면 된다. 인스펙션팀과 그 대상이 되는 코드를 작성한 개발팀 간의 인터페이스를 담당하고 필요한 리소스와 인프라를 확보하는 작업을 한다.

또한, 인스펙션에 대한 프로세스 정의와 산출물의 정리를 담당한다. 예를 들면, 인스펙션팀이 계정 업무를 인스펙션을 하다가 업무에 대한 지식이나 코드가 왜 이렇게 짜여 있는지에 대한 자료가 필요하다면 중재자가 요청하여 담당 개발자를 섭외하거나 소프트웨어 설계 문서 등을 받아다가 인스펙션팀에 전달한다.

또는 인스펙션된 결과에 대해서 테스트가 필요할 때, 테스팅 환경을 확보하고 인원(DBA나 벤더 엔지니어)을 섭외하는 것도 중재자의 역할이다. 필요하다면 고객이나 개발자와 함께 인스펙션 미팅을 주선하고 주최하는 역할도 갖는다.

가장 중요한 역할 중의 하나는 인스펙션이 언제 끝날 것인지 종료 조건(Exit Criteria)을 정의하는 역할이다.

리더(Leader)

리더는 각종 산출물을 읽고 인터뷰 등을 통해서 전체 시스템을 이해하여 인스펙션팀이 어떤 흐름으로 인스펙션을 진행할지에 대한 방향을 지시하며, 시스템에 대해서 팀 내에서 가장 많은 도메인 지식을 갖는 사람이다.

리더는 시스템의 큰 흐름과 구조를 잘 이해하고 있어야 하고, 상황에 따라서 문제가 발생할 수 있는 지점을 미리 예측해낼 수 있어야 한다. 실제 인스펙션은 이 리더의 방향성에 따라서 인스펙션을 진행하게 된다.

디자이너와 코더(Designer/Coder)

디자이너나 코더는 디자이너가 지시한 방향에 따라서 코드를 검증하고 잠재적인 결함을 발견 및 권장 수정 방안을 만들어 낸다.

테스터(Tester)

테스터는 인스펙션이 진행 중인 모듈에 대해서 테스트를 수행하고 결함을 찾아내는 역할을 수행하며 이외에 디자이너나 코더가 권장한 수정 코드 안에 대한 검증과 실제 업무 개발자가 수정해온 코드에 대한 검증 작업을 수행한다.

4가지 역할을 가지고 인스펙션은 다음 6단계로 진행된다.

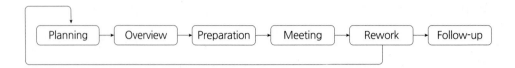

그림 3-39 코드 리뷰 프로세스

① 계획(Planning)

전체 코드 인스펙션에 대한 계획을 수립한다. 기간, 대상, 종료 조건 (금액 기준, 목표 TPS를 성취하는지, 시간에 따른 종료 조건, 등등). 그리고 인스펙션 팀이 이때 구성된다.

② 오버뷰(Overview) 단계

이 단계에서는 인스펙션 팀에 시스템과 구성 제품 등에 대한 교육이 이루어지고 팀원 간의 역할이 정의된다.

③ 준비(Preparation) 단계

인스펙션을 하기 위한 사전 준비 단계로 각자의 역할별로 필요한 문서를 습득해서 이해하고 필요하다면 인터뷰도 진행한다. 또 이 단계에서는 필요에 따라서 도구(테스팅 도구나, Profiler, Application Performance Monitoring 도구 등)와 환경(독립된 테스트가 요구되는 경우 테스트 환경)을 구축한다.

④ 인스펙션(Meeting)

각자의 역할에 따라서 인스펙션을 수행한다. 인스펙션을 통해서 결함을 발견하고, 모든 결함은 기록된다. 기록된 결함은 실업무 개발자에게 전달되어 수정되도록 하고, 필요에 따라서는 권장 수정안을 전달하기도 한다.

⑤ 재작업(Rework)

보고된 결함을 수정한다.

⑥ 후처리(Follow-up)

보고된 모든 결함이 수정되었는지 확인한다.

3.3 팀 리뷰

팀 리뷰는 코드 인스펙션보다 좀 덜 정형화되었지만 그래도 일정한 계획과 프로세스를 따른다. 코드 인스펙션 프로세스의 단계(계획, 오버 뷰, 준비 등의 사전 준비 단계는 생략)에서 역할은 중복되거나 생략될 수 있는데, 발표자(Author)와 중재자는 필수적으로 구성된다.

리뷰 시간에는 발표자(코드를 만든 사람)가 코드에 대해 설명하고 팀원은 결함이나 개선안을 찾는다.

중재자는 리뷰의 주제를 선정하여 리뷰를 진행하고 리뷰에서 나온 의견을 정리해서 액션 아이템(Action Item)으로 기록한다. 이 액션 아이템들은 프로젝트 매니저가 실제 프로젝트 태스크로 관리해야 한다. (일정에 반영되어야 한다.)

중재자는 프로젝트 매니저(PM이나 PL)가 될 수도 있으나 팀 내에서 기술적인 실력이 가장 좋은 선배 개발자가 그 역할을 맡는 것을 권장한다.

일주일에 한 번 정도 팀 리뷰를 수행하는 것이 좋으며, 특정 모듈이나 기능이 완료되는 시점(Short Release: 쇼트 릴리즈) 시점에 수행을 하거나 테스트 결과를 가지고 리뷰를 하는 것도 좋은 방법이 된다.

필자의 경우 프로젝트를 수행할 때, 일주일에 한 번 정도 팀 리뷰를 진행하였으며 쇼트 릴리즈에 의해 완성된 부분이나 리스크가 비교적 큰 부분이라고 판단하는 부분에 대해서 팀 리뷰를 진행하도록 개발자에게 지시하였다.

리뷰 과정에서 나온 의견은 팀 위키 페이지에 '코드 리뷰 결과'라는 분류를 따로 만들어서 관리하였고, 각 의견은 태스크로 생성되어 스케줄에 포함되었다.

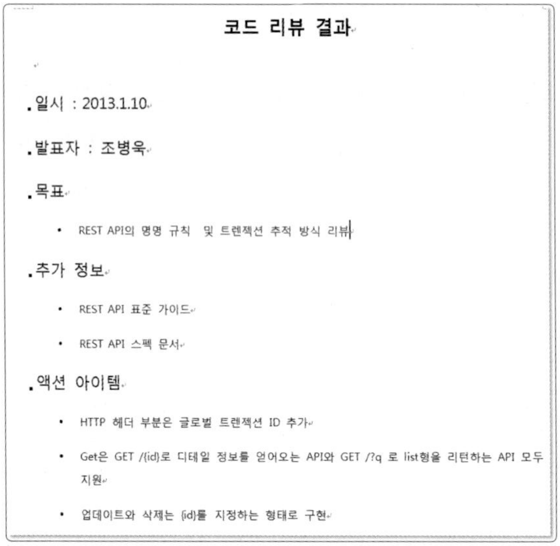

```
                          코드 리뷰 결과


        • 일시 : 2013.1.10.

        • 발표자 : 조병욱

        • 목표

              • REST API의 명명 규칙 및 트랜잭션 추적 방식 리뷰

        • 추가 정보

              • REST API 표준 가이드

              • REST API 스펙 문서

        • 액션 아이템

              • HTTP 헤더 부분은 글로벌 트랜잭션 ID 추가

              • Get은 GET /{id}로 디테일 정보를 얻어오는 API와 GET /?q 로 list형을 리턴하는 API 모두
                지원

              • 업데이트와 삭제는 {id}를 지정하는 형태로 구현
```

그림 3-40 팀 리뷰 리포트

3.4 워크스루

워크스루(Walkthrough)는 단체로 하는 코드 리뷰 기법 중에서 가장 비정형적인 방법 중의 하나이다. 발표자가 리뷰의 주제와 시간을 정해서 발표를 하고 동료로부터 의견이나 아이디어를 듣는 시간을 갖는다. 주로 사례에 대한 정보 공유나, 아이디어 수집을 위해서 사용될 수 있다.

개발을 위한 프로세스에서 보다는 '버그 사례에 대한 회의'와 같은 정보 공유 성격에 유리하다. 유일하게 발표자만이 리뷰를 주관하고 발표하는 역할을 가지며, 다른 참여 인원들은 아무런 책임이나 역할을 가지지 않고 자유롭게 의견을 개진한다.

워크스루는 정기적으로(일주일에 한 번) 진행할 수도 있으며 정보 공유나 아이디어 수집이 필요할 경우 비정기적으로도 진행할 수 있다. (정기적으로 진행하는 것이 참여율이나 집중도가 더 높다.)

3.5 피어 리뷰 또는 오버 더 숄더 리뷰

피어 리뷰나 오버 더 숄더 리뷰(Over the Shoulder Review)는 2~3명(주로 2명)이 진행하는 코드 리뷰의 형태이다. 코드의 작성자가 모니터를 보면서 코드를 설명하고 다른 한 사람이 설명을 들으면서 아이디어를 제안하거나 결함을 발견하는 방법이다. 사전 준비 등이 거의 필요 없고, 필요할 때마다 자주 사용할 수 있는 리뷰 방법이다. 주로 선배 개발자(사수)가 후배 개발자를 멘토링할 때 사용할 수 있으며, 후배 개발자에 대한 교육과 함께 후배 개발자가 양산한 코드에 대한 품질을 관리할 수 있다.

그러나 이 기법은 선배 개발자의 리뷰 역량에 따라서 결과물의 품질이 달라질 수 있고 선배 개발자의 시간 투여량이 많은 만큼 선배 개발자의 참여도가 떨어질 수 있다. (형식적으로 될 수 있다.) 그래서 프로젝트 관리 관점에서 피어 리뷰에 대해서도 프로젝트 스케줄 상의 태스크로 잡아주고 하나의 독립된 업무로서 시간과 노력을 투자할 수 있도록 해야 한다.

실제로 예전 프로젝트에서 신입 사원에게 비교적 난도가 높은 모듈의 개발을 시켜야 할 상황이 있었고, 그때, 이 피어 리뷰를 진행하도록 하였다. 결과적으로 만족할만한 품질을 얻었지만, 선배 개발자에게 리뷰에 대해서 태스크를 지정하고 스케줄링을 하였음에도 불구하고, 선배 개발자에게는 결코 적지 않은 부담이 되었던 경험이 있기 때문에 팀원 간의 실력 편차와 난이도에 따른 시간 배분과 함께, 경험적인(3~4일 해보면 실제 작업량에 대한 예측이 좀 더 정교해진다.) 작업량 측정이 필요하다.

3.6 패스어라운드

코드 리뷰 스펙트럼에는 포함시키지 않았지만 사용되는 경우가 있어서 소개한다.

패스어라운드(Passaround) 리뷰는 번역하자면 돌려 보기이다. 온라인보다는 오프라인 위주로 진행되는 리뷰인데, 작성자가 리뷰를 할 부분을 메일이나 시스템을 통해서 등록하면 참석자들이 메일을 통해서 각자의 의견을 개진하는 방식이다. 특정 장소에 모여서 같은 시간에 진행해야 하는 기존의 리뷰 방식과는 달리 시간과 장소에 구애를 받지 않는 방식으로, 리모트에서 작업하는 팀의 경우 유리한 리뷰 방식이지만 반대로 소유의식이 애매하여 원하는 결과가 나오지 않는 경우가 많다. 또한, 실시간이 아닌 비동기적인 커뮤니케이션으로 인해서 커뮤니케이션 속도가 다소 느리다는 단점도 가지고 있다. 이를 방지하기 위해서는 참석자들의 업무 역할에 코드 리뷰라는 역할이 명시적으로 지정되어야 한다.

필자가 일했던 글로벌 회사의 경우에는 버그 수정이나 제품의 기능 개선의 경우 개발팀에서 버그 수정과 개선만을 맡는 개발자가 개발팀에 속해 있었기 때문에 원활한 패스어라운드 리뷰가 가능했고, 이슈(버그) 트랙킹 시스템(아틀란시아사의 JIRA와 같은)과 소스 코드 검토 시스템 (아틀란시아사의 Fisheye)이 많은 도움이 되었다.

지금까지 간단하게나마 코드 리뷰의 기법에 대해서 살펴보았다. 정식적인 리뷰(코드 인스펙션) 등에 대한 설명이 많은 것은 꼭 정식적인 리뷰가 좋아서라기보다는 정형화되어 있기 때문에 그만큼 프로세스에 대한 설명이 많이 필요하기 때문이다. 회사의 성격(SI, 게임, 임베디드, 인하우스 개발, 오픈소스 등)이나 팀의 구조나 성숙도에 따라서 리뷰의 기법은 변형되어 적용되어야 한다.

3.7 언제 어떤 코드 리뷰 기법을 사용해야 하는가?

그러면 이런 많은 코드 리뷰 기법 중에서 어떤 기법을 사용해야 할까?

코드 인스펙션

코드 인스펙션의 전제는 전문성을 가지고 있는 인스펙션 팀이 일정한 프로세스와 패턴에 따라서 개선안을 찾는 작업이다. 즉, 고도로 훈련된 팀과 기간이 필요하고 어느 정도 개발이 완료되어 있는 인스펙션 대상(시스템)이 있는 것을 전제로 한다. 인스펙션의 시기는 시스템이 개발되어 있는 시점인 릴리즈(Release) 때가 유용하다.

필자는 두 번의 인스펙션을 권장하는데, 개발 초기에 비기능적인 구현을 끝낸 경우 1차 인스펙션을 그리고, 개발이 끝난 후 시스템 테스트(성능, 확장성, 안정성 등)가 그것이다.

1차 릴리즈는 주로 비기능적이고 위험도(Risk)가 높은 부분을 구현하는 단계인데, 이 구현체는 전체 시스템 아키텍처의 큰 틀이 되며, 추후 개발에도 이 아키텍처는 크게 변경되지 않는다. (1차 릴리즈 다음에 변경하려면 후반으로 갈수록 많은 리소스가 소요된다.) 그래서 1차 릴리즈 후에 정밀 인스펙션을 해서 아키텍처의 안정성을 검증할 필요가 있다.

개발 후반의 시스템 테스트는 주로 비기능적인 요건 (성능, 안정성 등)에 대한 성능 테스트가 이루어지는 단계이기 때문에, 테스트 시나리오가 미리 잡혀 있고 테스터와 테스트 시나리오가 명확하게 정의되어 있기 때문에 인스펙션을 수행하기 용이하며 최종 점검이라는 관점에서 매우 유용하다.

인스펙션을 수행하는 주체는 전문 SI사 태스크 포스(Task Force)를 운영하여 프로젝트를 돌아다니면서 인스펙션을 수행할 수 있고, 여러 개의 솔루션을 인하우스 개발하는 포탈 업체 같은 업체는 QA 조직 내에 자체적으로 인스펙션팀을 운영하는 것을 권장한다. 그 외의 일반 업체(갑)나 기업의 경우 인스펙션팀을 운영하기보다는 인스펙션 프로세스를 전체 개발 프로세스와 프로젝트 비용 산정에 포함하고 SI나 벤더 컨설팅을 활용하는 것을 권장한다.

인스펙션의 결정 주체는 주로 PMO (Project Management Office: 프로젝트 관리 조직)와 AA(Application Architect: 애플리케이션 아키텍트)가 되는 것이 바람직하다. 대체로 개발 주체 조직 외부에서 인력을 데리고 오고 여러 팀이 함께 인스펙션에 참여해야 하며 일정에 대한 조정과 인스펙션 결과에 대한 반영이 필요하기 때문에 프로젝트 관리 조직 측면에서 접근하는 것이 바람직하다.

팀 리뷰

팀 리뷰는 각 개발 유닛에서 활용하기 좋은 기법이다. 프로젝트 리의 역량 아래 수행할 수 있으며, 팀원이 리뷰어가 되기 때문에 팀 단위에서 활용하기가 매우 좋다. 일주일에 한 번씩 한 시간 정도 리뷰를 정기적으로 수행하도록 하며 선배 개발자나 PL이 리뷰 대상 모듈을 선정하고 개발자에게 리뷰를 준비하도록 한다. 리뷰는 발표자가 주도하도록 하고, 리뷰에서 나온 의견을 액션 아이템(Action Item)으로 잡아서 PL이 발표자의 스케줄로 조정해주는 작업이 필수적으로 따라야 한다.

팀 리뷰에서 권장하고 싶은 사항은 위에서도 잠깐 언급했지만, 위키와 같은 문서 공유 시스템을 이용하여 반드시 리뷰의 결과를 남기도록 하고 리뷰의 결과는 태스크 관리 도구 내의 태스크로 연결되어야 한다. 리뷰되고 반영된 내용은 그냥 넘어가지 않도록 하고, 재테스트를 통해서 반영 내용을 반드시 검증하도록 한다.

워크스루

일종의 아이디어 회의 정도로 보면 되며, 비정기적으로 언제나 개최할 수 있다.

팀 리뷰처럼 PL이나 선배 개발자가 중재하지 않기 때문에 구성원들의 의욕이 낮을 경우 효과가 매우 적다. 개발팀보다는 QA나 운영팀에서 장애 사례나 버그 수정 사례 등의 정보 교환 목적으로 사용하는 것이 좋다.

피어 리뷰

신입 개발자 교육이나, 해당 제품이나 기술에 전문적인 지식이 없는 경우에 지식 공유(Knowledge Transfer)와 품질 유지를 위해서 유용하다. 대신 리뷰어의 업무 부담이 가중되기 때문에(예상하는 것보다 많이, 심하게는 50%에 육박할 때도 있음) 리뷰어에 대한 스케줄 배려가 필요하다.

패스어라운드

팀 자체가 코드 리뷰의 필요성을 느끼고 협조적인 경우 효과가 좋다. 코드를 커밋하기 전에 코드 변경 내용을 배포하고 다른 사람들로부터 리뷰를 받는 방법인데, 패스어라운드의 경우 코드가 변경될 때마다 리뷰를 해줄 사람들에게 일일이 배포를 해야 하기 때문에 수동적인 방법으로는 진행이 어렵고, 자동화된 코드 리뷰 도구를 사용하는 것이 좋다.

요약

	시기	효과	변경에 대한 비용	수행 비용	주체
인스펙션	1차 릴리즈 (Release), 시스템 테스트	매우 높음	매우 높음	높음	PMO, QA, AA
팀 리뷰	매주	높음	보통	보통	PL
워크스루	비정기적	낮음	보통	낮음	원하는 개발자
피어 리뷰	필요한 경우	경우에 따라 높음	낮음	보통	선배 개발자
패스어라운드	상시	경우에 따라 높음	낮음	보통	팀원

피어 리뷰는 팀원 간의 실력 편차가 클 때 탄력적으로 운영하였고, 엔터프라이즈 시스템과 같이 난도가 높은 시스템의 경우 인스펙션의 효과가 비교적 크다. 비록 비용이 소요되지만 잘못된 아키텍처로 인해서 전체 품질이 떨어져서 비즈니스에서 손해를 보거나 쓸데 없이 하드웨어 증설을 통한 비용을 생각하면 훨씬 낮은 금액이 아닌가 싶다.

팀 내에 애자일 문화가 잘 정착되어 있고 코드 리뷰의 필요성이 잘 인식된 조직이라면 코드 리뷰 도구를 이용한 패스어라운드가 효과가 좋다. 코드를 커밋할 때마다 검토를 받을 수 있기 때문에 실수를 줄일 수 있고, 남의 코드를 보는 습관을 들임으로써 코딩 능력을 향상시킬 수 있다. 근래에는 개발 문화가 잘 정착되어 있는 조직에는 피어 리뷰나 패스어라운드 리뷰를 많이 사용한다.

3.8 효과적인 코드 리뷰를 막는 요인들

코드 리뷰에서 가장 힘든 점은 한마디로 "내가 만든 코드를 남이 잘못되었다고 이야기한다."라는 것이다. 리뷰의 주요 목적은 결함의 발견과 개선 방안이다. 흔히 농담 삼아서 '창 던지기'라고 이야기하는데, 발표자는 리뷰어로부터 많은 질문과 공격을 당하게 된다. 그래서 실제로 인스펙션을 해보게 되면 개발자는 인터뷰를 당하는 것에 대해 취조당하는 느낌을 가지게 될 수도 있고 방어적으로 행동할 수도 있게 된다. 그래서 팀 리뷰의 경우 감정싸움까지 가는 경우가 허다하다.

팀 리뷰나 인스펙션의 경우 리뷰를 중재하는 사람이 있기 때문에 리뷰어가 아이디어나 결함에 대한 의견을 자유롭게 개진할 수 있도록 해야 하며 반대로 발표자가 인신공격을 받지 않도록 중재하는 기능도 필요하다. 이건 어떤 프로세스나 시스템으로 될 수 있는 일이 아니라 '사람 사이의 관계'에서 발생하는 일이기 때문에 '문화'의 변화가 필수적이다.

또한, 위에 언급한 대부분의 리뷰 기법들은 리뷰와 그에 대한 후속 처리가 시간과 사람이 필요한 일이기 때문에 프로젝트 운영 관점에서 시간과 리소스에 대한 배려가 이루어져야 한다.

3.9 코드 리뷰용 도구

기술이 발전해서 이제 꼭 같은 장소에서 얼굴을 맞대고 할 필요는 없다. 요즘은 도구들이 좋아서 원격에서도 코드 리뷰가 가능하다. 코드라는 공통 주제를 두고 페이스북 같은 SNS 서비스에서 댓글 달기 놀이를 한다고 생각하면 된다.

VMWare의 내부 개발팀이 사용하다가 외부로 오픈한 오픈소스 도구로, 리뷰 보드라는 도구가 있고(http://www.reviewboard.org/), 상용 도구로는 아틀란시아사의 Crucible(http://www.atlassian.com/software/crucible/overview)이라는 도구가 있다.

결론
......

1~3장에서는 소프트웨어 개발 프로세스에 대한 전반적인 내용에 대해서 살펴보았다. 몇 가지 자세한 프로세스를 소개하기도 했지만, 이는 어디까지나 레퍼런스이다. 개발 조직이나 트렌드에 따라서 적절한 개발 프로세스를 정의해서 사용해야 하며 여기서는 큰 흐름을 소개하는 데 주안점을 두었다.

개발 프로세스에 있어서 가장 중요한 점은 첫 번째 적용이다. 아무리 좋은 도구를 설치하고 좋은 이론으로 무장했다 하더라도, 실제 팀에 적용되지 못한다면 무용지물이 되어 버린다. 두 번째는 전체 팀원으로부터의 공감대 형성이다. 한두 명의 팀원이 애자일 방법론을 가지고 온다고 해서 팀 전체에 제대로 배포가 되지 않는다. 먼저 팀 리드가 적절하게 애자일 방법론을 운용해야 하며 팀 구조 역시 방법론에 맞게 변경하고 역할과 권한을 명확하게 줘야 한다. 아울러 참여하는 팀원 입장에서도 프로세스의 의미와 목적을 잘 이해하고 적절한 역할을 해줘야 한다. 그래서 특히나 개발 프로세스의 적용은 무엇보다도 팀원 간의 공감대 형성이 최우선이다.

 고객이 비전 개발하기 (요구 사항 유도하기)

언젠가 미국 시애틀에서 본사 교육에 다녀왔습니다. 그중에서 세일즈 관련 교육을 받았는데, 정말 유익하고 재미있는 시간이었던 것 같습니다. 참 우연하게도 얼마 전 매니저분이 Michael Bosworth의 "Solution Selling"이라는 책을 소개해주셨는데, 비행기에서 좀 읽고 갔더니 마침 교육 내용이 이 책 내용을 기반으로 되어 있어서 예습 복습이 확실해져서 머릿속에 많은 것을 남겨왔습니다. 그중 몇 가지 교육 내용을 복습을 겸해 정리해보려고 합니다. 여기서 정리할 내용은 고객 요구 사항에 대한 단계입니다.

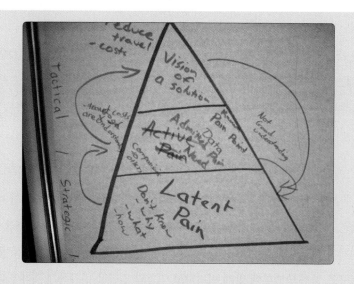

고객의 요구 사항의 인식 단계에 대한 설명입니다. 고객은 크게 3가지 단계의 요구 사항을 가지고 있습니다.

Latent Pain

인식하지 못하는 요구 사항입니다. 현재 요구 사항이 무엇인지 모르지만, 잠재적으로 뭔가 문제가 있는 단계입니다. 흔히 세일즈 단계에서 고객이 "올해 과제 아이템 좀 가지고 와라.", "요즘 트렌드가 어떠냐?" 뭐 이런 것들이 흔히 이야기할 수 있는 Latent Pain이 될 수 있습니다.

인식 못 하는 Latent Pain을 구체화 시켜서 현재 문제점을 인식시켜주는 것이 다음 단계입니다. 이 단계는 흔히 벤더의 BDM (Business Development Manager)나 세일즈에서 주로 목표로 정하게 됩니다.

Admitted Pain

어느 정도 문제가 인식된 단계이지만, 딱히 구체적인 해결 방안은 없는 상태입니다. 무엇을 해야 할지 모르는 단계이지요. "다른 회사가 SDP를 한다더라. 우리도 해야 하는데 무엇을 해야 하나?", "우리 물류비용이 많이 나오는데, 어떻게 줄여야 할지 모르겠다." 이런 것이 Admitted Pain입니다. 주로 비즈니스 형상을 파악하고 다음 단계로 이끌어야 하는데, 이때 레퍼런스를 이용하거나 선진 모델을 분석하거나 합니다. 비즈니스 아키텍트, 세일즈들이 참여하게 되고 비즈니스 컨설턴트도 많이 들어오는 단계입니다.

Solution Vision

문제를 파악하고 고객이 해결안을 가진 상태입니다. Solution이라고 해서 특정 제품을 이야기하는 것이 아니라 말 그대로 어떤 방향으로 나가야 할지 답안을 가진 상태입니다. "우리 은행 시스템이 각각 연동이 안 되어 있었는데, EAI로 연동하면 되겠어.", "TV 매출을 높이기 위해서 앱스토어를 만들어야 되겠어." 등 이런 것들이 Solution Vision 입니다.

일반적인 벤더 세일즈는 Solution Vision에서 시작하고, 똑똑한 세일즈는 Latent Pain에서부터 시작합니다. RFP까지 다 만들어 주는 세일즈가 Latent Pain에서부터 시작하지요. Latent Pain에서 Admitted Pain으로 이끌려면 문제를 확실하게 인식할 수 있도록 도와주는 질문이 필요합니다. 질의를 통해서 유도하는 겁니다. 마찬가지로 Solution Vision으로 유도하는 것도 효과적인 질문 방식이 필요합니다. 이때 주의할 점은 고객은 '구매를 하고 싶어'하지, '구매를 강요당하'고 싶어하지 않습니다. 이 단계에서는 보통 제품에 대한 이야기보다는 고객의 솔루션 비전을 명확하게 하고, 이 과정을 유도하되 돕는 관점에서 (유도되는 듯한 느낌이 안 들게) 하는 것이 중요합니다.

보통 세일즈들이 이 과정에서 구체적인 제품 이야기들을 하거나 해서 망하는 케이스가 많습니다. 뒤돌아 보니 저도 그런 것 같군요. 하위 단계 Latent Pain to Admited Pain 에서는 전략적인 접근이 필요하고 (큰 그림을 보는), Solution Vision을 이끌어내려면 전술적인 접근이 필요합니다. 생각해보니 당연한 이야기 같은데, 정리해놓으니 그럴싸 합니다. 더군다나 저 같이 새로운 기술 분야에서 사전영업(Presales)과 아키텍처링을 하는 사람에게 있어서는 매우 중요한 기법 같습니다.

04

소프트웨어 테스트

소프트웨어는 프로그래밍 언어만 알고 개발환경만 준비되어 있으면 누구나 개발할 수 있다. 기능 자체를 개발할 수 있느냐 없느냐는 문제가 아니다. 문제는 개발된 소프트웨어의 기능이 얼마나 제대로 작동을 하고 있는지 성능은 만족할만한지, 안정성이나 확장성은 충분한지를 검증해야 한다. 이는 테스트를 통해서 검증할 수 있는데, 전통적인 소프트웨어 개발에서는 소프트웨어 개발이 완료된 후 출시 전에 테스팅을 하는 방식을 사용했다. 그러나 문제점은 초기에 발견하는 것이 수정이 쉽고 비용이 적게 들기 때문에, 개발 단계별로 그에 맞는 테스팅 전략을 수립함으로써 개발 중에도 계속해서 소프트웨어 품질을 다듬어 나가는 개발 모델이 주류를 이루고 있다.

여기서 소개하는 테스트 모델은 엔터프라이즈 소프트웨어 개발에서 적절한 테스트 모델이지만, 큰 맥락에서는 일반 서비스용 소프트웨어를 검증하는 방법과 크게 다르지 않다.

1. V 모델

여기서 설명할 테스팅 모델은 V 모델이라는 테스팅 모델을 기반으로 한다. ISTQB*의 테스팅 방법론에 정의된 모델이다. V 모델은 폭포수 모델(Waterfall Model)의 확장형으로, 폭포수 모델의 개발 각 단계를 각각 대칭되는 4가지 단계의 테스팅 모델로 정의하여 테스트 절차를 강화한 개발 모델이다.

* 홈페이지는 http://www.istqb.org/으로, 소프트웨어 테스터에 대한 인증 프로그램과 소프트웨어 테스팅 방법을 소개하고 있다.

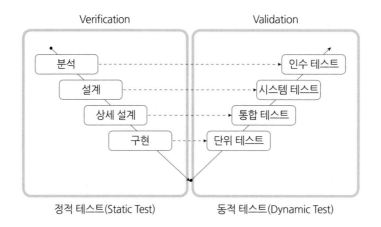

그림 4-1 ISTQB 테스팅 모델

V 모델은 개발 및 테스트 단계를 기준으로 개발 모델 상의 구현을 수행하는 좌측의 검증(Verification) 영역과, 개발이 된 시스템을 가지고 테스트를 하는 검수(Validation) 영역으로 나누어 진다.

좌측 부분에 대한 테스트를 검증이라고 하는데, 검증의 의미는 "우리가 맞는(Right Thing) 제품을 만들고 있는가?"를 검증하는 것이고, 우측 부분에 대한 테스트는 검수로 그 의미는 "우리가 제품을 맞게(Right Way) 만들고 있는가?"를 검증하는 것이다.

검증 작업을 하기 위해서는 제품을 개발하기 전에 요구 사항이나 디자인이 옳은지를 점검을 하게 되는데, 이러한 작업은 주로 문서를 기반으로 이루어진다. 이렇게 실제로 작동하는 시스템이 아닌 문서와 같이 정적인 것을 가지고 검증을 하는 것을 정적 테스트(Static Test)라고 한다. 이 정적인 것이란 **소스 코드, 설계 문서, 요구 사항 정의서**와 같은 산출물이 된다.

우리가 가장 손쉽게 접하는 정적 테스트의 사례는 표준 준수 여부를 체크하는 것이다. 산출물 문서는 목록에 맞춰서 제대로 작성이 되어 있는지, 내용이나 문서 포맷은 표준에 맞는지 등의 표준 준수 여부 확인 활동이다. 또는 요구 사항이나 산출물에 대해서 검수를 받는 과정도 대표적인 정적 테스트의 과정으로 볼 수 있다.

우측 영역인 동적 테스트는 작동이 가능한 실제 시스템을 기반으로 테스트를 수행한다. 동적 테스트의 각 테스트 단계는 좌측 영역에 대응되는 각 단계의 내용을 기반으로 하여 검증을 수행한다. 단위 테스트 단계에서는 구현에 대한 신뢰성 검증을, 통합 테스트는 상세 설계에 대한 유효성 검증을, 시스템 테스트 단계에서는 설계에 대한 검증을 그리고 인수 테스트 단계에서는 사용자 요구 사항에 대한 만족도를 중심으로 테스트를 수행하게 된다.

2. 정적 테스트

이런 산출물 검수 이외에 소스 코드를 대상으로 정적 테스트를 수행할 수 있는데, 크게 두가지 방법을 널리 사용한다.

코드 리뷰(사람을 중심으로)

코드 리뷰는 앞장 '개발 프로세스'에서 이미 설명하였듯이 사람이 직접 소스 코드를 보면서 코드의 품질을 체크하는 프로세스이다. 방식에 따라서 피어 리뷰(Peer Review), 워크스루 (Walkthrough), 팀 리뷰(Team Review), 코드 인스펙션(Code Inspection) 등이 있으며, 비용대비 효과가 매우 큰 방식이다.

정적 분석(시스템으로 자동화)

코드 리뷰가 사람에 의해서 수동적으로 수행되는 정적 분석 과정이라고 하면 정적 분석(Static Analysis)은 자동화된 도구에 의해서 이루어지는 정적 분석 과정이다. 흔히 정적 분석 도구라고 불리는 도구들이 소스 코드를 분석하여 다음과 같은 작업을 수행한다.

- 잘 알려진 버그에 대해서 리포팅하거나(예 Connection Leak – JDBC Connection Pool에서 Connection을 사용한 후 Pool에 돌려놓지 않아서 생기는 문제)
- 코딩 표준에 맞지 않는 코딩 내용을 찾아내거나(띄어쓰기, 줄 바꾸기, 변수명이나 클래스명 규칙 등)
- 실행되지 않는 데드 코드(Dead Code) 등을 검출하거나
- 코드의 복잡도를 계산

이런 정적 분석을 수행하는 도구로는 PMD, Find Bugs, Jdepends와 같은 오픈소스 도구가 있다.

이 정적 분석의 효율성은 사실 도구를 설치해서 실행만 한다고 나타나지 않는다. 정적 분석은 미리 정의된 소스 코드의 패턴을 기반으로 해서 테스트 대상이 되는 시스템을 분석하여 결과를 내는 원리로 동작한다. 즉 이 '미리 정의된 패턴'이라는 것이 매우 중요한데, 위에 언급한 도구들에 기본으로 설정된 패턴들은 매우 폭넓게 적용된 패턴으로, 아마 처음 수행해보면 셀 수 없이 많은 오류 결과들을 리포팅해낼 것이다. 이것을 여과 없이 개발팀에 넘기게 되면 고치지 않아도 되는 (결함이 아닌) 부분에 대한 수정을 해야 할 수도 있고, 개발팀 입장에서는 해당 내용이 결함이 아니라는 것을 테스트 팀에 설득하면서 시간이 소요될 수 있다.

그래서 정적분석 도구를 적용하려면 반드시 패턴을 검토하고 개발하고자 하는 소프트웨어에 맞도록 패턴을 최적화해서 사용해야 한다. 제대로 된 패턴을 사용한다면 정적 분석 도구는 코딩 규칙에 벗어난 코드나 일반화된 자주 발생하는 오류들을 검출하는 데 매우 유용하게 사용될 수 있다.

3. 테스팅 레벨

V 모델에 따르면 동적 테스트는 단계별로 테스트의 범위와 주체에 따라서 따라 단위 테스트, 통합 테스트, 시스템 테스트, 인수 테스트 4가지로 분리할 수 있다.

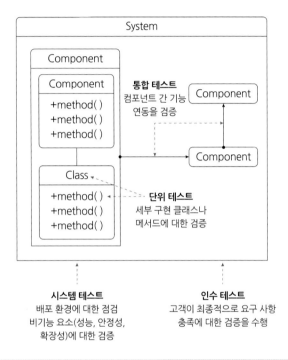

그림 4-2 소프트웨어 시스템의 구조와 테스팅 레벨과의 관계

3.1 단위 테스트 (개발자가 개발 단계에 수행)

단위 테스트는 시스템의 소스 코드 로직 등을 점검하는 단계로, 소스 코드의 클래스나 메서드 단위의 검증을 수행한다. 단위테스트는 개발 단계에서 개발자 또는 개발팀 차원에서 직접 수행을 하게 된다. 자신이 코딩한 메서드나 클래스가 정상적으로 동작하는지를 테스트하는데, 주로 기능이 제대로 작동하는지를 점검한다.

인 컨테이너 테스트(In Container Test)

자바 애플리케이션에서는 주로 JUnit과 같은 xUnit 시리즈의 단위 테스트 프레임워크를 사용하는데, 톰캣(Tomcat)이나 웹로직(WebLogic)과 같은 미들웨어 위에서 작동하는 애플리케이션의 경우 테스트가 반드시 해당 미들웨어 위에서 동작해야 한다. 이런 테스트를 인 컨테이너 테스트라고 하는데, 이런 인 컨테이너 테스트를 지원하는 프레임워크로는 Cactus 등이 있다.

모크업(Mock Up)

단위 테스트는 소프트웨어 구성 요소의 각 컴포넌트를 독립된 환경에서 테스트하는 것이다. 그렇지만, 일반적으로 소프트웨어 컴포넌트는 혼자서 동작할 수 없고 다른 컴포넌트에 대해서 종속성(Dependency)을 가지고 있기 때문에 종속 관계에 있는 컴포넌트가 완성되지 않거나 그 컴포넌트에 오류가 있으면 정상적으로 테스트를 진행할 수 없다. 그래서 이런 경우에는 가상의 테스트용 클래스와 메서드를 구현하는데, 이를 모크업(Mock-up) 클래스라고 한다. 이 모크업의 경우 클래스와 메서드의 정의는 있지만, 안에 비지니스 로직은 구현되어 있지 않고, input에 대해서 정해진 output 값만을 내는 형식이 된다. 이러한 모크업 클래스는 직접 구현할 수도 있지만, EasyMock (http://www.easymock.org) 과 같은 프레임워크를 사용하면 조금 더 쉽게 구현할 수 있다.

지속적 통합(CI, Continuous Integration)

구현이 끝난 코드는 이 단위 테스트를 통해서 검증하고, 소스 관리 시스템에 저장(commit)하게 된다. 저장된 소스 코드는 다른 사람이 작성한 소스 코드와 함께 다시 컴파일이 돼서 모든 단위테스트를 다시 거치게 된다. 이번 저장 때 작성한 단위 테스트를 포함해서 이를 포함한 예전 단위 테스트까지 모두 같이 테스트하게 되는데, 이를 회귀 테스트(Regression Test)라고 한다. 회귀 테스트를 하는 이유는 예전 코드의 변경이 없더라도 새로운 코드가 기존 로직에 영향을 줄 수 있기 때문에, 새 코드가 기존 코드에 대해서 결함을 발생시키지 않았음을 검증하기 위해서 수행한다.

이러한 일련의 과정은 보통 자동화된 환경에서 이루어지는 데 이를 지속적 통합(Continuous Integration: CI)라고 한다. 이 CI에 대한 개념과 전체 프로세스는 나중에 개발환경 부분에서 다시 언급 하도록 하겠다.

단위 테스트는 결함을 개발 중에 찾아낼 수 있는 대단히 유용한 테스트 기법이기도 하지만 개발자가 직접 단위 테스트 코드를 구현해야 하기 때문에 개발자에 대한 부담이 가중된다. 특히 단위 테스트를 꼼꼼하게 구현할 수 록, 단위 테스트 구현 시간이 늘어나는데, 이런 때에는 필요에 따라 개발팀에 별도의 단위 테스트를 구현할 수 있는 개발자를 배치하는 경우가 있다. 개발자 3~5명당 단위 테스트를 구현 및 수행하는 사람을 1명 정도 둘 수 있다. 그러나 가장 이상적인 케이스는 코딩 시간과 단위 테스트 구현 시간을 같이 고려하여 개발 일정을 짜고, 모듈을 개발한 개발자가 단위 테스트까지 같이 작성하게 하는 것이 효율성이 높다.

> **POINT 테스트 주도 개발(TDD/Test Driven Development)**
>
> 근래에는 테스트 케이스를 먼저 만들어놓고, 코드를 작성하는 형태의 테스트 주도 개발 방식(TDD: Test Driven Development)도 많이 사용되는 데, 이 경우 개발자가 테스트 케이스를 먼저 개발하고 그다음에 코드를 개발하는 형태이기 때문에, 테스트를 빠짐없이 구현할 수 있다는 장점은 있으나, 그만큼 테스트 코드를 개발하는 시간이 많이 투여되기 때문에 장단점이 있다.

3.2 통합 테스트 (개발팀에서 개발 단계에 수행)

통합 테스트는 각 개발자 또는 단위 개발팀에서 개발된 모듈들을 서로 합쳐서 상호 연동이 제대로 되는지를 검증하는 테스트이다. 단일 서버 형태로 배포되는 시스템의 경우에는 개인들이 작성한 코드들의 통합 정도 수준이지만, 여러 개의 하드웨어 서버에 각각 다른 역할로 서비스 컴포넌트가 배포되는 대규모 시스템의 경우에는 각 서비스 컴포넌트 간의 상호 연계성을 확인해야 하기 때문에 매우 중요한 테스트 단계이다.

통합 테스트는 일반적으로 개발팀의 주도로 이루어져서 수행되며, 시스템의 규모가 클 경우에는 테스트 팀의 주도로 이루어진다. 통합 테스트에서는 시스템 연동의 기능적인 면을 주로 검토하고 성능 등의 비기능적인 면은 검증하지 않고 시스템 테스트 단계에서 수행한다.

3.3 시스템 테스트 (테스트팀에서 테스트 단계에 수행)

시스템 테스트는 통합이 완료된 시스템에 대해서 기능 테스트 및 비기능 테스트를 수행한다. 시스템 테스트는 주로 부하를 주는 상황에서 수행하게 되고 비기능 테스트를 중점적으로 진행한다. 시스템 테스트는 테스트 팀이 주도하여 릴리즈가 끝난 버전을 가지고 테스트를 수행한다.

애자일 개발 방식에서의 시스템 테스트는 스프린트 (또는 iteration)이 종료될 때마다 개발 환경과 분리된 테스트 환경에서 진행하며, 제품 출시 전의 몇 번의 시스템 테스트는 테스트 환경이 아닌 실 운영 환경에서 테스트를 진행한다. 실 운영 환경에서 테스트를 진행하는 것은 개발된 시스템에 대한 소프트웨어뿐만 아니라 운영 환경 자체에 대한 검증을 진행하기 위함이다.

비기능 테스트의 종류
. . . .

성능 테스트

시스템에 부하를 주면서 시스템의 성능을 측정한다. 성능 측정 시에 체크 해야 하는 성능 지표는 TPS(Throughput per Second: 초당 처리량) 와 응답 시간(Response Time)이다. TPS는 초당 몇 건의 요청을 처리하느냐 이고, 응답 시간은 요청당 응답 시간이다. 부하 테스트를 수행할 때는, 가상 사용자의 수를 늘려가면서 부하의 양을 점차 늘려가는데 이때 TPS와 응답 시간의 변화 추이를 측정한다. 이때 임계 성능을 측정해야 하는데, (시스템이 허용하는 최대 성능) 임계 성능은 여러 조건을 통해서 결정한다.

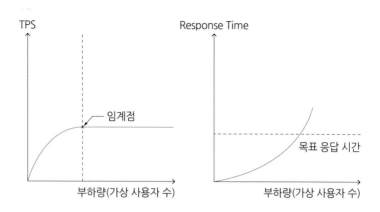

그림 4-3 부하량과 TPS, 응답 시간 간의 상관관계

부하량을 늘려가게 되면, 위의 좌측 그래프와 같이 TPS가 어느 부하량 이상이 되면 더는 TPS가 증가하지 않고 일정 수준을 유지하게 된다. 이때의 부하량 즉 가상 사용자 수가 이 시스템의 처리 가능 용량이 되고, 이때의 TPS가 이 시스템의 최대 성능이 된다.

응답 시간이 중요한 시스템의 경우에는 TPS의 임계점을 기준으로 하지 않고 목표 응답 시간을 기준으로 성능의 임계점을 정해야 하는데, 부하량이 늘어나면 응답 시간은 x^2 (제곱) 형식으로 증가하게 되는데, 이 응답 시간이 목표한 응답 시간 이상으로 올라가는 시점을 임계 성능으로 측정하고 이때의 TPS를 시스템의 최대 성능으로 정한다.

이렇게 성능 테스트를 하는 과정에서 CPU나 메모리 등의 하드웨어 리소스가 남을 경우에는 튜닝이나 구조 변경 등을 통해서 남은 CPU와 메모리 자원을 모두 사용하도록 하여 다시 성능치를 구한다. CPU는 일반적으로 70%~80%를 사용하는 때를 시스템의 허용 용량으로 잡는다. 100%를 기준치로 하지 않는 것은 운영 상황에서 CPU가 70~80%가 되면 보통 시스템에 대한 하드웨어를 증설하는 시기이기 때문에 목표치를 70~80%로 잡는다.

대용량 분산 시스템에서 임계치

근래의 서비스 시스템의 특징 중의 하나는, 대용량 서비스가 가능한 분산 아키텍처 구조를 가지면서 임계 성능이라는 개념이 없어지고, 서버를 증설할 수 록 선형적으로 성능이 비례하여 증가하는 형태를 보인다. 이런 구조는 클라우드 컴퓨팅을 사용하면서 하드웨어 자원을 무한적으로 늘릴 수 있는 상황에 해당하는데, 부하량이 늘어감에 따라서 하드웨어를 무한적으로 증설할 수 있는 경우이다.

그래서 위와 같은 그래프는 일반적으로 성능 임계치가 한계가 있는 엔터프라이즈 시스템의 경우이고, 대용량 분산 시스템의 경우에는 다음 그림과 같이 TPS가 부하량에 따라서 선형적으로 증가하고, 응답 시간은 부하량이 늘어나더라도 일정하게 유지된다.

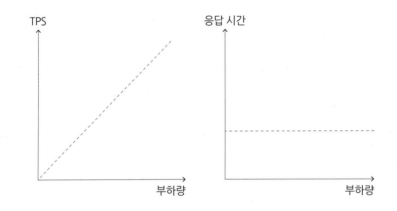

그림 4-4 대용량 분산 시스템의 TPS와 응답 시간

이러한 형태의 분산 시스템은 무한적으로 성능이 증가하기 때문에 성능의 임계치를 측정이 불가능하다. 그래서, 임계치의 측정보다는 부하량이 증가함에 따른 TPS의 증가치를 측정하는데 테스트의 목적을 둔다.

장애 테스트

장애 테스트는 시스템이 장애가 났을 때 이에 대한 감지와 장애 복구 능력을 검증하는 테스트이다. 기업의 서버 시스템의 경우 여러 대의 서버로 구성되어 장애 대응이 되어 있는 아키텍처의 경우 전체 시스템에서 일부 시스템이 장애가 나더라도 거래정보가 유실이 없이 제대로 작동해야 한다. 이에 대한 테스트가 장애 테스트이다.

장애 테스트는 장애가 발생할 수 있는 곳에 부하를 주는 중에 강제적으로 장애를 일으켜서 거래가 문제없이 처리되는지를 체크하게 된다.

장애의 유형은 여러 가지가 있지만, 대표적으로 아래와 같은 장애의 유형에 따라 테스트를 진행한다.

① 미들웨어 장애 테스트

서버 소프트웨어를 기동하기 위한 미들웨어, 예를 들어 DBMS, 웹서버, 웹 애플리케이션 서버 등이 장애가 났을 때에 대한 장애 대응능력을 검증한다. 이러한 형태의 장애 대응은 미들웨어 자체의 클러스터링 기능에 의해서 처리되는 경우가 많다.

미들웨어 장애 테스트는 부하 테스트 중에 강제적으로 가동 중인 미들웨어 인스턴스를 종료시키거나, 강제로 시스템을 느려지게 하거나 또는 멈추게 했을 때 시스템으로의 요청이 실패 없이 처리되어야 한다.

② 하드웨어 장애 테스트

다음으로, 하드웨어에 대한 장애 테스트를 들 수 있는데, 하드웨어가 장애 났을 때의 대처 능력을 검증한다. 해당 하드웨어의 전원을 강제적으로 내림으로써 인위적으로 장애를 발생시킨다.

③ 네트워크 장애 테스트

네트워크 장애는 각 서버 간의 네트워크 연결 장애에 대한 대응 능력 검증으로, 네트워크 선을 스위치나 서버에서 강제적으로 뽑아서 장애를 발생시키고 테스트를 수행한다.

이러한 장애에 대한 대처는 하드웨어나 소프트웨어에 대한 클러스터링(Clustering)이나 이중화(High Availibility) 구성을 통해서 이루어지는 것이 일반적이다.

장애가 났을 때 장애가 나지 않은 나머지 시스템으로 요청을 전달하여 처리하는 것을 페일오버

(Fail-Over)라고 한다. 위의 시나리오는 장애에 대한 페일오버에 대한 테스트이다. 장애가 났을 때의 테스트를 했다면 반대로 장애가 복구되었을 때는 테스트를 수행해야 하는데 이를 페일백(Fail Back) 이라고 하고, 이에 대한 검증 테스트를 '장애 복구 테스트'라고 한다. 장애 복구테스트는 장애 테스트와 역순으로 진행하는데, 서버를 강제 종료시켰다면 서버를 재기동 하거나 네트워크 선을 뽑았다면 다시 연결해서 상황이 정상화되었을 때 장애가 났던 시스템이 다시정상적으로 거래를 처리하는지를 확인해야 한다.

안정성 테스트

안정성 테스트는 시스템이 오랫동안 운영이 되더라도 문제가 없는지를 검증하는 테스트로 부하를 수일 동안 주면서 시스템이 문제없이 서비스가 되는지를 체크한다. 3~7일 정도 지속적으로 부하를 주면서 시스템 상황을 모니터링 하는데, 특히 시스템이 메모리 누수(Memory Leak)가 있거나 인프라 자원을 효율적으로 반납하지 못할 때는 장애가 발생한다. 실 운영 환경처럼 아주 장기적인 부하를 줄 수는 없지만 짧은 기간이라도 많은 양의 부하를 주고, 하드웨어 자원의 사용 그래프를 분석하면 잠재적인 문제가 있는지를 예측할 수 있다.

 메모리 누수(Memory Leak)

코드 상에서 메모리를 요청한 후 반납하지 않아서 사용 가능한 메모리 용량이 줄어드는 현상. 메모리를 자동으로 관리해 주는 자바의 경우에도 메모리 누수는 발생한다.

확장성 테스트

확장성 테스트는 시스템을 증설함에 따라 용량이 선형적으로 증가하는지를 확인하는 테스트이다. 확장성은 크게 수직적 확장성(Vertical Scalability)과 수평적 확장성(Horizontal Scalability)이 있는데, 수직적 확장성은 서버의 수는 유지한 채 CPU나 메모리 용량 등을 증설하는 방법이다. 수평적 확장성은 서버의 대수를 늘려서 용량을 증설하는 방법이다.

서버의 대수를 늘려가면서 수평적 확장성을 테스트하고, CPU나 Memory를 늘려가면서 수직적 확장성을 테스트한다. 용량 증가에 따라 TPS가 선형적으로(y=ax) 증가하는지를 확인한다.

수직적 확장성은 요즘 가상화 환경의 발전 덕분에 가상 머신(Virtual Machine)에 할당되는 CPU 코어 수와 메모리를 늘려서 테스트를 수행할 수 있다. 수평적 확장성은 서버의 대수가 증가한다고 해서 용량이 증가될 수 있는 것이 아니라 시스템 자체가 서버 증설에 대해서 확장할 수 있는 아키텍처로 설계되어 있어야 한다.

단일 거래 테스트와 복합 거래 테스트

앞에서 언급한 4개의 시스템 테스트는 단일 거래와 복합 거래 두 가지 관점에서 수행이 가능하다. 단일 거래란 하나의 기능에 대해서 테스트를 수행하는 것이고, 복합 거래 테스트는 여러 개의 단일 거래를 실 운영 상황에 맞춰서 가중치를 줘서 부하를 주는 테스트이다.

단일 거래 테스트

단일 기능 시나리오

복합 거래 테스트

단일 기능 시나리오 A	10%
단일 기능 시나리오 B	30%
단일 기능 시나리오 C	60%

그림 4-5 단일거래 테스트와 복합거래 테스트 개념 비교

단일 거래 테스트는 단일 시나리오에 대해서만 테스트를 진행하기 때문에 비기능적 결함에 대한 발견이 쉽다. 복합 거래 테스트는 여러 시나리오를 동시에 테스트하기 때문에, 개별 시나리오의 상호 간섭을 검증할 수 있고, 실 운영 환경에 가까운 테스트 결과를 얻을 수 있다. 또한, 복합 거래로 측정된 성능치가 운영 환경에서의 성능과 용량이 된다.

복합거래 테스트에서 각 단일 거래에 주는 가중치는 실 업무 패턴을 중심으로 작성되어야 하는데, 기존의 비슷한 업무가 있다면 기존 업무의 각 단일 거래 기능에 대한 비중을 기본으로 하는

것이 가장 좋다. (웹 로그 분석 등)

시스템 테스트는 성능 테스트를 기본으로 이루어진다. 부하를 넣은 상태에서 장애를 테스트하고, 시스템을 확장해가면서 확장 테스트를 수행하며, 부하 상황을 지속시킴으로써 안정성을 테스트할 수 있다. 그만큼 성능 테스트를 얼마나 잘 만드느냐가 나머지 테스트를 성공적으로 수행할 수 있게 해주는 중요한 테스트이다.

화이트 박스(White box) 테스트와 블랙 박스(Black Box) 테스트

이 4가지 테스팅은 화이트 박스 테스트와 블랙 박스 테스트 두 가지로 다시 분리할 수 있는데, 화이트 박스 테스트 시스템의 내부 구조를 이해하고, 내부 구조를 주요 테스트 대상으로 삼는 테스트이다. 블랙 박스 테스트는 시스템의 내부 구조보다는 외부로 노출되는 기능과 비기능에 대한 테스트를 중점으로 한다. 자동차를 테스트한다고 했을 때 차가 잘 가는지 속도, 주행 능력 등을 보는 것이 블랙 박스 테스트, 차의 엔진이 제대로 작동하는지 조향장치와 같이 내부 구조를 테스트하는 것이 화이트 박스 테스트가 된다. 이는 테스트의 주체와도 연결되는데, 화이트 박스 테스트는 내부구조를 잘 안 상태에서 수행해야 하기 때문에 개발팀 주도로 이루어지고, 블랙 박스 테스트는 시스템의 내부구조에 대해서 상세한 이해 없이도 수행이 가능하기 때문에, 테스트팀 주도로 테스트가 이루어진다.

이 관점에서 단위 테스트와 통합 테스트는 블랙 박스 테스트 관점에서 접근하고 시스템 테스트와 인수 테스트는 화이트 박스 테스트 관점에서 접근한다.

3.4 인수 테스트 (테스트팀 또는 고객이 출시 전 단계에 수행)

인수 테스트는 개발이 완료된 후 시스템을 출시 하기 전에 최종적으로 수행되는 테스트로 고객의 주도로 테스트가 이루어진다. B2C 서비스의 경우에는 알파, 베타 서비스를 수행하기도 하고, SI의 경우에는 SI 발주 고객의 주도로 테스트를 수행한다. 인수 테스트는 다른 레벨의 테스트와는 다르게 결함의 발견이 목적이 아니고 제품의 출시 여부를 판단하는 것을 목적으로 한다.

인수 테스트 단계에서는 요구 사항과 디자인 스펙에 대한 준수 여부는 당연한 범위가 되고 이외에도 법적인 사항(Legal)과 사용자 경험(User Experience) 등을 검증한다.

법적인 사항의 경우 서비스나 제품이 해당 국가의 법률에 위배 되는 것이 없는지를 검토한다. 예를 들어 한국 같은 경우에는 위치 기반 서비스 (LBS)를 하려면 이에 대한 허가를 국가로부터 취득해야 하며, 미국이나 유럽의 경우에는 사용자의 개인 정보를 국외에 저장할 수 없게 되어 있다. 또한, 구현 부분에 대한 특허 침해 여부는 없는지도 법적인 사항 검증 범위에 해당한다. 오픈소스를 사용했을 경우에는 오픈소스 라이선스 정책을 제대로 지키고 있는지도 검토한다. 물론 이러한 사항들은 시스템 설계 단계에서부터 고려되어야 하는 사항이지만 출시 전에 최종적인 점검 단계로 생각하면 된다.

다음은 사용자 경험(User Experience) 검증 부분이 있는데, 실사용자를 대상으로 베타 테스트를 수행함으로써 사용자 인터페이스에 대한 검증을 수행하는데, B2C 서비스의 경우 이러한 사용자 경험 테스트는 서비스의 성공 요인을 결정하는 매우 중요점이 된다.

인수 테스트는 단순히 검증만을 하는 것이 아니라 시스템의 출시 여부를 결정하는 중요한 과정이 된다. 인수 테스트 결과에 따라서 시스템을 출시할지 아니면 보강 개발을 하여 출시 시기를 조율할지를 결정하게 된다. 아울러 인수 테스트 단계에는 최종적인 보안 테스트를 수행하는데, 보안 테스트는 제품 출시나 서비스 오픈 후에도 지속적으로 수행하여, 보안 결함이 발견되었을 때는 보안 패치를 적용한다. 특히 서비스 시스템은 별도의 보안 서비스 팀을 운영하여 정기적인 보안 검사와 이에 대한 지속적인 보완을 하는 것을 권장한다.

3.5 테스트 레벨별 주체와 시점

테스트 레벨을 언제 적용하는지 시점을 다시 정리해보자.

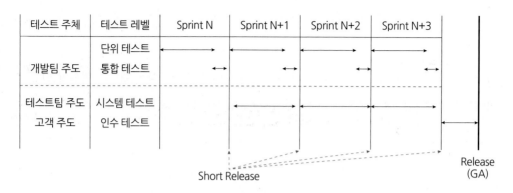

테스트 주체	테스트 레벨	Sprint N	Sprint N+1	Sprint N+2	Sprint N+3
개발팀 주도	단위 테스트 통합 테스트				
테스트팀 주도 고객 주도	시스템 테스트 인수 테스트				

Short Release

Release (GA)

그림 4-6 테스트 레벨별 주체

단위 테스트는 스프린트가 진행되는 중에 개별 개발자나 개발팀에 의해서 수행된다. 스프린트가 끝날 때는 잦은 릴리즈(Short Release) 형태로 시스템의 완성된 기능까지를 릴리즈하는데, 릴리즈 전에 개발팀의 주도로 개발된 컴포넌트에 대한 통합을 진행하고, 통합 테스트를 진행한다.

릴리즈가 된 버전은 테스트 환경으로 이관되어 테스트 팀에 의해서 시스템 테스트가 진행된다. 이 과정들을 매 스프린트에 걸쳐서 반복적으로 진행하고, 전체 개발이 완료되고 시스템을 출시하기 전에 고객을 중심으로 인수 테스트를 진행한다.

4. 테스트 사이클

V 모델에서 언급한 각각의 테스팅은 다음과 같은 사이클을 반복적으로 수행한다.

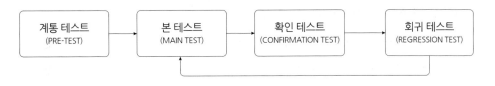

그림 4-7 테스트 사이클

① 계통 테스트(PRE-TEST)

PRE-TEST는 계통 테스트라고 하는데, 본격적인 테스트를 수행하기 앞서서 테스트 환경을 점검하고 테스트 시나리오를 점검하는 과정이다. 예를 들어 성능 테스트를 위한 부하 테스트를 한다고 했을 때, 성능 테스트를 위한 서버 환경 및 부하 발생기들을 점검하고, 실제 테스트에 들어가기 앞서서 성능 테스트 스크립트의 추출 및 스크립트가 잘 돌아가는지 등의 검증 작업을 수행한다.

이러한 계통 테스트를 별도로 두는 이유는 소프트웨어가 제대로 개발되었다 하더라도 테스트에 들어가면 여러 가지 예상하지 못했던 문제들이 발생하게 된다. 방화벽이 막혀 있어서 부하가 안 들어간다거나, 설정 잘못으로 인해서 클러스터링들이 안 된다거나, 네트워크 대역폭이 충분하지 않아서 테스트용 부하가 제대로 못 들어간다든지 상당히 여러 가지 시나리오가 발생하는데, 이런 문제를 푸는 데는 대부분 타 부서나 타 팀의 협조가 필요해지고, 이는 시간을 필요로 한다.

본 테스트(MAIN-TEST)의 경우 모든 이해 당사자가 모여서 테스트를 진행하기 때문에, 본 테스트의 원활한 진행을 위해서는 계통 테스트를 통한 계통이 원활하게 진행되어야 한다. 이 계통 테스트에서는 테스트 자체가 잘 수행되는지 테스트 자체를 검증하는 단계이지 구축된 시스템 자체를 검증하지는 않는다. 성능이 나오지 않거나 에러가 나오는 경우에 대한 해결은 본 테스트 단계에서 해결한다.

이 계통 테스트 과정은 시스템에 따라서 짧게는 1~2일에서 길게는 2~3주까지 소요되기 때문에 (통상 복잡한 엔터프라이즈 시스템의 경우 1~2주가 일반적임. 시스템의 특성이나 복잡도에 따라서 계통 기간은 다름) 테스트 일정 수립 시에 충분히 반영해야 한다. 계통 테스트 과정이 정상적으로 이루어 지지 않으면, MAIN-TEST 단계에서 참여한 인력들이 노는(?) 현상이 발생하여 리소스와 비용 낭비가 발생할 수 있다.

② 본 테스트(MAIN-TEST)

MAIN-TEST는 본 테스트로, 테스트 시나리오에 입각하여 테스트를 수행하고, 목표 기능에 대한 테스트 통과 여부를 가리고, 통과하지 못한 경우 문제점을 파악 및 정의하는 데까지를 그 범위로 둔다.

일반적으로 본 테스트를 수행하는 데 있어서, 테스트 조직은 테스트를 통과하지 못하면 테스트를 통과 하지 못했다는 것만을 리포팅할 뿐, 그 원인에 대한 부분은 언급하지 않는데, 이것은 잘못된 방법이다. 성능 테스트를 예를 들었을 때 목표 성능에 도달하지 못했을 경우 병목 구간 분석을 통해서, 어느 부분이 병목의 원인인지 까지 분석하여 개발팀에 넘겨야 한다. 이러한 본 테스트 기간이 아니라면 전체 시스템에 대해서 분석을 할 수 있는 이해 당사자 (테스터, 개발자, 아키텍트, 튜닝 엔지니어)들이 한자리에 모일 수 없기 때문에 모였을 때 원인을 파악하는 것이 효율적이다.

본 테스트 수행 시에는 모든 테스트 시나리오와 테스트 절차와 정황 및 데이터를 문서로 기록해야 한다. 이는 버그나 문제가 있을 때 나중에 해결하기 위한 중요한 정황 자료로 사용되기 때문에, '몇 시에 테스트 시작, 테스트 대상의 환경 정보, 버전 정보, 테스트 시나리오 00번을 수행, 이때 CPU, 메모리, IO 사용률, 부하 발생기 도구 상황' 등을 제대로 기록해야 한다.

③ 확인 테스트(CONFIRMATION TEST)

확인 테스트라고 하는데, 테스트 과정에서 발견된 결함이 해결된 후에 결함이 제대로 해결되었는지 검증을 하는 단계이다. **이전 테스트에서 발견된 결함이 해결되었는지 검증하는 테스트**이다.

④ 회귀 테스트(REGRESSION TEST)

회귀 테스트는 앞 단계에 정상적으로 수행된 테스트에 대해서 (통과된 테스트) 다시 테스트를 수행하는 과정이다. 회귀 테스트를 수행하는 이유는 소프트웨어 개발이 진척되거나 또는 기타 요인의 변화에 의해서 기존에 잘 작동했던 기능이 작동하지 않는 경우가 있는데, 이렇게 **변화에 의한 영향을 검증**함으로써 기존 기능이 정상적으로 작동하지 않게 되는 경우"를 조기에 검출하기 위해서 테스트 시에는 회귀 테스트를 다시 수행하는 것이 바람직하다. 회귀 테스트의 수행 시점은 일반적으로 계통 테스트 후, 본 테스트 이전이 좋다. 계통 테스트를 통해서 테스트 환경이 세트업 되었음을 확인한 후에 본 테스트를 들어가기 전에 이번 테스트 버전이 기존 버전에 어떤 변화를 줬는지를 확인하기 위함이다.

테스트의 수행 절차는 계통 테스트로 계통이 끝난 후에 본 테스트를 수행하는데, 매일 테스트를 수행하고, 문제가 있는 부분을 일 단위로 리포트 해서 개발팀에 전달하고, 단기 수정이 가능한 부분에 대해서는 본 테스트 기간 내에 수정하여 반영 후 확인 테스트를 거친다. 만약, 테스트 기간에 수정할 수 없는 결함의 경우 개발 일정에 반영하여 다음 스프린트에서 수정하여 테스트할 수 있도록 한다.

솔루션 세일즈에 나온 세일즈 사이클입니다. 정리해야겠다고 생각만 하고 MSSU에서 교육받고 몇 달이 지난 후에나 정리하게 되었네요.

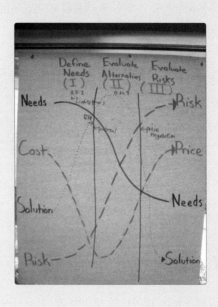

고객의 요구, 돈, 솔루션 자체, 그리고 위험 등 크게 4개의 축으로 나눠서 중점을 둡니다. 초기에는 고객의 요구가 매우 높습니다. 차세대 마케팅 시스템을 만드는 시나리오라면, 차세대 마케팅 시스템에 대한 요구 자체가 높습니다. 그다음은 비용(Cost) 즉, 예산입니다. 정해진 예산 내에서 구축해야 한다는 압박(?)이 있습니다. 이 과정에서 고객은 대략적인 금액과 이런 요구 사항을 채워줄 수 있는 벤더를 찾게 됩니다. 벤더들이 제안을 하고 거래가 어느 정도 진행이 되면, 고객은 솔루션 자체에 관심이 최고조에 다다릅니다. 이 제품이 무슨 기능이 되는지, 자신의 목표를 맞출 수 있는지에 중점을 두게됩니다. 실제 프로젝트 POC나 RFI 등의 과정을 거쳐 보면 고객은 이 단계에서는 솔루션이나 아키텍처에 대해서만 관심을 둡니다. 이 과정에서는 비용 자체에 대해서는 그리관심을 두지는 않습니다.

솔루션이 정해진 다음에는 고객은 금액과 위험에 대해서 집중하게 됩니다. 제품의 기능이 된다 하더라도 빠진 부분은 없는지 실제 개발운영 경험이 있는지, 기간은 적절한지 등 실제 위험에 대한 관심이 최고조에 다다르고 비용은 가격으로 변화돼서 관심을 두게됩니다. 프로젝트 예산 내에서가 아니라 실제 제품의 가격을 관심을 두게 되고 가격 흥정 등의 작업이 이루어집니다.

별거 아닌 그래프 하나인데, 사실 공감이 많이 가는 그래프입니다. 실제 프로젝트 과정에서 겪었던 경험인데, 그래프로 정리해놓으니까는 쏙 머릿속에 들어오는 듯합니다. 공감도 많이 가고요. 앞으로 세일즈 과정에 필요할 것 같아서 정리해보았습니다.

5. 테스트 범위 조정

단위 테스트를 제외한 모든 테스트는 테스트의 범위가 하나의 시스템이 된다. 단위 테스트는 독립적으로 클래스나 메서드만 테스트하면 되지만, 통합 테스트부터는 하나의 비즈니스 컴포넌트 단위의 테스트를 수행해야 하며, 화이트 박스 테스트가 아니라 블랙박스 테스트 형태로 수행된다.

이 테스트 과정은 테스트할 수 있는 대상이 명확해야 하는데, 주로 기능 단위가 주요 테스트의 시나리오가 되고, 테스트의 범위는 이전 스프린트에서 개발이 완료된 릴리즈 버전을 대상으로 한다.

	SPRINT # N	SPRINT # N+1	SPRINT # N+2
개발	• Feature A • Feature B • • Feature C	• Feature D • Feature E • • Feature F	• Feature G • Feature H • Feature I
테스트		• Feature A • Feature B • Feature C	• Feature D • Feature E • Feature F

한 SPRINT씩 밀려서 테스트
※ 단위 테스트는 제외

그림 4-8 테스트 스프린트는 개발 스프린트에 한 스프린트 뒤에서 진행

그래서 테스트의 범위는 현재 진행 중인 스프린트의 이전 릴리즈 버전을 사용하며 한 스프린트씩 느리게 테스트를 진행하며 따라오게 된다. 스프린트가 통상 2~4주인 것을 고려할 때 테스트 기간이 긴 것처럼 느껴질 수 있으나, 계통 테스트, 주 테스트를 걸쳐서 결함의 발견과 원인 해결 및 리포팅까지 사용하면 결코 짧은 기간이 아니라 상당히 빡빡하게 돌아가게 된다.

6. 테스트 프로세스

그러면 이 전체 테스트 사이클에 걸쳐 테스트를 수행하려면 어떤 프로세스를 거쳐야 할까? 테스트의 전체적인 프로세스는 다음과 같다.

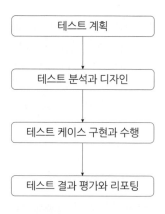

그림 4-9 테스트 프로세스

이 프로세스는 단위 테스트 과정에서는 사용되지 않고, 단위 테스트 이상의 통합, 시스템, 인수 테스트 과정에서만 사용된다. 단위 테스트는 개발자 또는 개발자와 단위 테스터가 함께 개발 과정 중에 병행해서 진행하기 때문에 이렇게 복잡한 테스트 프로세스를 필요로 하지는 않는다.

6.1 테스트 계획 단계

테스트의 목적과 테스트의 범위 정의

테스트의 목적을 정의한다. 예를 들어 이번 테스트에서는 어떤 기능을 위주로 보겠다든지, 성능을 위주로 보겠다든지 안정성 검증을 목적으로 하겠다든지 같이 목적을 정의한다. 목적이 정의되었으면 테스트의 범위를 정의해야 하는데, 테스트의 범위는 크게 세 가지 관점에서 정의할 수 있다.

첫 번째, 테스트를 수행할 시스템의 범위

하나의 소프트웨어 시스템은 단 하나의 소프트웨어 컴포넌트로 구성되는 경우는 드물다. 비즈니스 로직, 사용자 인터페이스, 데이터 저장 로직 등으로 나눌 수도 있고, 인터넷 뱅킹, 타행 연동, 대출 시스템과 같이 각 업무 시스템으로 나눠서 범위를 정의할 수도 있다.

두 번째, 테스트를 수행할 시스템의 기능 범위

테스트를 수행할 컴포넌트의 기능을 파악하고, 스프린트 계획에 따라 구현된 기능 리스트들을 테스트의 범위에 포함 시킨다.

컴포넌트	기능
파일 스토리지	F-IN-1 동영상 파일 업로드
	F-IN-2 동영상 파일 내려받기
	F-IN-3 이미지 파일 업로드
스트리밍 서비스	F-ST-1 동영상 스트리밍
	F-ST-2 음악 업로드

세 번째, 테스트를 수행할 방법

테스트 수행 방법은 단순하게 기능 테스트만 할 것인지, 성능 테스트, 안정성 테스트 등을 할 것인지 테스팅 타입을 정의한다. 다음은 테스트의 데스크톱 가상화를 위한 테스트 계획의 "목적과 범위"를 정의한 샘플이다.

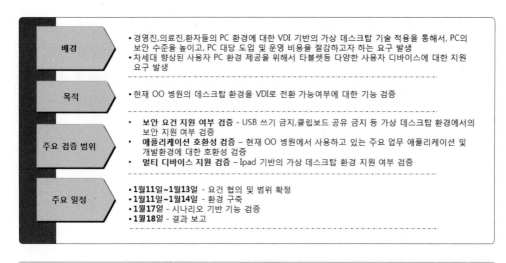

배경	• 경영진,의료진,환자들의 PC 환경에 대한 VDI 기반의 가상 데스크탑 기술 적용을 통해서, PC의 보안 수준을 높이고, PC 대당 도입 및 운영 비용을 절감하고자 하는 요구 발생 • 차세대 향상된 사용자 PC 환경 제공을 위해서 타블렛등 다양한 사용자 디바이스에 대한 지원 요구 발생
목적	• 현재 OO 병원의 데스크탑 환경을 VDI로 전환 가능여부에 대한 기능 검증
주요 검증 범위	• **보안 요건 지원 여부 검증** - USB 쓰기 금지,클립보드 공유 금지 등 가상 데스크탑 환경에서의 보안 지원 여부 검증 • **애플리케이션 호환성 검증** – 현재 OO 병원에서 사용하고 있는 주요 업무 애플리케이션 및 개발환경에 대한 호환성 검증 • **멀티 디바이스 지원 검증** – Ipad 기반의 가상 데스크탑 환경 지원 여부 검증
주요 일정	• **1월11일~1월13일** - 요건 협의 및 범위 확정 • **1월11일~1월14일** - 환경 구축 • **1월17일** - 시나리오 기반 기능 검증 • **1월18일** - 결과 보고

그림 4-10 테스트 계획 요약 샘플

테스트 대상 시스템에 대한 구조 파악

목적과 범위가 정의되었으면, 테스트 계획을 세우기 위해서 테스트 대상 시스템의 구조를 파악해야 한다. 이 과정은 대상 시스템의 복잡도에 따라서 테스트의 목적이 정의된 후 범위를 정하기 전에 수행하기도 한다.

어떤 기능을 가지고 있으며, 어떤 컴포넌트들로 구성되어 있으며, 상호 연계가 어떻게 되어 있는지를 파악한다. 시스템의 구조를 파악하지 못하고 테스트를 진행할 경우에는 테스트의 성공 실패 여부만을 판단할 수 있고, 실패 시의 원인 파악이 어렵기 때문에 반쪽짜리 테스트가 될 수 있으며, 또한 구조 파악 없이는 결함의 발생 가능성이 큰 곳을 찾기가 어렵기 때문에 정교한 테스트가 어렵다.

테스트 대상 시스템에 대한 구조 파악이 완료되면, 이 구조를 아키텍처 문서로 서술하는데, 다음과 같은 내용을 포함해야 한다.

업무 컴포넌트 정의

시스템을 구성하기 위해서 어떤 업무 컴포넌트들이 구성되었는지를 다이어그램으로 서술한다. 회원 정보, 파일 저장, 디바이스 정보와 같은 형태의 업무 (도메인) 중심의 컴포넌트로 정의한다.

소프트웨어 배포 구조

각 업무 시스템이 사용하는 소프트웨어 솔루션의 배포 구조를 서술한다. 예를 들어 데스크톱 가상화를 예를 들었을 때, 가상화 소프트웨어는 Hyper-V를 사용하였고, 사용자 인증 정보는 LDAP에 저장하였다든지 같이 업무 컴포넌트가 실제 어떤 솔루션으로 구현돼서 배포되었는지를 서술한다.

여기에는 솔루션의 배포 구조뿐 아니라, 정확한 버전 및 디렉터리 정보를 포함해야 하며, 특히 로그 디렉터리의 정보를 서술해야 나중에 다른 사람이 문제를 추적할 때 손쉽게 해당 시스템에 접근하여 정보를 수집할 수 있다.

하드웨어 배포 구조

다음으로는 하드웨어에 대한 배포 구조를 서술해야 하는데, 어떤 서버에 어떤 업무 컴포넌트가 배포되었는지 등을 서술한다. 특히 서버뿐만 아니라, 서버 간을 연결하는 네트워크 구성과 스토리지(디스크어레이 등)를 어떻게 구성하였는지를 서술해야 한다.

실제로 잘 조직화된 개발팀의 경우, 제품의 구조에 대해서 설명을 들으려면 아키텍트보다는 테스트 엔지니어를 찾으라고 할 정도로 테스트 엔지니어의 테스트 대상 시스템에 대한 이해도는 높아야 한다.

테스트 일정 정의

테스트의 범위가 정의되었으면, 테스트 활동을 위한 주요 일정을 정의한다. 여기에는 아주 상세한 테스트 케이스별의 일정을 정의하는 것이 아니라, 테스트의 전체적인 절차에 필요한 일정을 정의한다. 테스트 시나리오별의 일정은 향후 디자인 단계에서 다시 고려한다.

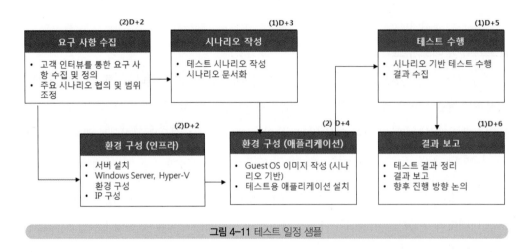

그림 4-11 테스트 일정 샘플

테스트 종료 조건(Exit Criteria) 정의

Exit Criteria는 테스트의 종료 조건에 대한 정의이다. 매우 중요한 항목 중의 하나인데, "테스트가 다 완료되면 끝나는 거지 별도의 종료 조건을 정의해야 하나?" 하고 반문을 할 수도 있지만, 테스트에는 자원이 소모된다. 테스트를 정상적으로 모두 종료한 후에 끝내면 가장 이상적이겠지만, 테스트 기간이 종료되면 테스트를 종료해야 할 수도 있고, 테스팅에 필요한 비용을 모두 소모한 경우도 테스트 종료 조건이 될 수도 있고, 또는 테스트를 모두 수행하였으나 테스트 결과가 모두 성공이어야 테스트를 종료할 수도 있다.

테스트가 끝나지 않았는데, 테스트가 종료된 경우에는 다음 테스트 단계에서 해당 테스트를 포함해서 하는 등의 추가적인 품질 보장 전략이 수립되어야 하며, 시스템의 목적과 성격에 따라서 종료 조건이 정의되어야 한다.

은행과 같이 미션 크리티컬한 시스템의 경우에는 테스트 전체가 종료되고, 테스트 결과가 모두 성공인 것을 종료 목표로 해야 하겠지만(돈을 다루는 중요한 업무이기 때문에 결함은 바로 은행 비즈니스에 타격을 줄 수 있기 때문에), SNS 서비스를 하는 벤처 기업 같은 경우에는 시장 출시 시기(Time To Market)가 중요하기 때문에 기간을 종료 조건으로 잡고 최대한 중요 결함을 테스트 기간에 해결하되 오픈 후에 가벼운 결함을 해결하는 전략을 선택할 수도 있다.

테스트 조직 구성 및 비용 산정

전체적인 테스트의 일정과 범위가 정해졌으면, 이에 투여되는 인력의 양을 산출할 수 있다. 테스트를 기간 내에 수행할 인력들에 대한 조직을 구성하고, 이들에 대한 인건비와 제반 비용 '테스팅 도구 임대료, 부하 테스트용 PC, 테스트 환경 구축 비용 등'을 산정하여 테스트에 소요되는 예산을 산정한다. 테스트 조직에 대해서는 뒤에서 조금 더 자세하게 언급한다.

이렇게 작성된 테스트 계획 문서는 다른 문서를 참고하지 않고도, 테스트하고자 하는 대상 시스템의 구조와 기능을 파악할 수 있어야 하고, 어떤 목적으로 어떤 기간 내에 누가 얼마의 비용으로 테스트를 수행하겠다는 계획이 일목요연하게 정리되어 있어야 한다.

이는 보고를 위한 것일 수도 있겠지만, 독립된 문서를 만들었다는 사실 자체가 테스팅 팀이 해당 테스트에 대해서 목적과 범위 그리고 환경을 이해하였고, 이를 위한 준비가 되었다는 확인이기도 하다.

6.2 테스트 분석 및 디자인 단계

테스트에 대한 모든 계획이 수립되었으면, 이제 실제 테스트에 대한 상세 디자인 작업을 수행해야 한다. 테스트에 대한 전체적인 계획은 테스트팀 리드가 작성하였다면, 테스트에 대한 상세 계획은 테스트 엔지니어에 의해서 작성되며 절차는 다음과 같다.

테스트 목적과 기본 원칙(Principles) 에 대한 리뷰

먼저 테스트 수행자는 테스트의 목적과 범위를 리뷰하고 테스트 계획서를 숙지한다. 그리고 테스트의 목적과 범위, 일정, 인원별 역할을 기본으로 하여 상세 테스트 시나리오를 작성한다.

테스트 케이스 디자인 및 우선순위 설정

다음으로, 테스트 범위에 해당하는 컴포넌트와 각 기능에 대해서 상세 테스트 시나리오를 정의한다. 이를 테스트 케이스라고 하는데, 상세 테스트 시나리오는 테스트 대상 시스템의 릴리즈 버전의 기능을 기준으로 작성하고 각 기능에 대해서 테스트 시나리오를 작성한다. 예를 들어 '파일 업로드'라는 기능이 있을 때 테스트 시나리오는

- 1M 5M, 10M, 100M 일반 파일 업로드
- 10M, 100M 동영상 파일 업로드

처럼 변수별로 다양화될 수 있고

- 5M 일반 파일 업로드 중, 업로드 컴포넌트 장애 (강제 종료)
- 5M 일반 파일 업로드 중, 네트워크 단선 처리

처럼 다양한 장애 테스트 시나리오 등을 만들 수 있다. 테스트 시나리오에 대한 종류는 '시스템 테스트'의 세부 종류를 참고하기 바란다.

테스트 케이스를 정의할 때 필수적으로 포함되어야 하는 내용은 상세한 테스트 절차와 테스트 성공 조건이다. 테스트 절차는 하나씩 차례대로 테스트를 수행하기 위한 절차를 자세하게 서술해야 한다. 그리고 Exit Criteria는 테스트 성공 조건은 기능의 경우 기능의 성공 여부, 성능의 경우에는 구체적인 성능 수치 (응답 시간, TPS: Throughput per second)등을 명시해서 테스팅을 수행해야 한다.

특히 성능 수치의 경우 테스팅 환경과 운영 환경이 다른 경우가 많기 때문에 (일반적으로 테스

팅 환경이 운영환경보다 작다.) 하드웨어 사이즈의 비율을 고려하여 테스팅 환경에서의 목표 성능치를 환산하는 작업이 매우 중요하다.

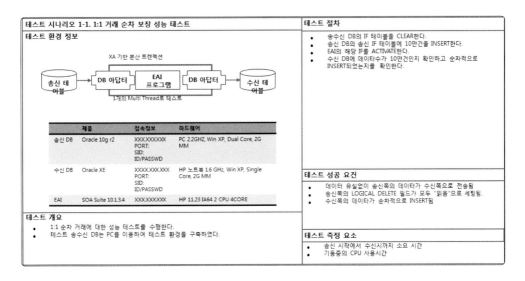

그림 4-12 테스트 시나리오 예제 1

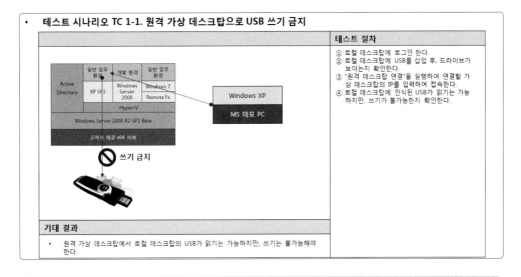

그림 4-13 테스트 시나리오 예제 2

테스트 시나리오 작성이 완료되면 각 테스트 시나리오에 우선순위를 부여해야 한다. 우선순위를 부여하는 것은 이상적인 경우에는 기간 내에 모든 테스트를 종료할 수 있겠지만, 기간이나 비용과 같은 요인으로 인해서 전체 테스트를 종료할 수 없는 경우를 고려해야 하기 때문에, 우선순위를 배정해야 하며, 또한 테스트에 투여되는 인력을 조정하기 위해서도 우선순위 조정이 필요하다.

테스트 결과가 실패하더라도 가벼운 결함이고 서비스에 큰 지장이 없는 낮은 우선순위의 테스트인 경우 비용을 소모해가면서 외부 기술 엔지니어를 불러올 필요가 없다. 우선순위가 높은 테스트 케이스를 테스트 기간 중 앞쪽에 몰아서 배치하고, 테스트 팀 외부에서 투여되는 인원도 앞쪽에 몰아서 집중 배치하면 중대 결함의 발견과 함께 해결하는 데까지 효율적으로 테스트를 진행할 수 있다.

테스트 데이터 준비

테스트 시나리오가 완료되었으면 다음으로 테스트에 사용할 데이터를 준비해야 하는데, 테스트 데이터는 실제 업무 모델과 유사한 데이터라야 한다. 가장 좋은 데이터는 기존에 유사 서비스를 했던 시스템이 있을 때의 자료를 기반으로 테스트 데이터를 작성하는 게 좋다.

기업 시스템의 경우에는 어떤 형태로든지 유사 데이터가 존재한다. 은행에서 계좌 개설 시나리오의 경우에는 이미 월별, 일별로 평균과 최대 계좌 개설건수에 대한 데이터가 존재하며, 기존 유사 서비스가 없는 경우에는 시스템 요구 사항서의 용량 계획서를 참고하도록 한다. 예를 들어서 '전 세계 1억 명이 동시에 사용할 수 있도록 하는 시스템'과 같은 용량 목표는 테스트 데이터를 준비하는데, 1억 명의 사용자를 테스트할 수 있는 테스트 데이터를 준비할 수 있도록 하는 명확한 방향성을 제시하여 준다.

테스트용 데이터는 최대한 실 운영 환경과 유사하게 작성되어야 하며 필요에 따라서는 테스트 데이터를 생성하는 도구를 개발해서 데이터를 생성하는 것을 권장한다.

테스팅 환경 및 도구 준비

테스트 시나리오와 데이터를 준비하면서 테스트를 수행할 환경과 도구를 준비해야 한다. 테스팅 환경에 대해서는 '개발 환경' 부분에서 다시 언급하겠지만, 테스팅 환경은 개발 환경과 별도의 분리된 환경을 구축하는 것을 권장한다. 부하를 넣고 서버를 강제로 다운 시키는 것과 같은 터프한 테스트를 진행하는데 개발 환경과 테스트 환경을 겸해서 사용할 경우 개발 자체가 중단될 수 있고, 이는 비용 절감이 아니라 개발 일정 증가로 말미암은 추가 비용 증대를 발생시킬 수 있다.

이와 더불어서 테스트 도구에 대한 세트업을 병행해야 하는데, 부하 테스트 도구의 경우에는 컨트롤러 장비와 함께 부하 발생용 장비를 따로 요구하기 때문에 이에 대한 준비와 라이선스 설치 등을 병행해야 하며, 특히 테스트 중에 테스트 환경이 운영 환경과 같은 네트워크 대역폭을 공유할 경우에는 테스트 부하로 인한 네트워크 부하가 운영에 영향을 줄 수 있기 때문에 이를 철저하게 분리할 필요가 있다.

테스트 환경 구축은 테스트를 위한 도구뿐만 아니라 릴리즈된 시스템을 테스트 환경에 배포하는 것을 포함한다. 테스트 때마다 이렇게 테스트 환경을 구축하고 장비를 확보하는 것은 여러모로 비용과 시간이 많이 드는 작업 중의 하나인데, 만약에 사내에 개발과 테스트를 위한 클라우드 환경을 가지고 있으면 테스트 환경을 테스트 기간 중에만 클라우드에 배포하고, 테스트가 끝난 후에는 보관하였다가 다음 테스트 환경에서 다시 로딩해서 사용할 수 있기 때문에 환경 구축에 대한 시간을 절약할 수 있으며, 해당 환경을 다른 시스템에 대한 테스트로도 사용할 수 있기 때문에 여러 자원 활용의 효율성을 기대할 수 있다.

6.3 테스트 케이스 구현 및 수행 단계

테스트에 대한 상세 디자인이 완료되었으면 테스트 케이스를 구현하고 테스트를 진행하고 그 결과를 수집해야 한다. 이 단계가 테스트 구현 및 수행 단계이다.

테스트 케이스 구현 및 스크립트 작성

설계된 디자인에 따라 테스트 케이스를 구현하고 테스트용 스크립트를 구현한다. 테스트 스크립트는 사용하고자 하는 테스트 도구에서 사용되는 것을 이용한다. JUnit을 이용한 단위 테스트의 경우 JUnit으로 만든 테스트 코드 자체가 테스트 스크립트가 되고, SOAP UI를 이용한 API 테스트의 경우에는 SOAP UI 테스트 스크립트 자체가 테스트용 스크립트가 된다.

개통 테스트

테스트 케이스가 구현되었으면 테스트 케이스가 제대로 작동하는지 테스트 케이스 자체를 테스트한다. 이 과정에서 테스트 환경에 대한 검증이 이루어진다. 네트워크의 연결 상태, 환경 설정 정보 등이 검증된다. 테스트 준비 과정에서 가장 많은 시간이 소요되는 부분이기도 하다.

개통을 하기 위해서는 환경이 제대로 작동해야 하며, 특히 외부 연동 시스템이 있을 경우에는 외부 연동 시스템과 API 연동 규약이 제대로 준수되어야 하며, 연동 대상 시스템의 테스트 환경이 제대로 확보되어 있어야 한다. (방화벽, 부하 테스트 시 발생한 데이터를 저장할 수 있는 공간 등).

환경 검증 부분에 대한 시간 소요와 외부 연동 시 문제가 있었을 때 외부 팀에 대해서 협조를 구하는 시간이 가장 많이 소요되는 부분으로 사전 준비에 많은 노력을 기울일 필요가 있다.

테스트 수행과 결과 수집

모든 테스트 케이스 구현이 완료되었으면 테스트를 수행한다. 테스트 수행은 초기 데이터를 먼저 로딩한 다음에 테스트 케이스를 실행한 후 테스트 결과와 자원의 사용률을 기록한다. (기록이 중요하다.) 모든 테스트가 끝나면 테스트에 의해 생성된 데이터를 초기화한다. 자세한 테스트 수행 프로세스는 앞의 '테스트 사이클'을 참고한다.

결함 리포팅

그리고 테스트 시 발견된 결함을 기록하고, 결함이 발생하였을 때는 가능하면 재현 테스트를 할 수 있도록 결함의 발생 순서를 함께 기록한다.

6.4 테스트 결과 평가 및 리포팅 단계

테스트 결과 정리

모든 테스트가 종료되었으면, 테스트 결과를 문서화 하여 정리한다. 이 문서에는 테스트 계획, 디자인 문서에서부터 개별 테스트 시나리오 및 테스트 결과가 모두 포함되어야 하며, 다른 문서를 참조하지 않고 이 문서만 보더라도 테스트 대상 시스템을 이해하고 테스트의 목적과 내용 결과를 이해할 수 있도록 작성되어야 한다. 그리고 품질의 경우 여러 관계자가 관심을 가지고 있는 부분이므로, 보고해야 할 대상이 많기 때문에 테스트의 문서를 보고 대상에 맞게 여러 본을 작성할 필요가 있다.

상위 의사 결정자를 위해서 5장 내외의 테스트 결과 요약 문서를 작성한다. 이 문서에는 테스트 계획과 함께 가장 중요한 것은 소요 비용과 테스트 결과 등이 포함되어야 하고, 결과로 인해서 판단할 수 있는 현재 대상 시스템에 대한 품질 평가 결과를 포함해야 한다.

품질 상태는 테스트 커버리지, 테스트 성공률, 발생한 결함의 수와 중요도 등을 포함한다. 결함이나 테스트 내용 자체는 상위 레벨 매니저의 경우 그 내용을 이해 못 하는 경우가 많기 때문에(상위 레벨 매니저는 디테일한 기술적인 내용에 대해서 이해하기가 어려운 경우가 대부분임) 결함의 수나, 커버리지 등의 정량화된 품질 지표를 이용하여 현재 품질에 대한 이해를 도와야 한다.

개발팀을 위한 테스트 결과서도 필요한데, 이 문서는 결함에 대해서 중점적으로 기록되어야 하며 결함의 내용 및 결함 발생 시의 상황 (CPU 등의 자원의 사용률과 로그정보), 그리고 결함의 재현 순서를 자세히 기록하여 개발팀이 결함을 재현 및 수정할 수 있도록 한다.

테스트 프로세스 및 결과 평가

매번 테스트가 끝날 때마다 테스트를 수행한 프로세스를 리뷰하고 결과에 대한 평가를 수행해야 한다. 특히 애자일 방법론을 사용할 경우 테스트는 연속해서 이루어지기 때문에 매번 테스트가 끝날 때마다 프로세스를 최적화하여 다음 테스트에 더 높은 효과를 얻을 수 있도록 한다.

테스트 프로세스를 리뷰해보면 한두 번의 테스트는 조직이 테스트 프로세스에 적응하는 시간이 필요하다. 프로세스의 최적화는 문서 리포팅 포맷과 보고 체계, 그리고 팀 내외부의 커뮤니케이션과 협업과정에서의 최적화가 많이 필요하다. 테스트의 디자인 및 수행 자체는 전문화된 테스트 엔지니어만 있다면 가능하지만, 위에서 언급한 작업들은 조직의 개발 체계나, 보고 체계와 같이 조직마다 문화가 다르기 때문에 주요 최적화 대상이 된다.

7. 테스트 조직 구조

테스트를 수행하는 테스트팀의 구조는 테스트 방법론이나 개발 조직, 개발팀의 개발 방법론에 따라 모두 차이가 있다. 여기서는 일반적으로 적용할 수 있는 테스트 조직 구조에 대해서 소개한다. 각각의 역할은 중첩될 수는 있으나 생략될 수는 없다.

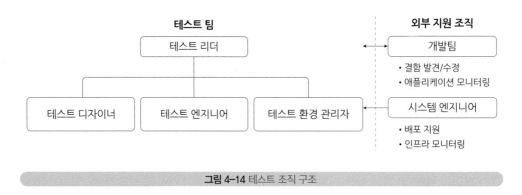

그림 4-14 테스트 조직 구조

7.1 테스트 팀

테스트팀은 테스트를 계획하고 주도적으로 수행하는 팀이다. 테스트팀의 일반적인 구조는 다음과 같다.

테스트 리더/관리자(Test Leader)

전체 테스트에 대한 모든 것을 관장한다. 테스트 팀 관리뿐만 아니라 시스템에 대한 전체 품질 관리를 포함하여 관리한다.

- **전략 수립 및 테스트 방법론 정의(Define strategy, methodology)** 시스템의 품질 보장을 위한 테스트 전략과 운영할 방법론을 찾고, 조직에 맞게 테스트 방법론을 설계 및 수립한다.

- **테스트 프로세스 정의(Define Process)** 시스템 개발 및 테스트 단계에서 운용할 테스트 프로세스를 수립한다. 테스트 프로세스는 테스트 팀만이 사용하는 방법론이 아니라, 개발 및 출시 전 과정에서 적용해야 한다. 즉 테스트 팀뿐만 아니라 개발팀에서도 사용해야 하며, 출시 여부를 결정하는 마케팅팀에서도 출시 일정이 이 테스트 프로세스에 영향을 받는다. 수립된 테스트 프로세스는 고정된 채로 운용되는 것이 아니라 적용 과정을 거쳐서 시스템과 조직의 성격에 맞도록 계속해서 성숙시켜 나가야 하는데, 이 역할 역시 테스트 리드가 담당해야 한다.

- **테스트 프로젝트 관리(Manage test project)** 테스트팀을 운용하고 관리한다. 인원을 뽑는 것에서부터, 일정 관리, 예산 관리와 같이 팀 관리에 해당하는 모든 업무를 수행한다.

- **다른 팀과의 의사 소통(Communicate with other team)** 테스트 리드의 역할 중 가장 중요한 역할 중 하나가, 다른 팀과의 의사소통 가교 역할을 하는 것이다. 테스트는 테스트 대상을 가지고 있으며, 제품 출시 여부를 결정 기준이 되며, 테스트 중 발견된 결함을 개발팀에서 수정되어야 하며, 테스트 운영을 위해 필요한 인원에 대한 채용, 테스트에 필요한 도구 구입을 위해서 예산을 확보해야 한다. 이러한 모든 작업은 테스트팀 자체적으로 해결할 수 없고 다른 팀과의 협업을 통해서만 해결할 수 있기 때문에 타 팀과의 의사소통은 매우 중요한 역할이다.

- **팀에 대한 교육(Educate team)** 테스트 리드는 테스트 수립된 전략과 프로세스, 방법론에 따라 테스트 팀 및 개발팀이 테스트 작업을 수행할 수 있도록 교육을 진행한다.

- **매트릭스(품질 지표) 정의(Define matrix)** 시스템에 대한 품질, 테스트 팀의 진척도, 개발 프로세스에 대한 품질 등을 체크할 수 있는 정량화된(수치화된) 매트릭스 표를 정의한다. 여기에 사용될 수 있는 매트릭스는 다음과 같다.

1) 결함/ KLOC (Kilo Line Of Code) 소스 코드 1,000라인당 발견되는 결함의 수

2) 테스트 커버리지 전체 테스트 대상에 대해서 테스트가 커버하는 범위를 백분율로 표현. 전체 소스 코드에 대한 테스트가 커버한 소스 코드 라인 (라인 커버리지), IF와 같은 분기문에 대한 커버리지를 분석하는 브랜치 커버리지, 전체 기능 대비 테스트한 기능에 대한 기능 커버리지 등이 있다.

3) 결함/시간 개발 시간별 발생한 결함의 수

4) 테스트에 소요된 날짜/ 요구 사항 하나의 요구 사항에 대해서 테스트하는 데 소요된 날짜

이러한 매트릭스는 전체적인 제품의 품질 현황이나 개선 추이를 그래프로 한눈에 알아볼 수 있기 때문에 많은 도움이 되며, 특히 결함/KLOC, 결함/시간 등의 척도는 개발 과정에서 발생하는 결함의 수와 이를 해결하는 데 필요한 리소스를 산정할 수 있는 지표이기 때문에, 개발과정에서 소요되는 테스트 비용과 인력 계획의 기반 자료로 사용할 수 있다.

테스트 디자이너(Test Designer)

테스트 디자이너는 테스트 리드에 의해 정의된 전략, 방법론, 프로세스에 따라 테스트 대상 시스템을 분석하고, 상세 테스트 전략을 수립한 후 상세 테스트 케이스를 디자인한다.

- **요구사항 분석 및 테스트 요구 사항 디자인(Analysis & design test requirement)** 테스트 대상 시스템의 기능, 요구 사항과 상세 아키텍처를 파악하고, 결함이 발생할 수 있는 부분을 탐색한 후에 결함의 가능성이 있는 부분을 중심으로 테스트 전략을 수립한다.
- **테스트 케이스 디자인(Design test case)** 테스트 전략을 기반으로, 상세 테스트 케이스를 설계한다.

테스트 엔지니어(Test Engineer)

설계된 테스트 케이스 디자인에 따라서 상세 테스트 케이스를 구현 및 수행 한다.

- **테스트 케이스 구현(Implement test case)** 테스트 디자이너를 기반으로 상세 테스트 케이스를 구현한다.

- **테스트 수행(Execute test case)** 테스트를 검증하고, 테스트 과정에서 구현된 테스트를 수행한다.
- **테스트 결과 문서화(Result document)** 테스트 수행 과정에서 나온 데이터를 수집하고, 결과를 리포팅한다.
- **결함 리포트(Generate defect report)** 테스트 과정에서 결함이 발견된다면, 결함의 내용과 결함의 발생 절차를 기록한다.
- **결함 추적(Track defect)** 향후 결함을 개발팀과 함께 수정할 때, 개발자와 함께 결함에 대한 수정에 대해서 의사소통을 하고 결함의 해결 과정을 자세하게 리포팅한다.
- **테스트 도구 세트업(Test tool set up)** 필요에 따라서 테스트에 필요한 도구를 세트업한다.

테스트 환경 관리자(Test Environment Manager)

일반적인 테스트 조직에서는 존재하지 않는 경우가 많은데, 테스트 환경을 세트업하고 유지하는 역할을 한다.

테스트 환경이란, 테스트 대상이 되는 대상 시스템을 테스트 환경에 배포한 환경과 테스트를 위해 사용되는 부하 발생 도구 등의 테스트 도구, 테스트 과정 중 대상 시스템을 관측하기 위한 모니터링 시스템, 그리고 테스트에서 발견된 결함을 로깅하기 위한 결함 관리 시스템 등으로 구성된다.

이런 테스트 환경의 구성은 개발팀 또는 테스트 엔지니어가 겸하는 경우가 많은데, 테스트 환경 구축 자체가 많은 시간이 들기 때문에 이를 구축하는 개발자나 테스트 엔지니어의 리소스가 허비되고 이로 인해서 개발일정이나 테스트 일정에 차질을 가지고 올 수 있기 때문에 명시적으로 테스트 환경을 세트업하고 유지하는 역할을 만들 필요가 있다.

그리고 개통 테스트 단계가 많은 시간이 소요되는 경우가 많은데, 개통 테스트에 많은 시간이 소요되는 주요한 원인은 테스트 환경 세트업과 점검에서 발생하는 경우가 많다. IP가 틀리고, 설정 정보가 잘못되고, 제대로 문서화 되어 있지 않은 등에 사소한 문제인 경우가 대부분인데, 이러한 문제를 사전에 예방하기 위해서 구축도 중요하지만, 해당 환경을 계속해서 유지해야 반복적인 회귀 테스트가 가능하다.

- **테스트 환경 세트업(Set up test environment)** 테스트 대상 시스템을 테스트 환경에 배포하고, 테스트에 필요한 테스팅 도구와 모니터링 도구들을 설치 관리한다. 그리고 이 환경에 대한 설정 정보를 문서화 하여 관리한다.

- **테스트 중 테스트 환경 모니터링(Monitor environment during test)** 테스트가 진행되는 중에 모니터링 도구를 이용하여 테스트 환경 인프라와 테스트 시스템 등에 대한 모니터링을 수행하고, 테스트 진행 중 환경에 대한 모니터링 정보를 저장한다.

7.2 외부 지원팀

테스트는 대상 시스템에 대한 검증을 수행하는 작업이다. 작게 보면 테스트를 수행하는 조직이 만들지 않은 외부의 것을 검증하는 작업으로, 테스트의 주체는 테스트 대상을 잘 알지 못한다. 그래서 테스트에 필요한 기술적인 지원이 필요하다.

개발팀(Development Team)

테스트 환경에 대한 설정에서부터 결함에 대한 해결까지 개발팀에 대한 지원은 필수적이다.

- **테스트 환경 세트업 지원(Support test environment set up)** 테스트 환경에 개발 대상 시스템을 배포한다. 개발 대상 배포 시스템의 설치는 테스트팀이 독립적으로 수행할 수는 없고 테스트 대상 시스템에 대한 지식이 있어야 하기 때문에 개발 당사자인 개발팀의 지원은 필수적이다.

- **결함 수정(Fix defect)** 발생한 결함에 대해서 테스트 엔지니어로부터 현상과 관련 자료를 받아서, 결함을 수정하고 이에 대한 확인 작업을 같이 수행한다.

- **테스트 과정 모니터링(Monitoring test)** 테스트 과정 중에 테스트 대상 시스템에 대한 모니터링을 수행한다.

시스템 엔지니어(System Engineer)

시스템 엔지니어는 테스트 대상 시스템 이외의 테스트 도구, 모니터링 도구, 하드웨어 인프라나 데이터베이스 또는 미들웨어 등에 대한 모니터링 작업을 지원하는 엔지니어이다. 테스트 대상 시스템에 대한 지식은 개발자가 알고 있지만, 미들웨어와 같이 개발에 사용한 기반 시스템 등에 대한 지식은 미약한 경우가 많기 때문에 제품에 대한 전문적인 지식을 가진 기술 지원 엔지니어의 지원이 있다면 조금 더 효율적인 테스트가 가능하다.

- **모니터링 및 최적화(Monitoring & Tuning)** 테스트 대상 시스템 이외의 부분(위에 언급한 부분)에 대한 제품 모니터링과 최적화를 지원한다.

8. 테스트 케이스의 우선순위 결정 방법

위험도 기반의 우선순위 결정

테스트 케이스의 우선순위를 결정하는 방법은 여러 가지가 있지만, 여기서는 위험도 기반의 우선순위 결정 방법을 소개하고자 한다. 결함의 위험도는 발생 가능성과 발생 시 심각도를 기반으로 판단할 수 있다.

Risk(위험도) = Likelyhood (발생 가능성) × Impact (발생 시 심각도)

발생 가능성은 측정 방법은 소스 코드의 복잡도, 구현 난이도, 테스트 대상 기능의 구현 크기(소스 코드 라인 수), 해당 모듈을 개발한 개발자의 수준 등의 기술적인 내용을 통해서 판단할 수 있고 발생 시 심각도는 이 기능에 대해서 장애가 발생하였을 때, 비즈니스적으로 끼치는 타격을 기준으로 작성할 수 있다. 이렇게 테스트 케이스 별로 위험요소(Risk Factor)를 계산하여, 상위 36개 정도의 테스트 케이스를 집중 관리하면 중대 결함을 크게 예방할 수 있다.

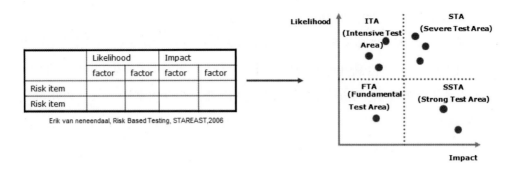

그림 4-15 발생 가능성과 발생 시 심각도에 따른 테스트 케이스의 가중치 산정

이렇게 Risk 항목을 도출하여 표로 그려보면 위와 같은 4개의 영역으로 분할할 수 있는데,

- **STA (Servere Test Area) 영역** 발생 가능성도 크고, 발생 시 타격이 큼
- **SSTA (Strong Test Area) 영역** 발생 가능성은 작지만, 발생 시 타격이 큼
- **ITA (Intensive Test Area) 영역** 발생 가능성은 크지만, 발생 시 타격이 작음
- **FTA (Fundamental Test Area) 영역** 발생 가능성도 작고, 발생 시 타격도 낮음

테스트의 Level에 따라서 우선순위를 정할 수 있다.

발생 가능성이 큰 경우는 대부분 기술적인 요인에서 발생하기 때문에, 단위 테스트나 통합 테스트와 같은 기술적인 로 레벨 테스트 단계에서 집중적으로 커버하는 것이 좋다. 그래서 단위 테스트와 통합 테스트는 STA → ITA → SSTA → FTA 순으로 진행하고, 비지니스 임팩트가 큰 결함에 대해서는 하이 레벨 테스트 단계인 시스템 테스트와 인수 테스트 단계에서 진행하는 것이 좋으며 STA → SSTA → ITA → FTA 순으로 진행하는 것이 좋다.

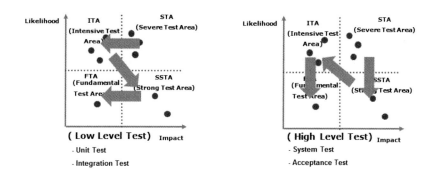

그림 4-16 테스트 케이스의 테스트 우선순위 산정 방법

복잡도 기반의 우선순위 산출

코드의 복잡도가 높을수록 결함의 발생 확률도 올라가는데, 코드의 복잡도를 측정하는 방법의 하나가 순환 복잡도(Cyclomatic Complexity) 측정이라는 방법이 있다. 순환 복잡도는 (분기 조건의 수 + 1) 로 계산된다.

즉 if, while, switch, or 연산 등 분기문이 많으면 코드의 복잡도가 높아진다는 이론인데, 사실이 그렇다 분기문이 많으면 실수를 할 확률도 높아진다. 그래서 테스트의 대상을 선정할 때 이 순환 복잡도가 높은 코드를 우선순위를 높게 하면 상대적으로 잘 찾아낼 수 있다.

그렇다면 이 복잡도를 산출하기 위해서 일일이 코드를 다 뒤져야 하는가? 다행히도 순환 복잡도를 계산해주는 여러 도구가 있다.

- Cyvis (http://cyvis.sourceforge.net/screenshoots.html) 그래프로 자바 코드의 순환 복잡도를 계산해줌

- PMD (http://pmd.sourceforge.net/) 코드 복잡도 계산뿐만 아니라 뒤에 설명될 정적 분석 기능도 포함하고 있음

9. 테스트 커버리지

테스트 커버리지는 **테스트 대상의 전체 범위에서 테스트를 수행한 범위**이다. 즉 테스트 대상을 얼마만큼 테스트했느냐는 것을 나타내는 것으로, 테스트의 정확성의 하나의 척도가 될 수 있다. 테스트 커버리지에서 분수의 분모 수를 결정하는 것이 가장 중요한데, 테스트의 범위를 무엇으로 측정할 것인가에 따른다.

가장 쉬운 방법은 테스트 대상 기능을 모수로 하는 방법이 가장 일반적이고 쉬운 방법이다. UI가 많은 시스템의 경우 전체 화면 수를 모수로도 사용할 수 있다.

주로 하이 레벨 테스트인 시스템 테스트나 인수 테스트의 경우 이와 같이 기능이나 컴포넌트들을 모수로 하여 테스트 커버리지를 분석한다. 기능 기반의 경우에는 테스트 커버리지를 100% 달성하는 것을 목표로 한다. 왜냐하면 일단 정의된 기능은 모두 테스트하는 것이 상식이니까

라인 커버리지

재미있는 것은 로 레벨 테스트인 단위 테스트나 통합 테스트인데, 단위 테스트의 경우 기능을 중심으로 테스트하는 것이 아니라 클래스나 메서드를 테스트하기 때문에 기능 자체를 테스트 커버리지의 모수로 삼을 수가 없다. 그래서 다음과 같은 모수를 사용하는 경우가 일반적이다.

- **테스트 대상 시스템의 전체 클래스 수**
- **테스트 대상 시스템의 전체 메서드 수**
- **테스트 대상 시스템의 전체 소스 코드 줄 수**

특히 전체 소스 코드 라인 수 대비, 테스트 시나리오가 거쳐 가는 소스 코드의 라인 수를 측정한 것을 라인 커버리지라고 하는데, 단위 테스트에서는 이 라인 커버리지를 척도로 삼는 경우가 많다.

고품질의 소프트웨어 개발팀의 경우에는 라인 커버리지의 목표를 80%로 잡는데, 이건 상당히

잘 조직화된 개발 및 테스팅 조직이 있을 경우에나 가능하다. 일반적인 국내 SI 개발팀의 경우 단위 테스트의 개념 자체가 약하고, 테스트 케이스 구현 레벨이 떨어지기 때문에 이를 습득하는 시간이 필요하며, 테스트 케이스 자체를 개발하는 시간은 개발 시간(고객이)에 포함하지 않고 예산에 산정된 경우가 많기 때문에 80% 라인 커버리지를 달성하기 위해서는 개발자의 업무 부담이 가중될 수 있다.

그래서 국내 SI 환경에서 적절한 라인 커버리지는 전체 시스템 중 40%를 난도가 높거나 중요한 시스템을 기준으로 산정하여 이 시스템에 대해서 80%의 라인 커버리지를 달성하는 것을 목적으로 하고, 나머지 60% 시스템에 대해서는 60%의 라인 커버리지를 유지하는 것이 좋다.

이 커버리지를 관리할 때는 자바의 패키지 단위로 나눠서 관리하면 여러 가지로 관리가 편하다. 중요 모듈의 패키지를 정하고, 각 패키지의 Class 커버리지는 100%로 하고, 각 Class별 평균 라인 커버리지를 80%로 맞추는 정책을 사용하면 쉽게 정량적인 측정이 가능하다.

브랜치 커버리지

브랜치 커버리지란 if나 switch 같은 분기 조건문에 대해서 각 조건에 대해서 테스트가 얼마나 커버하고 있느냐를 나타내는 수치이다. 예를 들어 다음과 같은 중첩 if 문이 있다면

```
// IF A
if(condition){
    // IF B
    if(codition) // do something
    else         // do something
}else{
    // do something
}
```

두 개의 if 문이 중첩되어 있기 때문에 첫 번째 IF 문에서 분기되는 경우가 2가지, 두 번째 if 문에서 분기되는 첫 번째 분기문에 대한 조건에 대해 2가지 경우의 수가 나타나기 때문에 총 3개

의 경우의 수가 나타난다.

첫 번째 if 문 A	두 번째 if 문 B
True	True
True	False
False	N/A

그래서 브랜치 커버리지의 분모 수는 3이된다. 라인 커버리지 이외에 정확한 테스트를 위해서는 브랜치 커버리지를 분석해야 하는데, 복잡도가 매우 높아서 서버 애플리케이션에서는 웬만해서는 이 브랜치 커버리지를 측정하지 않으며 임베디드 시스템과 같이 비교적 서버에 비해서 소스 코드가 작고 분기 조건이 중요한 경우에 주로 사용하게 된다.

10. 마이크로 벤치마크 테스트

마이크로 벤치마크란 소규모의 부하 테스트를 의미한다. 비기능적 결함의 특징 중의 하나가 많은 부하가 아니라 소규모 부하를 주더라도 성능 문제나, 병목, 안정성, 확장성 등의 문제는 쉽게 드러난다. 소규모 부하에서도 드러날 문제라는 것은 반대로 이야기하면 그 정도로 시스템의 완성도가 떨어진다는 것으로, 중대 결함이 대부분이다.

비기능 테스트는 앞서 설명한 테스트 프로세스에서 본 것과 같이 많은 준비와 수행 인원과 시간과 비용이 소요된다. 마이크로 벤치마크 테스트는 개발팀이나 소규모의 테스트 팀으로 소규모의 부하를 줘서 중대 결함을 일차적으로 필터링하는 개념으로, 릴리즈된 시스템뿐만 아니라 개발진행 중인 시스템 또는 프로토타입(탐색 개발)에 대해 적용할 수 있으며 초기에 중대 결함을 찾아내는데 유용하다.

소규모의 부하만 주면 되기 때문에 가격이 높은 부하 테스트 도구를 사용하지 않아도 되며, 단위 테스트를 멀티스레드로 돌려서 부하를 주거나 오픈소스 부하 테스팅 도구(SoapUI, Apache JMeter, nGrinder, Gatling) 등을 사용해도 충분하다. 마이크로 벤치마크 테스트는 일반적으로 10~30 동시 사용자 정도면 수행이 가능하고, 상황에 따라서 전용 테스트 프로그램을 만들어서도 수행할 수 있다.

마이크로 벤치마크의 가장 큰 특징은 테스트의 주체가 대규모 테스트 팀이 아니라 개발팀이나 소규모 테스트 팀에서 수행한다는 것을 들 수 있으며, 투자 대비 효과가 매우 좋은 테스트 기법이다. 필자의 경우에는 개발 시 시스템에 대한 아키텍처 설계 후 프로토타이핑 후에 마이크로 벤치마크 테스트를 수행하여 아키텍처의 건정성을 검증하거나 여러 오픈소스 솔루션에 대한 선택 결정이 필요한 경우 자주 사용하였다.

11. 테스트 환경

테스트를 준비하고 진행함에 있어서 가장 간과하기 쉬운 부분이 전용 테스트 환경을 구축하는 것이다. 보통 테스트는 개발환경에서 진행하거나 또는 오픈 전에 운영 환경에서 진행하는 것이 일반적이었다.

전통적인 폭포수 모델이라면 이 방법도 나쁘지는 않다. 그러나 이터레이션(Iteration) 기반의 애자일 방법론을 사용한다면 이야기가 달라진다. 테스트를 진행하는 중에도 개발팀은 계속해서 다음 이터레이션(또는 스프린트)을 개발하고 있기 때문에 개발과 테스트가 상호 간섭을 줘서 개발과 테스트를 원활하게 이루어지지 못하게 한다. 이는 개발자와 테스트 엔지니어의 리소스 낭비로 이어지는데, 이를 해결 하려면 테스트 환경을 분리해서 운영하는 것이 좋다.

비용적인 문제 때문에 테스트 환경을 별도로 운영하는 것을 꺼린다면, 가상 머신(Virtual Machine) 기반의 서버나 클라우드 환경을 이용하여 테스트 시에만 일시적으로 테스트 환경을 운용하는 것도 좋은 방법이다. 단 이 경우에는 다음 테스트에 대한 영속성을 위해서 테스트가 끝난 후에는 가상 머신 이미지를 저장해놓고, 다음 테스트에 다시 로딩해서 사용해야 한다.

※ 요즘은 가상 머신보다 더 가벼운 형태의 컨테이너라는 개념을 지원하는 도커(Docker)라는 것이 있다. (개발 환경 장에서 소개되니 참고하기 바란다.)

개발, 서비스 환경은 크게 아래와 같이 3가지 단계로 구분할 수 있다.

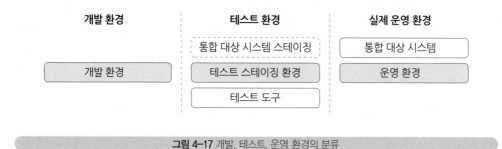

그림 4-17 개발, 테스트, 운영 환경의 분류

개발을 위한 개발환경, 테스트를 위한 전용 테스트 환경과 실 운영 환경이다. 이 3가지 환경은 가능하면 물리적으로 분리되는 것이 좋다. 네트워크 대역을 나누고, 공유 디스크를 분리하는 등의 작업이 필요한데, 특히 부하 테스트 시에 네트워크의 대역폭이 급격하게 차거나 CPU 사용률이 급격하게 올라가는 경우, 이 환경들을 공유했다면 다른 환경에 영향을 줘서 뜻하지 않은 장애나 결과를 유발할 수 있다.

물리적인 환경 분리가 불가능하다면, 네트워크는 VLAN과 같이 소프트웨어를 이용하여 논리적으로 분할하고, 공유 디스크의 경우, IO Segregation 기법을 사용하는 것도 좋다. IO Segregation이란 공유 디스크로 서버에 마운트 되는 볼륨에 대해서 별도의 물리적 디스크로 분리하여 서로 IO 성능 간섭을 줄이는 방법의 하나다.

테스트 환경 시에 신경 써야 하는 점 중의 하나는 독립적으로 작동하는 시스템이 아니라 다른 시스템과 연동을 하는 시스템의 경우에는 연동 시스템에 대한 테스트 환경이 별도로 구성되어 있어야 한다. 마찬가지로 연동 대상 시스템에 대해서 개발 환경이나 운영 환경을 쓰면 같은 문제점이 발생한다.

만약에 연동 대상 시스템도 개발 중이거나 아직 배포가 불가능 한 경우에는 모크업(Mock-up)
환경이라는 것을 만드는데, 모크업 환경은 연동 테스트를 위해서 사용하는 일종의 껍데기 환
경으로 특정 입력에 대해서 기계적인 결과만을 내도록 하는 테스트 전용 환경이다. 모크업 환
경을 먼저 구축하여 테스트를 진행한 후에 점차 실 연동 환경으로 전환하는 방법을 사용하도록
한다.

12. 결함 관리 방법

지금까지는 결함을 발견하는 테스트에 대해서 설명했다. 그러면 결함이 발견된 후에 결함에
대한 처리와 관리 방법에 대해서 설명한다.

12.1 결함 처리 프로세스

테스트 팀에 의해서 결함이 발견되었으면 테스트 팀과 개발팀이 협업하여 해결해야 한다. 이
결함을 처리하는 프로세스는 다음과 같다.

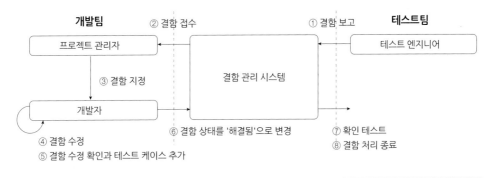

그림 4-18 결함처리 프로세스

① **결함 보고(Report Defect)** 테스트팀에서 발견된 결함은 결함 관리 시스템 (Defect Management System)에 기록된다.

② **결함 접수(Yank Defect)** 개발팀에서는 자신 팀이 맡은 모듈에서 발생한 결함을 꺼내서 가지고 온다.

③ **결함 지정(Assign Defect)** 개발팀 리드는 결함을 개발팀의 일정과 리소스, 그리고 담당에 따라서 개발자에게 할당한다.

④ **결함 수정(Fix Defect)** 결함을 할당받은 개발자는 담당 테스트 엔지니어와 함께 재현과 추적 등을 통해서 결함을 수정한다.

⑤ **결함 수정 확인과 테스트 케이스 추가(Conform Fix & Add Test Case)** 결함이 수정되었으면, 결함을 검증할 수 있는 단위 테스트 케이스를 보강하여 수정된 코드와 함께, 소스 관리 시스템에 저장한다.

⑥ **결함 처리 상태를 "해결됨"으로 변경(Change defect status to "Resolved")** 결함 관리 시스템에서 해당 결함의 상태를 해결됨(Resolved) 상태로 바꾸고, 테스트 엔지니어에게 다시 배당한다.

⑦ **확인 테스트(Confirm Test)** 테스트 엔지니어는 해결된 결함을 다시 테스트하여 문제가 없는지 검증한다.

⑧ **결함 처리 종료(Close the defect)** 문제가 없을 경우에는 해당 결함을 닫는다(Close). 만약 문제가 해결되지 않았으면 다시 결함 관리 시스템을 통해서 해당 개발자에게 다시 할당하고 ④번 단계에서부터 다시 반복하여 해결한다.

결함 처리 프로세스를 만들 때는 가장 중요한 것은 단순해야 한다. 복잡한 프로세스는 다수 사람에게 적용하기도 어렵고 교육과 적응 시간도 오래 걸린다. 여기서 소개한 결함 처리 프로세스는 일반적인 프로세스이다. 제품의 성격 (엔터프라이즈 용인지 B2C 용인지)에 따라서도 차이가 나며, 회사의 성격이 제품을 개발해서 판매하는 형태인지, 제품을 구매해서 사용하는 형태인지, 자체 개발해서 서비스하는 형태인지에 따라서도 결함 처리 프로세스가 변경되어야 한다. 이 프로세스의 기본 흐름에 따라서 각 조직에 맞춰서 변형해서 프로세스를 다시 수립해야 한다.

12.2 결함 보고

테스트 중에 발견된 결함은 결함 관리 시스템(Defect Management System)에 등록해서 관리하는데, 다음과 같은 항목을 가지고 관리하는 것이 좋다.

① **Number (번호)** 결함의 고유 번호이다.

② **Title (제목)** 결함의 내용을 간단하게 한 줄로 기록한다.

③ **Description (설명)** 결함에 대한 자세한 내용을 서술한다. 구체적으로 어떤 결함인지, 결함 발생 시에 현상과 그리고 결함을 재현하는 절차와 분석 내용을 서술한다. 가능하면 결함 발생 시의 로그 파일들이 있으면 같이 첨부한다.

④ **Module (모듈)** 전체 시스템 중에서 결함이 발견된 컴포넌트나 모듈명을 명시한다. 이 모듈의 분류를 잘 정의하는 것이 중요한데, 모듈은 개발의 세부 조직과 대응될 수도 있고, 시스템 구조 또는 기능들과 대응될 수도 있는데 처음에 이 구조를 잘 못 잡아 놓으면 향후 결함 처리에 많은 혼선을 일으킨다. 특히 결함을 다시 개발팀에서 배분할 때 이 배분의 기준이 모듈이 되기 때문에 이 부분을 잘 정의 해야 한다.

⑤ **Version & Fixed Version (발견 버전과 수정 버전)** Version은 결함이 발견된 버전, Fixed Version이 해당 결함이 해결된 버전이다. 이 항목은 매우 중요한 항목인데, 결함은 버전에 따라서 다르게 발생할 수 있기 때문에 반드시 이 항목이 정의되어야 한다. 결함 수정은 제품의 다음 버전에 반영하는 것이 일반적이지만, 다음 버전 출시일이 늦거나 필수적인 패치가 아닐 때는 반영을 하지 않고 패치를 사용해서 해결하는 경우가 있기 때문에, 나중에 운영 환경에서 이 결함으로 인한 문제가 발생하였을 때 이 결함이 제품에 반영되었는지와 반영이 안 되었을 경우 어떻게 해결하는 것인지(패치 적용 등)를 확인할 수 있어야 한다.

⑥ **Serivrity, Priority (시급도와 우선순위)** 시간상으로 빨리 처리해야 하는 경우 시급도가 높은 것을 의미하고, 결함의 우선순위는 위중도(위험도)를 의미한다. 결함의 우선순위가 높을수록 중대 결함이 되고, 낮을수록 가벼운 결함이 된다. 시급도가 높은 결함 중 우선순위가 높은 결함을 우선하여 처리한다.

시급도와 우선순위는 각각 5단계 정도로 나눠서 정의하는 것이 바람직하며, 일반적인 결함은 중간 단계인 3단계 정도로 하며, 시급도와 우선순위가 가장 높은 결함의 경우에는 최우선적으로 처리해야 하기 때문에 긴급하게 개발팀과 테스트 자원을 투여해야 한다. 그래서 개발 일정에 영향을 줄 수 있다. 이런 이유로 시급도와 우선순위를 1단계까지 높이는 것은 개별 테스트 엔지니어나 개발자가 할 수 있는 일이 아니고, 해서도 안 된다.

우선순위를 1순위로 올리는 것은 반드시 개발팀이나 테스트팀의 관리자 승인을 통해서 올려야 한다. 우선순위나 시급도에 따라서 결함 처리 정책을 내부적으로 정의해놓을 필요가 있다. 예를 들어 우선순위 2 등급의 결함이 발생하였을 경우에는 20분 내에 개발팀에게 해당 문제가 할당되어야 한다든지, 1등급 결함의 경우에는 개발팀이 소집되어야 한다든지와 같은 결함 해결 정책을 정의한다.

최상위 순위는 일종의 비상 사이렌이라고 생각해야 한다. 예전에 미국의 소프트웨어 회사에서 기술 지원을 업무로 하는 부서에서 일한 적이 있는데, 우선순위가 1로 올라가는 것을 본 적이 없는데, 우선순위 1 상황은 원자력 발전소 정지나 국가 기간 시설 정지, 병원 시스템 정지와 같이 높은 수준의 장애에서만 사용될 수 있다고 한다.

⑦ **Status (결함 처리 상태)** 현재 결함이 처리되고 있는 상태를 기록한다. 이 결함 처리 상태는 결함 처리 프로세스와도 연동이 되기 때문에, 뒤에 자세하게 다시 설명하도록 한다.

⑧ **Fixed code (코드 수정 내용)** 결함을 수정하였을 때는 수정 내용을 기록해야 한다. 결함 내용 수정은 소스 코드 수정인 경우가 많은데, 이때는 소스 코드 수정 내용을 기록한다. 별도로 소스 코드 내용을 기록하는 것보다는 소스 코드 관리 시스템 (SCM) 에 수정 코드를 반영한 버전 (Revision Number)을 기록해 놓으면 된다. 요즘은 소스 코드 관리 시스템들이 Revision Number에서 소스 코드가 수정된 내용을 diff 등의 도구를 이용해서 보여준다. 아래는 아틀라시안사의 Fish Eye 라는 도구로, 소스 코드의 변경 사항 등을 추적해 주는 도구의 Revision 별 소스 코드 변화를 표시해 주는 화면이다. 이렇게 결함 해결 전후의 코드 변화를 보면, 어떻게 결함을 해결했는지를 알 수 있고, 유사 결함이나 여러 개의 버전을 가진 제품의 경우 이 내용을 바탕으로 수정 내용을 다른 버전에 반영할 수 있다.

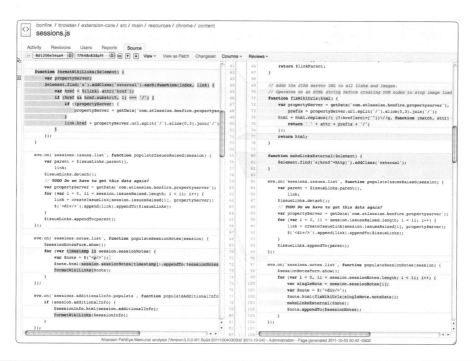

그림 4-19 Fish Eye를 이용한 코드 변화 내용을 비교하는 화면

⑨ **Attachment (첨부 파일)** 결함을 기록할 때는 첨부 파일을 사용하는데, 이 첨부 파일은 결함 발생 당시의 로그나 데이터(CPU 사용률, 네트워크 상황), 결함을 추적하는 데 사용한 코드나 샘플, 결함이 해결되었을 경우 패치 같은 것을 첨부한다.

결함 관리 시스템에 저장되는 각 결함 케이스에는 위의 정보를 포함해서, 히스토리 정보가 남게 되는데, 이 히스토리 정보는 테스트 엔지니어와 개발팀이 주고받은 이메일과 전화 통화 내용 그리고 결함을 해결하는 과정에서 서로의 의사소통 내용이 모두 포함되어야 한다. 나중에 어떤 사람이 이 결함에 대한 케이스 정보를 보더라도, 결함의 내용, 원인 그리고 해결 순서와 방법이 일목요연하게 서술되어 있어야 한다.

12.3 결함의 상태 정의

결함의 해결 과정을 추적하기 위해서 결함을 로깅할 때는 처리 단계별로 상태를 기록하여야 한다. 다음은 결함의 처리 과정에 따라서 상태에 대한 정의 방법이다.

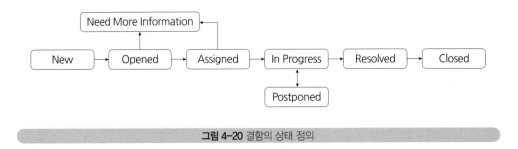

그림 4-20 결함의 상태 정의

① **New (신규)** 테스트 과정에서 결함이 발견되어 결함관리 시스템에 등록된 상태이다.

② **Opened (오픈됨)** 등록된 결함이 개발팀에게 넘어갔을 때의 상태를 Opened라고 한다. 결함이 발생한 모듈을 개발한 개발팀에게 결함이 전달된 상태로, 아직 담당자는 정해지지 않은 상태이다.

③ **Assigned (할당됨)** 결함을 수정할 개발자에게 결함이 할당된 상태이다.

④ **NMI (Need More Information: 추가 정보 필요)** '추가 정보가 필요함' 상태로, 개발팀에서 결함의 내용을 검토했을 때, 결함의 원인과 정확한 증상들을 확인할 수 없을 때, 추가적인 로그나 재현 절차를 테스트 팀에게 다시 요구하는 상태이다. 개발팀은 자료가 부족한 결함에 대해서 NMI 상태로 바꾼 후에 결함을 보고한 테스트 엔지니어에게 다시 배당한다.

⑤ **In Progress (진행 중)** 개발자가 결함을 확인하고, 수정 작업 중인 단계이다.

⑥ **Postponed (연기됨)** 결함 처리 과정에서 결함의 중요도가 낮거나 다른 결함 수정 일정 또는 개발일정에 따라서 우선순위 조정이 필요할 때 결함의 처리를 미뤄놓는(지연시키는) 상태이다.

⑦ **Resolved (해결됨)** 결함이 해결된 상태이다. 해결은 되었으나, 개발팀 차원에서 결함이 해결된 것이고, 아직 테스트팀으로부터 결함에 대한 재테스트를 통한 확인을 받지 못한 상태이다. 결함이 Resolved 상태로 바뀌면 개발팀은 확인 테스트를 요청하기 위해서 테스트 팀에 다시 해당 결함을 Assign 한다.

⑧ **Closed (종료됨)** 테스트팀에 의해 결함의 수정 내용이 확인되고 제품의 소스 코드에 반영된 상태로, 결함 처리의 최종 단계이다.

약 8가지 단계만 간략하게 소개하였는데, 전이되는 상태는 적을수록 좋다. 또 필요하면 많아도 된다. 중요한 것은 개발팀과 테스트팀이 이 결함의 상태를 이해하고 효율적으로 이해할 수 있도록 협의가 되고 프로세스에 녹아들어야 한다.

12.4 결함 관리 도구

결함을 관리하는 도구를 결함 관리 시스템(Defect Management System), 버그 추적 시스템 (Bug Tracking System) 또는 이슈 관리 시스템(Issue Tracking System)이라고 한다. 대표적인 상용 도구로는 HP QC (Quality Center), IBM Clear Quest 등이 있는데, 이 제품들은 다양한 기능과 프로세스를 지원하지만 무겁고 복잡하다. 조금 가볍고 실용주의 적인 제품으로는 아틀라시안사의 JIRA라는 도구가 있다. 앞장의 개발 방법론 부문에서도 언급했지만, JIRA는 결함 추적뿐만 아니라, 개발 프로세스를 관리하기 위한 이슈 추적 시스템으로도 활용할 수 있다.

오픈소스 제품으로는 모질라의 Bugzilla (http://www.bugzilla.org/)가 있는데, 군더더기 없이 버그 관리용으로 사용하기가 좋지만, 설치가 다소 까다로운 편이다. 다른 제품으로는 Trac (http://trac.edgewall.org/) 이라는 제품이 있는데, 이 제품은 버그 관리뿐만 아니라, 개발 Task용 Issue 관리, 소스 코드 형상 관리 및 위키(Wiki) 기반의 문서 관리까지 좀 더 넓은 범위를 지원한다. 특히 소스 코드 형상 관리 시스템과 연동 되어서 결함에 대한 FIX 내용을 연결할 수 있는 장점이 가장 크다.

또 다른 오픈소스 제품은 Mantis라는 도구가 있다(http://www.mantisbt.org/). 이 도구는 버그 관리에 최적화되어 있으며 설치와 사용법이 매우 쉽다. 결함만 관리한다면, Mantis로 빠르게 시작하는 것을 권장하며, 어느 정도 이상의 규모와 실력을 가진 팀이라면 기능이 다양한 JIRA를 사용하는 것을 권장한다.

효율적인 도구를 사용하는 것도 중요하지만 결함 관리에 있어서 가장 중요한 것은 프로세스를 잘 설계하는 것이고 도구는 그 프로세스를 시스템적으로 잘 구현 하는 것이 중요하다.

13. 테스트팀 운용 사례

몇몇 프로젝트에서 테스트팀을 세트업하여 운영했었는데, 여기서 겪었던 경험을 몇 가지 공유한다.

테스트 팀은 테스트 전략과 방법론, 팀 구조 역할과 책임(R&R: Role & Responsibility)을 정의하는 테스트 리드를 따로 두고 매번 스프린트 때마다 테스트 대상 시스템에 대한 분석과 시나리오 정의를 하는 테스트 디자이너를 세팅하고 스크립트 구현과 테스트를 테스트 엔지니어에게 전담시켰다. 앞서 언급한 팀 모델과 상의한 점은 테스트 리드가 프로젝트 관리자 역할을 겸임하였다. 테스트 리드는 전체 프로젝트 관리자가 겸임하였으며 테스트 리드는 프로젝트 초반에 테스트 팀 구조 및 방법론, 프로세스에 대한 상세 디자인을 수행하여 전체 틀을 세트업하는 역할을 수행하였다. 일종의 초기 구조 세트업을 한 역할 정도로 생각하면 된다.

개발팀에는 단위 테스트를 적용하였으며, CI를 이용한 자동 빌드를 통해서 관리하고 라인 커버리지를 적용하였다. 전체 기능 중 중요한 패키지를 40% 정도 선정하여, 해당 패키지는 라인 커버리지 달성률을 80% 목표로 잡고 테스트를 진행하였다.

조직은 프로세스 세트업을 하는 조직, HP사의 부하 테스트 도구인 Load Runner를 이용하여 시스템 테스트를 전담하는 조직 그리고, SOAP UI를 이용하여 인터페이스 테스트를 수행하는 조직으로 나눠서 운영하였다. 이때 배운 경험을 몇 가지 이야기해보면 다음과 같다.

전체적인 테스트 프로세스, 방법론 정의가 약하다.

체계적으로 개발과 테스트 과정에 걸친 프로세스와 방법론을 설계할 수 있는 능력이 약하다. 부하테스트 정도는 모두들 알고 있지만, 이 과정에서 비기능(장애, 안정성, 확장성) 테스트에 대한 개념이 약하고, 테스트의 목표가 되는 목표 성능 모델을 디자인하는 능력이 매우 약하다. 전문적으로 테스트의 개념과 이론을 겸비하고 오랜 경험을 가진 사람이 이러한 큰 그림을 그릴 수 있는데, 품질 검수는 할 수 있을지 모르겠지만, 품질을 향상시키는 품질 관리 자체를 할 수 있는 사람은 많지 않은 듯싶다.

큰 그림이 틀어지면 좋은 결과가 나오기가 어렵다. 큰 그림을 그릴 수 있는 능력을 배양하고 이론적인 배경 지식을 습득하는 것이 필요하다.

전체적인 테스트 흐름을 개발팀에 이해시키기가 어렵다.

막상 테스트에 대한 큰 그림을 그리더라도, 이 전체 그림을 모든 개발팀원이 이해하고 공유해야 하는데, 개발자들은 주어진 단위테스트 구현에만 집중한다. 시간이 없어서 일 수도 있겠지만, 개발자가 품질과 테스트에 대한 폭넓은 이해가 없는 경우가 많다. 이는 개발자가 구현뿐만 아니라 품질에 대한 이해와 자신이 품질을 지키기 위한 노력이 있어야 하는데, 상당히 아쉬운 부분이다.

개통 테스트에 많은 시간이 소요된다.

시스템 테스트 등의 부하 테스트를 할 때, 개통 테스트에 걸리는 시간이 항상 길었다. 안정적인 스테이징(Staging) 환경을 확보하지 못한 것도 원인이 될 수 있지만, 배포를 담당하는 엔지니어가 전체 시스템에 대한 흐름과 구조, 배포 절차를 이해하지 못하고 시스템을 배포하다 보니 설정 상에 많은 실수가 있었고, 이를 다시 찾는데 많은 시간이 소요되었다. 이러한 실수들은 개발팀이 참여해야 수정을 할 수 있었다.

배포 엔지니어가 개발된 소프트웨어를 독립적으로 배포할 수 있는 역량을 갖추어야 하고, 무엇보다 배포 자체가 자신의 업무임을 인식해야 하는데, 국내 SI 특성 때문이었을까? 배포는 개발한 개발팀의 역할로 생각했기 때문에, 항상 개발팀에 의존적일 수밖에 없다.

단위 테스트가 효과적으로 적용되지 않는다.

단위 테스트 프레임워크를 만들었음에도, 실제로 단위 테스트 커버리지가 낮거나 단위 테스트가 제대로 되지 않는 경우가 있는데, 이 경우에는 크게 두 가지 원인에서 기인한다. 보통 개발 대 테스트 코드 개발 비율은 8:2~7:3 정도에 이른다. 그런데 개발자가 단위 테스트를 개발할 충분한 시간이 없기 때문이다.

다른 원인으로는 개발자가 테스트에 대한 개념이 약할 때 발생한다. 기본적인 테스팅에 대한 교육을 받지 않거나, 또는 전체적인 테스트 프로세스가 제대로 정의되어 있지 않은 경우인데, 이런 경우에는 TDD (Test Driven Development)처럼 개발 프로세스에 테스트 자체를 녹여 들여서 프로세스를 개선하는 것도 하나의 방법이 된다.

테스트 프레임워크를 정교하게 만들었음에도 여기저기 허점이 발견된다.

TestLink, 여러 단위 테스트 프레임워크, 부하 테스트 도구, 테스트 자동화 등 여러 가지 도구를 아주 정교하게 엮어서 프레임워크를 만들었음에도 테스트가 제대로 되지 않고 허점이 발견될 수가 있는데, 앞에서도 살펴봤지만, 이런 테스트 프레임워크는 대단히 정교하고 복잡하다. 그래서 그냥 사용하라고 하면 웬만한 개발자나 테스트 엔지니어가 사용할 수 없는 수준이 된다.

이러한 프레임워크를 만드는 것도 중요하지만 제대로 된 프로세스를 정립하고, 이를 끊임없이 개발자와 테스트 엔지니어에게 교육하고 프로세스를 개선해 나가는 작업이 없다면, 결국은 도구에 이끌려 다닐 수밖에 없게 된다.

테스트팀의 이해도 부족

가장 자주 보는 문제 중의 하나는 테스트 팀이 테스트 대상 시스템에 대한 이해도가 부족하다는 것이다. 특히나 시스템 같은 경우에는 테스트 리드가 아키텍트 수준으로 대상 시스템을 이해하고 있어야 테스트 시나리오를 제대로 작성할 수 있다.

그래서 제대로 테스트를 하려면 당연히 제대로 정리된 요구 사항 리스트와 서비스 사용 매뉴얼 그리고 아키텍처 문서가 필요하며, 테스트 시작 전에 개발팀이나 아키텍트와 대상 시스템에 대해 이해를 하기 위한 미팅이 필요하다.

그런데 실상을 보면 개발팀이 시간이 없다는 핑계로 테스팅을 QA팀에 던져버리거나 또는 테스트팀에서 깊은 수준의 시스템 이해는 자신의 영역이 아니라는 인식으로 이러한 과정이 생략되고 제대로 된 시스템의 이해 없이 테스트 케이스 진행되는 경우가 많다.

"누군가 이야기하기를 시스템에 대한 기능과 구조에 대해서 알고 싶으면, 프로젝트 관리자나 아키텍트를 만나는 것이 아니라 테스트 엔지니어에게 물어봐라."라는 이야기가 있다. 그만큼 테스트팀이 대상 시스템에 대해서 제대로 이해하고 있어야 한다는 것이다.

로그 데이터 수집이 약하다.

테스트를 진행할 때는 반드시 결함 추적을 위해서, 테스트 과정 중에 발생하는 모든 로그 데이터를 수집해야 함에도 많은 팀에서는 테스트 시에 로그 데이터를 수집하지 않는 경우가 많았다. 쉽게 재현되는 결함의 경우에는 큰 문제가 없겠지만, 재현이 어려운 경우에는 결함의 인과관계를 파악하려면 결함 발생 상황에서는 로그 데이터 수집이 필수적이다.

가장 크게 배운 점은 이런 고수준의 테스트를 적용은 단시간에 가능한 것이 아니라 상당한 시간의 숙련 기간이 필요하고, 각자의 역할에 대해서 방어적이기보다는 품질 목표를 위해서 조금 더 포괄적인 역할을 해야 한다. 물론, 배포, 테스트, 개발 각각의 본연의 역할에 대해서는 명확한 정의와 인식이 필요하다. 아울러 개발 일정 산정에서 테스트에 소요되는 자원을 반드시 배정해야 한다. 테스트에 시간과 인력이 들어가지 않고 제대로 된 테스트가 나올 수가 없다.

무엇보다 중요한 것은 이러한 테스트 프로세스와 조직 그리고 도구를 제대로 세트업할 수 있는 테스트 리드가 부재하거나 있다고 하더라도 그 전문성이 떨어지는 것이다. 개발이나 아키텍처만큼이나 기술적인 전문성을 키우기 위한 노력이 필요하다.

그리고 개발자와 테스트팀의 품질관리에 대한 수준이 낮다. 납기일에 항상 쫓기는 국내 SI 구조를 보면 어쩔 수 없는 현실이기는 하지만, 품질을 초반에 안 잡아 놓으면 그만큼 이를 보강하는 데 큰 비용이 들어갈 수밖에 없다. 우리 소프트웨어 산업의 구조적인 문제이기는 하지만, 개발팀을 가진 조직이라면, 이러한 테스트에 대한 큰 그림을 만들고 지속적으로 교육 시키고 사용하다 보면 품질 높은 소프트웨어 개발이 가능하지 않을까 한다.

참고 자료

- ISTQB Test Fundamental Syllabus – http://www.istqb.org/downloads/finish/16/15.
html

 새로운 비즈니스 모델을 만드는 데 필요한 3가지

그토록 배우고 써먹었던 걸 왜 까먹고 있었을까요? 바로 새로운 비즈니스 모델이나 서비스를 만들려면 해야 할 것 3가지였습니다. 투자를 받고 비즈니스를 허가받으려면 다음과 같은 내용이 필요합니다.

첫 번째 파트너십을 확보해야 합니다. 개발 파트너, 장비, 컨설팅 등 든든한 파트너를 확보하고, 파트너들에게 본 비즈니스가 성공할 것이라는 확신을 심어주어야 합니다. 이는 파트너가 가질 수 있는 이익을 설명하고, 이를 바탕으로 확신하게 해야 합니다.

두 번째는 비즈니스 모델 확보입니다. 비즈니스 모델은 이 비즈니스가 실제적인 수익을 내고 수익을 재투자해서 비즈니스가 돌아가는 원리를 만들어야 합니다. SNS 등의 업체들은 투자는 받지만, 자체적인 비즈니스 모델을 만들어내지 못해서 (수익 모델) 쓰러지는 것일지도 모릅니다. 여기에는 중·단기적인 투자 모델 및 수익 모델에 대한 디자인이 있어야 하고 증명되어야 합니다.

세 번째는 변화 관리입니다. 비즈니스나 서비스는 새로운 것을 창출하거나 기존의 것을 바꾸는 것입니다. 여기서 가장 중요한 것은 이 비즈니스가 돌아가도록 해야 하는데, 가장 중요한 것은 이 비즈니스가 적용되도록 변화 관리(Change Management)를 해야 합니다. 애플이 잘하는 것이 변화 관리인데, 스마트폰이 그전까지 있었더라도 인터페이스가 쉽거나 생태계를 만든다거나 등은 표면적인 장점이고 사실은 애플의 스마트폰을 사용할 수 있도록 변화를 유도하고 이에 대한 장애물을 제거한 것입니다.

05

테스트 도구

지금까지 테스트의 개념, 조직, 프로세스, 환경들에 대해서 알아보았다. 여기서는 이러한 테스트를 실제로 수행하기 위한 도구들을 소개하고자 한다. 사실 테스트에 사용되는 도구들은 종류도 많고 쓰임새도 제각각이다. 여기서 소개하는 도구들은 일부이기는 하지만, 현 업무에서 많이 사용하는 테스트 도구이고, SI 개발에서 사용하는 테스트 도구 범위보다 약간 많은 양을 소개하기 때문에, 이 도구들을 이해하고 개발하는 제품의 성격이나 팀의 성숙도에 맞춰서 테스트 도구들을 축소 또는 확장해서 구성하면 된다.

1. 단위 테스트 도구

단위 테스트는 테스트 대상이 되는 코드 기능의 아주 작은 특정 영역을 실행해 보는, 개발자가 작성한 코드 조각이다. 대개 단위 테스트는 특정 상황에서 특정 메서드를 시험해 본다. 예를 들어 어떤 정렬된 리스트에 큰 값을 넣고 이 값이 리스트 끝에 들어가 있는지 확인해볼 수 있다.

단위 테스트는 위에서 설명한 말 그대로 개발자가 작성한 컴포넌트가 입력값에 대해서 적절한 출력값을 반환하는지를 체크하는 것이다. 이런 테스트 코드는 JDK 1.4 이상의 Assertion 등을 사용할 수 도 있겠지만, 일일이 이런 테스트를 만들고, 자동으로 이러한 테스트를 실행하기 위한 코드를 작성하려면 많은 작업이 필요하다. 이런 작업들을 덜어주기 위해서 xUnit 테스트 프레임워크들이 존재한다. 몇 가지 단위 테스트 도구에 대해서 알아보도록 하자.

1.1 JUnit

JUnit은 자바 애플리케이션의 단위 테스트 자동화를 위한 프레임워크다. 상당히 사용하기 쉽고, 이클립스와 같은 IDE나 ANT/Maven과 같은 빌드 스크립트에도 쉽게 통합이 되기 때문에 가장 널리 사용되고 있다.

현재 사용되는 버전은 3.8 버전과 4.x 버전이 있는데, 이 4.x 버전의 경우 @ 주석을 사용하면서 문법이 변경되었기 때문에 주의를 필요로 한다. (본 문서에서는 3.8 버전을 기준으로 설명한다.)

JUnit 테스트에 대해서 간략하게 예를 들어보면 다음과 같다.

- 테스트를 위한 Test 클래스를 생성한다.
- 테스트 클래스는 JUnit.framework.TestCase를 상속받아서 구현하며 테스트 메서드는 testXXX( ) 메서드로 구현한다.
- testXXX( ) 메서드에서 테스트는 assertXXX( ) 메서드를 이용하여 테스트의 성공 여부를 체크한다.

다음과 같은 클래스가 있다. getCurrentVersion( ) 메서드는 "version 1.0"이라는 문자열을 항상 반환해야 한다. 이 메서드의 유효성을 체크하기 위해서 테스트 클래스를 작성하면 다음과 같다.

```
package bcho;
public class HelloWorld {
        public String getCurrentVersion(){
                return "version 1.0";
        }
}
```

다음과 같이 간단한 테스트 클래스를 만들 수 있다.

```
package bcho.test;
import JUnit.framework.TestCase;
import bcho.HelloWorld;
public class HelloWorldTest extends TestCase {
        public void testGetCurrentVersion() {
                HelloWorld hw = new HelloWorld();
                assertEquals(hw.getCurrentVersion(), "version 1.0");
        }
}
```

testGetCurrentVersion에서 getCurrentVersion이 반환 문자열이 "version 1.0"인지 테스트를 해주는 클래스이다. 이클립스에서 이 테스트 유닛을 수행하면 각 테스트의 통과 여부를 보여준다.

그림 5-1 이클립스에서 JUnit 테스트 케이스 실행 결과

기본적으로 JUnit은 테스트 클래스에 포함된 모든 testXXX( ) 메서드들을 테스트로 수행하는데, 상황에 따라서 모든 테스트 메서드가 아닌 일부 메서드만 수행하고 싶은 경우가 있다. 이럴 경우 public static Test suite( );라는 메서드를 오버로딩함으로써 구현할 수 있다.

다음 예제는 suite( ) 메서드를 이용한 테스트를 조합한 예이다. 이 테스트 클래스를 이용하면 두 개의 test( ) 메서드 중에서 testGetCurrentVersion2 테스트만 수행되게 된다.

예제 | suite( ) 메서드를 이용한 테스트의 조합

```java
package bcho.test;

import JUnit.framework.Test;
import JUnit.framework.TestCase;
import JUnit.framework.TestSuite;
import bcho.HelloWorld;
public class HelloWorldTest extends TestCase {

    public void testGetCurrentVersion() {
        HelloWorld hw = new HelloWorld();
        this.assertEquals(hw.getCurrentVersion(), "version 1.0");
    }
    public void testGetCurrentVersion2() {
        HelloWorld hw = new HelloWorld();
        this.assertEquals(hw.getCurrentVersion(), "version 2.0");
    }
    public HelloWorldTest(String method){
        super(method);
    }
    public static Test suite(){
        TestSuite suite = new TestSuite();

        suite.addTest(new HelloWorldTest("testGetCurrentVersion2"));
        return suite;

    }
}
```

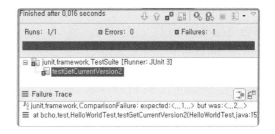

그림 5-2 suite 메서드를 이용한 테스트의 조합 테스트를 수행한 결과

testXXX( ) 메서드를 구현할 때 testXXX( )에 대해서 공통으로 구현되어야 할 부분이 존재할 수 있다. 예를 들어서 테스트마다 데이터베이스 연결과 종료 작업이 필요하거나, 공통으로 test( ) 메서드에서 File Descriptor(FD)를 사용하기 때문에 매번 File Open과 Close가 일어날 경우 등이 있다.

이러한 메서드들을 매번 testXXX( ) 메서드에 구현할 수도 있겠지만, 모든 testXXX( ) 메서드들이 메서드 전후에 수행할 수 있는 메서드들이 있다.

- protected void setUp( );
- protected void tearDown( );

이 둘이 그 메서드들이다. 다음 예제를 보자, 다음 예제는 testXXX( ) 메서드를 수행하기 이전, 이후에 매번 데이터베이스 연결을 열고 닫도록 구현한 코드이다.

예제 │ setUp( )과 tearDown( )을 이용한 데이터베이스 연결 관리 예제

```java
private Connection conn;
      protected void setUp(){
            try{
                  conn = getConnection("10.136.21.1","oracle","oracle");
            }catch(Exception e){
                  e.printStackTrace();
                  this.fail("Fail to open DB Connection");
            }
```

```
        }
    protected void tearDown(){
        if(conn != null){
            try{
                conn.close();
            }catch(Exception e){
                e.printStackTrace();
                this.fail("Fail to close DB Connection");
            }
        }
    }
}
```

메서드 전후에 수행할 수 있는 메서드 이외에도 JUnit에서는 테스트의 묶음(앞에서 설명한 Suite) 단위의 setUp( )과 tearDown( ) 메서드를 제공한다. 여기서 적용된 클래스는 suite( ) 수행은 전후에 단 한 번씩만 수행된다. 구현 방법은 suite Object를 생성한 후에 TestSetup이라는 클래스로 래핑(Wrapping)하여 suite( ) 메서드 내에서 반환하면 된다.

예제 | setUp( )과 tearDown( )을 suite에 구현한 예제

```
public static Test suite(){
    TestSuite suite = new TestSuite();

    suite.addTest(new HelloWorldTest("testGetCurrentVersion2"));
    TestSetup wrapper = new TestSetup(suite){
        protected void setUp(){
            // doSomething for initial phase
        }
        protected void tearDown(){
            // doSomething after end phase
        }
    };
    return wrapper;
```

지금까지 간단하게나마 JUnit에 대한 사용법에 대해서 살펴보았다. 이외에도 예외 처리 등 몇 가지 필요한 사항이 있지만, 본 내용은 JUnit의 사용법이 아니라 단위 테스트에 대한 전반

적인 개념을 소개하기 위한 글이기 때문에 JUnit에 대한 사용법은 http://www.junit.org/index.htm 문서나 "실용주의 프로그래머를 위한 단위 테스트 with JUnit" 등의 서적을 참고하기 바란다.

지금까지 JUnit을 통한 기본적인 자바 애플리케이션의 테스트 방법에 대해서 알아보았다. 단위 테스트를 순수한 자바로만 JUnit을 이용해서 작성해도 좋겠지만, 데이터베이스 테스트나 Servlet/JSP, EJB, JMS 등 자바 세계에는 여러 가지 특성을 가진 컴포넌트들이 존재하며, 이를 순수한 자바 코드로만 만들기에는 다소 많은 작업이 필요하다.

지금부터 일반적인 단위 테스트 프레임워크에 대해서 소개한다.

1.2 DBUnit

인터넷 서비스 애플리케이션이나 엔터프라이즈 애플리케이션에서 많은 비중을 차지하는 것이 데이터베이스 관련 작업일 것이다. 이런 데이터베이스 단위 테스트를 지원하는 프레임워크로는 DBUnit이라는 것이 있다.

테스트 시나리오를 요약해보면 다음과 같다.

① 테스트 데이터베이스를 초기화한다.

② 데이터베이스의 초기화는 XML 파일에서 데이터 로딩 등의 통해서 DB를 초기화할 수 있다.

③ 테스트할 객체를 수행한다.

④ 데이터베이스에서 ②에 의해 수행된 결과를 질의한다.

⑤ XML 파일 등으로부터 기대 결과를 로딩한다.

⑥ ③과 ④를 assert( ) 메서드를 이용하여 비교한다.

⑦ 데이터베이스를 테스트 전 상태로 원상 복구한다.

다음 예제 코드를 살펴보자. DB 단위 테스트이기 때문에 DBMS에 대한 Connection 관리가 필요한데, 베이스 클래스인 DBTestCase의 getConnection( ) 메서드와 closeConnection( ) 메서드에 의해서 이루어진다.

직접 getConnection( )과 closeConnection( ) 메서드를 구현할 수도 있지만, System Property에 필요한 URL, ID, PASSWORD 등을 지정하면 자동으로 DBUnit에서 Connection 관리에 대한 메서드를 제공한다.

예제 | DBUnit에서 Connection을 관리하는 부분

```
public class EmpDAOTest extends DBTestCase
{
        final static String JDBC_DRIVER="org.gjt.mm.mysql.Driver";
        final static String JDBC_USERID="user";
        final static String JDBC_USERPASSWD="password";
        final static String JDBC_URL = "jdbc:mysql://localhost:20001/dbms";

        public EmpDAOTest(String name){
                super(name);
                System.setProperty( PropertiesBasedJdbcDatabaseTester.
                DBUNIT_DRIVER_CLASS, JDBC_DRIVER );
                System.setProperty( PropertiesBasedJdbcDatabaseTester.
                    DBUNIT_CONNECTION_URL, JDBC_URL );
                System.setProperty( PropertiesBasedJdbcDatabaseTester.
                    DBUNIT_USERNAME,  JDBC_USERID );
                System.setProperty( PropertiesBasedJdbcDatabaseTester.
                    DBUNIT_PASSWORD,  JDBC_USERPASSWD );
        }
```

위의 예제에서는 Connection에 관련된 Property 값을 System.setProperty를 이용해서 지정하였지만, ANT나 시스템 환경 변수를 이용해서 지정하는 것도 가능하며, 위의 예제는 JDBC 드라이버를 통해서 직접 연결하는 예제이지만, 설정 값에 따라서 DataSource, JNDI를 이용하는 것도 가능하다.

데이터베이스 연결을 위한 메서드가 구현되었으면, 테스트 전의 데이터베이스 초기화를 위한 작업이 선행되어야 한다. 이 작업은 getSetUpOperation( )에서 이루어진다. 이 메서드는

테스트가 진행되기 전에 수행되어 반환값에 따라서 데이터베이스를 초기화하는데, CLEAN_ INSERT는 데이터베이스를 모두 지우고 getDataSet에 의해서 반환되는 레코드(Record) 를 삽입(Insert)하여 데이터베이스를 초기화한다. 다음 예제에서는 초기화 레코드 값들을 FlatXmlDataSet을 이용하여, dataset.xml에서 읽어서 그 데이터로 초기화를 수행하도록 구 현하였다.

getSetUpOperation( )에서 사용할 수 있는 반환값으로는 모든 데이터를 지우는 DELETE_ ALL이나 INSERT, UPDATE 등의 작업을 수행할 수 있다. 모든 테스트가 종료된 다 음에는 데이터베이스를 원상복구하기 위해서 getTearDownOperation( ) 메서드에서 getSetUpOperation( )과 같은 방법으로 정리 작업을 수행한다.

예제 | 데이터 초기화 방법

```java
protected DatabaseOperation getSetUpOperation()
throws Exception
{
        return DatabaseOperation.CLEAN_INSERT;
}
protected DatabaseOperation getTearDownOperation()
throws Exception
{
        return DatabaseOperation.NONE;
}
protected IDataSet getDataSet() throws Exception
{
        return new FlatXmlDataSet
                (new FileInputStream("c:\\temp\\dataset.xml"));
}
```

예제 | 데이터 초기화에 사용된 dataset.xml

```xml
<?xml version='1.0' encoding='euc-kr'?>

<dataset>
        <BCHO_EMP name='bcho' address='Seoul Korea'/>
</dataset>
```

자 여기까지 구현하였으면 데이터베이스 테스트를 하기 위한 준비가 완료되었다. 이제부터 실제로 테스트 메서드를 작성해보자. 테스트 메서드는 위에서 설명한 대로 테스트할 메서드를 호출하고 반영된 결과를 DBMS로부터 읽어서 기대되는 결과와 비교하면 된다.

```
public void testInsertEmployee(){
IDatabaseConnection conn = null;
try{
        // 1. 테스트할 객체를 호출하여 데이터베이스를 업데이트 한다.
        EmpDAO empDao = new EmpDAOImpl();
        empDao.insertEmployee("kim", "YoungIn Suji");

        // 2. 업데이트 내용이 반영된후 반영된 내용을 DBMS로부터 읽어온다.
        conn = getConnection();
        IDataSet databaseDataSet = conn.createDataSet();
        ITable actualTable = databaseDataSet.getTable("BCHO_EMP");

        // 3. 비교할 내용을 XML 파일에서 읽어온다.
        IDataSet expectedDataSet = new FlatXmlDataSet
            (new File("c:\\temp\\dataset.xml"));
        ITable expectedTable = expectedDataSet.getTable("BCHO_EMP");

        // 4. 위의 2, 3 내용이 일치하는지 비교한다.
        Assertion.assertEquals(expectedTable,actualTable);
}catch(Exception e ){
        e.printStackTrace();
        fail("Test failed during testEmpTable");
}finally{
        try{
                closeConnection(conn);
        }catch(Exception e){
                fail("Fail to close connection");
        }//try-catch
}//finally
}
```

예제에서와같이 EmpDAO를 이용하여 BCHO_EMP 테이블을 업데이트 한 후에 업데이트 된 내용을 2항에서 actualTable이라는 객체로 받아내고, dataset.xml에서 비교할 데이터를 expectedTable 형태로 받아온다. 이 둘을 비교하여 테스트를 수행한다.

이 예제에서는 간단하게 두 개의 테이블을 비교했지만, SELECT를 해서 테이블의 SUBSET 으로만 비교하거나 또는 특정 칼럼들만 비교하는 것이 가능하다.

테스트 데이터를 예제에서는 XML 파일에서 읽도록 하였지만, CSV 파일에서 읽어 드리는 것 도 가능하며, XML의 테스트 데이터도 DBMS에서 생성하거나 DTD 역시 DBMS의 쿼리 결과 를 이용해서 자동으로 생성할 수 있다.

참고: http://dbunit.sourceforge.net/faq.html#extract

간단하게나마 DBUnit의 사용법에 대해서 살펴보았다. 특히 엔터프라이즈 애플리케이션의 경 우 데이터에 대한 작업이 매우 중요하기 때문에, 데이터 검증에 대한 단위테스트는 매우 중요 하다. DBUnit의 경우 RDBMS에 대한 테스트도 지원하지만, FlatXmlDataSet을 이용해서 XML 데이터베이스 검증 등에도 손쉽게 사용할 수 있다.

DBUnit을 이용하여 데이터베이스 관련 테스트를 진행할 때 DBMS를 공유하여 협업할 경우 에는 데이터에 대한 간섭이 일어날 수 있기 때문에, 가능하다면 독립된 테스트 데이터베이스 (로컬 PC도 좋다)를 유지하는 것을 권장한다.

1.3 Easy Mock

단위 테스트는 소프트웨어 구성 요소의 각 컴포넌트를 독립된 환경에서 테스트하는 것이다. 그렇지만, 일반적으로 소프트웨어 컴포넌트는 혼자서 동작할 수 없고 다른 컴포넌트에 대해서 종속성(Dependency)을 가지고 있기 때문에 종속 관계에 있는 컴포넌트가 완성되지 않거나 그 컴포넌트에 오류가 있으면 정상적으로 테스트를 진행할 수 없다.

이런 문제를 해결하기 위해서 사용하는 것이 Mock Object이다. Mock Object는 가상 오브젝트로, 테스트를 위한 Operation만을 구현하여 테스트에 사용할 수 있다.

이러한 Mock Object를 POJO (Plain Old Java Object)로 만들어서 직접 구현할 수 있지만 이러한 경우 모든 Interface를 구현해야 하고, 테스트 케이스가 해당 Mock Object에 대해서 종속성을 가지게 되며, 시나리오에 따라서 Mock Object를 따로 작성해야 하기 때문에 효율성이 떨어진다.

이러한 문제를 해결하기 위해서 고안된 프레임워크가 Easy Mock이라는 테스팅 프레임워크다. 이 프레임워크는 JUnit 3.8X와 4.x와 함께 사용되어 단위테스트에서 Mock Object 생성을 지원한다. 내부적으로 Easy Mock은 자바의 Reflection을 이용하여 단위 테스트 런타임에서 가상 객체와 그 객체의 메서드를 생성하여 준다.

내려받기

http://www.easymock.org에서 easymock 2.4를 내려받는다. 압축을 풀면 easymock.jar 가 나오는데, 이 파일을 이클립스 프로젝트 내에 클래스 패스에 추가한다.

클래스 작성

작성할 클래스는 RunCalculator라는 클래스로, 두 개의 메서드를 가지고 있다.

- doSum( ) 메서드는 Calculator라는 클래스를 호출하여 a, b 두 개의 값을 더해서 반환한다.
- sayHello( ) 메서드는 Calculator 클래스를 호출하여 입력받은 문자열을 출력한다.

```
package bcho.easymock.sample;

public class RunCalculator {
        Calculator cal;
        public void setCal(Calculator cal) {
```

```
                this.cal = cal;
        }
         // return sum of a and b
        public int doSum(int a,int b){
                System.out.println("## summing "+a+"+"+b+"="+ cal.sum(a, b) );
                 return cal.sum(a, b);
        }
        // echo string to console
        public void sayHello(String str){
                cal.echo(str);
        }
}
```

종속된 인터페이스 작성

Calculator 인터페이스는 두 개의 메서드를 가지고 있다.

```
package bcho.easymock.sample;
public interface Calculator {
        public int sum(int a,int b);
        public void echo(String echo);
}
```

- A, B 두 개의 값을 더해서 반환하는 sum( ) 메서드

- 입력받은 문자열을 화면으로 출력하는 echo( ) 메서드

테스트 케이스 작성

테스트를 하고자 하는 클래스 RunCalculator는 이미 완성되어 있다. 그러나 이 클래스가 사용하는 인터페이스 Calculator에 대한 구현 클래스가 없다. 이 Calculator에 대한 클래스를 Easy Mock을 이용해서 시뮬레이션해볼 것이다.

Mock Object의 사용 순서는 간단하다.

- Mock Object를 생성한다.

- Mock Object가 해야 하는 행동을 녹화한다. (record)

- Mock Object의 행동을 수행하도록 한다. (replay)

- 테스트를 수행한다.

예를 통해서 살펴보자. Easy Mock을 사용하기 위해서 easymock 정적 메서드들을 다음과 같이 불러온다.

```
import static org.easymock.EasyMock.aryEq;
import static org.easymock.EasyMock.createMock;
import static org.easymock.EasyMock.expect;
import static org.easymock.EasyMock.expectLastCall;
import static org.easymock.EasyMock.replay;
import static org.easymock.EasyMock.verify;
```

테스트 케이스의 Set up에서 테스트할 객체를 생성하고 Mock Object를 createMock( ) 메서드를 이용해서 생성한다. 이때 인자는 생성하고자 하는 가상 객체의 클래스명(인터페이스명)을 주면 된다.

```
public class CalculatorTest extends TestCase {
        Calculator mock;
        RunCalculator runner;
        protected void setUp() throws Exception {
            mock = createMock(Calculator.class);  // create Mock Object
            runner = new RunCalculator();
            runner.setCal(mock);
            super.setUp();
        }
```

먼저 Mock Object의 행동을 녹화해야 하는데, 다음과 같이 정의하면 해당 행동이 녹화된다.

```
mock.메서드
```

만약에 반환값이 있을 때에는 다음과 같은 방법으로 정의하면 된다.

```
expect(mock.메서드).andReturn(반환값)
```

예제를 보고 정리하면 앞으로 불릴 Mock object는 sum(1, 2)라는 메서드가 호출될 것이고 그에 대해서 반환값을 3을 반환한 것이다. 라고 정의하는 것이다. sum(1, 2)가 아닌 다른 인자로 호출되면 미리 녹화된 행동이 아니기 때문에 에러가 날것이고 마찬가지로 sum(1, 2)가 호출되더라도 1회 초과로 호출되면 이 역시 예상된 행동이 아니기 때문에 에러가 발생한다.

```java
public void testDoSum() {
        expect(mock.sum(1,2)).andReturn(3);    // record mock action
        replay(mock);                          // replay mock
        this.assertEquals(3,runner.doSum(1,2));
        verify(mock);
    }
```

다음 예는 일부로 에러를 발생시킨 경우인데 echo("Hello") 메서드가 한 번만 호출되기로 되어 있었는데, 다음 테스트 케이스를 보면 echo("Hello")가 연속으로 두 번 호출된 후 echo("Hello bcho")가 한번 호출되기 때문에 에러가 발생한다.

```java
public void testSayHello() {
        mock.echo("Hello");
        replay(mock);
        runner.sayHello("Hello");
        runner.sayHello("Hello");
        runner.sayHello("Hello bcho");
```

```
        verify(mock);
    }
```

그림 5-3 Easy Mock을 이용한 테스트 케이스를 이클립스에서 실행한 예

1.4 Cactus

Java Enterprise Edition의 컴포넌트 중에 Servlet, JSP와 같은 컴포넌트들은 구동을 위해서 서블릿 엔진(Servlet Engine)과 같은 컨테이너(Tomcat 등)를 필수적으로 필요로 한다. 이 말은 테스트를 할 때도 서블릿 엔진이 필요하다는 이야기인데, 단위 테스트 케이스를 만들었을 때 빌드 스크립트나 IDE 도구에서 이런 서블릿 엔진이 필요한 클래스나 메서드를 테스트하기가 어렵다(리모트로 서버에 로직이 존재하기 때문에). 이러한 테스트를 인 컨테이너 테스트 (In-Container Test)라고 하는데, 이런 인 컨테이너 테스트를 지원하는 프레임워크 중의 하나가 Cactus라는 프레임워크이다.

일반적으로 작성하는 JUnit처럼 코드를 작성한 후에 빌드 스크립트, 테스트 스크립트 또는 IDE에서 테스트 케이스를 실행하면 원격의 서블릿 컨테이너에서 테스트 케이스를 수행한 후

그 결과를 반환하는 형태로, JUnit과 똑같은 형태로 테스트를 진행할 수 있다.

자바 애플리케이션 중 톰캣과 같이 컨테이너를 사용하는 애플리케이션 테스트 시에 유용하게 사용할 수 있다. 대표적인 프레임워크로는 아파치의 Cactus라는 프레임워크가 있다. (http://jakarta.apache.org/cactus/) Cactus에서 지원하는 J2EE 컴포넌트로는 Servlet/JSP, Filter, TagLib, EJB 테스트들이 있으며, 이러한 테스트를 위한 클래스들을 지원한다.

여기서 잘 혼돈하지 말아야 하는 것이 서블릿 등의 HTTP Request/Response 값만을 테스트 하고자 할 때는 HTTP Request를 보낸 후에 Response를 체크하는 HttpUnit이나 SoapUI와 같은 REST 테스트 도구 또는 Selenium과 같은 웹페이지 테스트 도구를 사용해도 된다는 점 이다. Cactus는 그보다는 웹 컨테이너에서 수행되는 컴포넌트 자체를 테스트하는 데 유용하 다. HttpUnit/SOAP UI/Selenium 들이 input/output 만을 보고 비교하는 블랙 박스 형태 의 테스트라면, Cactus는 request/response 값뿐만 아니라 웹 클래스(서블릿 등) 자체를 화 이트 박스 형태로 테스트할 수 있는 프레임워크다.

예를 들어 SOAP UI/Selenium 등은 서블릿의 HttpSession에 들어가 있는 값 자체를 Assertion할 수 없지만, Cactus는 이것이 가능하다. 이해를 돕고자 간단한 서블릿 테스트 예 제를 살펴보자. 서블릿은 Http Request를 통해서 id와 passwd를 입력받고 이 값을 비교해서 맞으면 session에 id 값을 저장하고 Login이 성공하였음을 response로 보내는 간단한 서블릿 이다.

예제 | 테스트할 서블릿

```java
public class LogInServlet extends HttpServlet {

  public void doGet(HttpServletRequest req, HttpServletResponse res)
      throws ServletException, IOException {

    PrintWriter out = res.getWriter();
    HttpSession session = req.getSession();

    String id = req.getParameter("id");
    String passwd = req.getParameter("passwd");
```

```
    if(checkLogin(id,passwd)){
        // 로그인이 성공하였으면 세션에 ID를 저장한다.
        session.setAttribute("id", id);
          out.print(id+" Login failed");
    }

    out.print(id+" Login success");
}// doGet
:
```

이 서블릿을 테스트하기 위해서 Cactus로 테스트 케이스를 만든 후 id와 passwd를 HttpRequest로 보낸후 session에 id가 저장되는지 확인한 후 HttpResponse에 'success'라 는 문자열을 반환하는지 확인하면 서블릿이 정상적으로 동작하는 것을 확인할 수 있다.

Cactus로 만드는 테스트 클래스는 org.apache.cactus.ServletTestCase를 상속받아서 구현 되어야 하며, beginXXX( )와 testXXX( ), endXXX( ) 메서드를 구현해야 한다. beginXXX( ) 메서드는 test를 수행하기 전에 WebRequest 객체를 받아서 HttpRequest를 만드는 역할을 하고 testXXX( )에서는 실제로 테스트를 수행하며, endXXX( )에서는 서블릿의 수행이 끝난 후에 WebResponse 객체를 받아서 HttpResponse 내용으로 테스트 결과를 검증하는 과정을 거친다. 다음 예제 코드를 살펴보자.

> 예제 | Cactus 서블릿 테스트 케이스

```
package bcho.servlet.test.catcus;
import org.apache.cactus.Cookie;
import org.apache.cactus.ServletTestCase;
import org.apache.cactus.WebRequest;
import org.apache.cactus.WebResponse;
import bcho.servlet.LogInServlet;
public class TestLogInServlet extends ServletTestCase{
    public void beginLogin(WebRequest theRequest)
    {
        theRequest.addParameter("id", "bcho");
        theRequest.addParameter("passwd", "passwd");
```

```
    }
    public void testLogin()
    {
        LogInServlet servlet = new LogInServlet();
          try{
              servlet.init(config);

              // Call method to test
              servlet.doGet(request, response);
        }catch(Exception e){
            e.printStackTrace();
            assertTrue(false); // Exception이 발생하였을 경우 실패로 간주한다.
            return;
        }
        // Perform some server side asserts
        assertEquals("bcho", session.getAttribute("id"));
    }

    public void endLogin(WebResponse theResponse)
    {
        // Asserts the returned HTTP response
        // 반환되는 HTML에 로그인 성공 메세지가 있는지 확인한다.
        String responseTxt = theResponse.getText();
        assertTrue(responseTxt.indexOf("success") > 0);
    }
}
```

beginLogin에서 request 객체에 addParameter로 id와 passwd를 저장한다. testLogin에서 servlet.doGet을 수행하고, session에 "id"에 "bcho"라는 문자열이 저장되었는지 확인한다. endLogin에서는 서블릿에서 나온 HttpResponse에 "success"라는 문자열이 있는지를 확인한다.

서블릿과 서블릿 테스트 클래스가 완성되었으면 이 환경을 서버에 배포해서 테스트를 수행해보자. 먼저 WEB-INF/lib 디렉터리에 http://jakarta.apache.org/cactus에서 내려받은 Cactus 관련 라이브러리를 복사한다. (cactus.jar, common-httpclient.jar, common-logging.jar, JUnit.jar, aspectjrt.jar) 다음으로, 위에서 만든 서블릿 클래스들을 WEB-INF/classes의 패키지 디렉터리에 알맞게 복사한다. 다음으로, Cactus 서블릿들인 ServletRedirector와 ServletTestRunner 클래스를 WEB-INF/web.xml에 다음과 같이 설정한다.

```xml
<?xml version="1.0" encoding="UTF-8"?>
<web-app id="WebApp_ID" version="2.4" xmlns="http://java.sun.com/xml/ns/
j2ee" xmlns:xsi="http://www.w3.org/2001/XMLSchema-instance" xsi:sche-
maLocation="http://java.sun.com/xml/ns/j2ee http://java.sun.com/xml/ns/
j2ee/web-app_2_4.xsd">
  <display-name> Einstein Unit Tester Web Application </display-name>
      <servlet>
        <servlet-name>ServletRedirector</servlet-name>
        <servlet-class>org.apache.cactus.server.ServletTestRedirector
            </servlet-class>
        <init-param>
          <param-name>param1</param-name>
          <param-value>value1 used for testing</param-value>
        </init-param>
      </servlet>

      <servlet>
        <servlet-name>ServletTestRunner</servlet-name>
        <servlet-class>org.apache.cactus.server.runner
            .ServletTestRunner</servlet-class>
      </servlet>

      <servlet-mapping>
          <servlet-name>ServletRedirector</servlet-name>
          <url-pattern>/ServletRedirector</url-pattern>
      </servlet-mapping>

      <servlet-mapping>
          <servlet-name>ServletTestRunner</servlet-name>
          <url-pattern>/ServletTestRunner</url-pattern>
      </servlet-mapping>
</web-app>
```

서버를 기동하고 웹 브라우저에서 다음과 같은 URL로 접근하면 테스트 결과를 얻을 수 있다.

```
http://{ip}:{port}/{context-root}/ServletTestRunner?suite={서블릿 테스트 클래스 이름}
```

필자는 localhost의 8080 포트에서 context-root를 Catcus로 배포하였고, 테스트 서블릿은 위에서 작성한 대로 bcho.servlet.test.catcus.TestLogInServlet으로 구성하였기 때문에 테스트 URL은 다음과 같이 구성된다.

```
http://localhost:8080/Catcus/ServletTestRunner
      ?suite=bcho.servlet.test.catcus.TestLogInServlet
```

브라우저에서 테스트해서 테스트가 성공하면 다음과 같은 결과를 얻을 수 있다.

그림 5-4 Cactus를 이용하여 인 컨테이너 테스트를 웹을 통해 실행한 예

XML 형식이 아니라 좀 더 정제되고 보기 편한 형태로 테스트 리포트를 보고 싶을 때는 아파치 자카르타(Apache Jakarta) 프로젝트에서 제공하는 XSL을 적용하면 되는데, 이 XSL은 http://jakarta.apache.org/cactus/misc/cactus-report.xsl에서 내려받을 수 있다.

내려받은 cactus-report.xsl을 웹 애플리케이션의 context-root 디렉터리에 저장한 후에 쿼리 스트링 xsl=cactus-report.xsl로 xsl 파일을 다음과 같이 지정할 수 있다.

```
http://localhost:8080/Catcus/ServletTestRunner
      ?suite=bcho.servlet.test.catcus.TestLogInServlet&xsl=cactus-report.xsl
```

XSL을 저장하여 리포트를 생성한 결과는 다음과 같다.

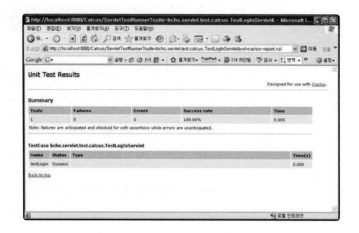

그림 5-5 Cactus를 이용한 인 컨테이너 테스트 결과 리포트

2. 코드 커버리지 분석 도구

우리가 단위 테스트나 통합 테스트와 같은 일련의 테스트 작업을 수행하였을 때 이 테스트가 전체 테스트를 해야 하는 부분 중에서 얼마만큼을 테스트했는지를 판단해야 한다. 예를 들어, 20가지의 기능을 가진 애플리케이션이 있을 때 몇 가지 기능에 대해서 테스트를 했는가와 같이, 수행한 테스트가 테스트의 대상을 얼마나 커버했는지를 나타내는 것이 테스트 커버리지다. 이 커버리지 비율을 기준으로 애플리케이션이 릴리즈가 가능한 수준으로 검증되었는가를 판단하게 된다.

위에서 예를 든 것과 같이 기능에 대한 테스트 완료 여부를 커버리지의 척도로 삼을 수도 있다. 좀 더 작은 범위의 테스트인 단위 테스트의 경우는 개개의 클래스나 논리적인 단위의 컴포넌트 각각을 테스트하기 때문에, 테스트에 대한 커버 범위를 각각의 클래스 또는 소스 코드의 각 라인을 척도로 삼을 수 있는데, 테스트가 전체 소스 코드 중에서 얼마나를 커버했는지를 나타내는 것이 코드 커버리지(Code Coverage)이다.

2.1 코드 커버리지 도구의 원리

코드 커버리지 도구의 주요 기능은 실행 중에 해당 코드 라인이 수행이 되었는가 아닌가를 검증하는 것이다. 이를 위해서 커버리지 도구는 클래스의 각 실행 라인에 커버리지 도구로 로깅을 하는 로직을 추가하는 것이 기본 원리이다.

예제 | 원본 소스 코드

```
public class HelloWorld(){
  public void HelloBcho(){
    System.out.println("Hello Bcho");
  }
  public void HelloHyunju(){
    System.out.println("Hello Hyunju");
  }
}
```

예를 들어 위와 같이 간단한 HelloWorld라는 소스가 있을 때 소스 커버리지 도구를 거치게 되면 다음과 같은 형태의 소스 코드를 생성해내게 된다.

예제 | 코드 커버리지 로그 수집이 추가된 코드

```
public class HelloWorld(){
  public void HelloBcho(){
    CoverageTools.log(클래스 및 라인 관련 정보1);
    System.out.println("Hello Bcho");
    CoverageTools.log(클래스 및 라인 관련 정보2);
  }
  public void HelloHyunju(){
    CoverageTools.log(클래스 및 라인 관련 정보3);
    System.out.println("Hello Hyunju");
    CoverageTools.log(클래스 및 라인 관련 정보4);
  }
}
```

앞서와 같이 변형된 코드가 수행되게 되면 코드 수행에 따른 로그가 생성되게 되고, 이를 분석하여 코드 중에 어느 부분이 수행되었는지를 보여주는 것이 코드 커버리지 도구의 기능이다. 이렇게 기존의 클래스에 커버리지 분석을 위한 분석 코드를 추가하는 작업을 'Instrument'라고 하고 크게 정적 기법과 동적 기법 두 가지를 지원한다.

정적 기법은 애플리케이션이 수행되기 이전에 소스 코드나 컴파일이 완료된 클래스 파일을 Instrument하여 Instrumented Class들을 만든 후 그것을 수행하는 방식이고, 원본 클래스를 가지고 애플리케이션을 수행하여 런타임 시에 클래스가 로딩되는 순간에 클래스에 Instrumentation을 하는 것이 동적 방식이다.

동적 방식은 AOP (Aspect Oriented Programming)이나 APM (Application Performance Monitoring)에서 많이 사용하는 방법이다. 그러나 이 방식의 경우 런타임에서 code instrumentation을 하는 부하가 발생하기 때문에, Instrumentation 양이 AOP나 APM에 비해서 압도적으로 많은 코드 커버리지 도구의 경우에는 정적인 Instrumentation 방식이 좀 더 유리하다. 단 정적 방식의 경우 컴파일 후에도 Instrumentation을 한번 거쳐야 하고, 커버리지를 분석하기 위한 애플리케이션 묶음(JAR, WAR 등)과 운영을 위한 애플리케이션 묶음이 다르기 때문에 용도에 따라서 매번 다시 배포(DEPLOY)해야 하는 번거로움이 있다.

도구에 따라서 Instrumentation 방식이 다르기 때문에 애플리케이션의 성격과 규모에 따라서 적절한 Instrumentation을 사용하는 도구를 사용하기 바란다. 많이 사용하는 코드 커버리지 분석 도구로는 상용으로 http://www.atlassian.com의 Clover, http://www.instantiations.com/의 Code Pro Analytix 등이 있다. 대표적인 오픈소스로는 EMMA와 Cobertura가 있다. EMMA의 경우 동적, 정적 Instrumentation을 모두 지원하며, 이클립스 플러그인도 지원한다.

Cobertura의 경우 정적 Instrumentation만 지원하지만, 사용 방법이 매우 쉽기 때문에 여기서는 Cobertura를 이용한 코드 커버리지 분석 방법을 설명한다. Cobertura를 이용하려면 http://cobertura.sourceforge.net에서 내려받아서 설치한다.

```xml
<!-- 1)클래스 패스 정의 -->
<path id="cobertura.class.path">
  <pathelement location="${cobertura.home}/cobertura.jar"/>
  <fileset dir="${cobertura.home}/lib" includes="*.jar" />
</path>

<!-- 2) 태스크 정의 -->
<taskdef resource="tasks.properties" classpathref="cobertura.class.path" />

<!-- 3) 빌드 -->
<target name="build">
<!-- 컴파일후에, EAR 파일로 패키징을 한다. -->
<javac debug="true" …>
</target>

<!-- 4) Code Instrumentation -->
<target name="instrument_cobertura" dependes="build">
 <cobertura-instrument todir="${workspace.dir}"
  datafile="${workspace.dir}/cobertura.ser" >
    <includeClasses regex="bcho.*" />
    <instrumentationClasspath>
        <pathelement location="${ear.file}/>
    </instrumentationClasspath>
  </cobertura-instrument>
</target>

<!-- 5)Code Coverage Report generation -->
<target name="report_cobertura" >
    <cobertura-report format="html" desdir="리포트 HTML이 저장될 디렉터리"
        datafile="${workspace.dir}/cobertura.ser">
        <fileset dir="원본 소스 코드가 있는 디렉터리 >
            <include name="**/*.java" />
    </cobertura-report>
</target>
```

① Cobertura를 설치한 디렉터리를 ${cobertura.home} Property로 정의하고 클래스 패스를 지정한다.

② Cobertura에 대한 ANT TASK를 이용하기 위해서 〈taskdef〉를 이용하여 cobertura의 classpath에 정의된 TASK를 정의한다.

③ 다음으로, 애플리케이션을 빌드하고 JAR나 WAR, EAR 등으로 패키징한다. (Instrument code를 넣기 위해서 패키징은 필수 사항은 아니다.) 이때 커버리지 분석에서 결과가 제대로 표시되게 하기 위해서 〈javac〉 컴파일 옵션에 debug="true"를 추가한다.

④ 컴파일과 패키징이 완료된 자바 애플리케이션에 대한 Instrumentation을 수행하기 위해서 〈cobertura-instrument〉 태스크를 사용한다.

todir은 Instrument된 애플리케이션(WAR 파일을 Instrument할 경우, Instrument된 WAR파일이 이 경로에 저장된다.)이 저장될 디렉터리며 datafile은 커버리지를 분석한 결과 데이터를 저장할 파일명이다.

다음으로, 커버리지를 분석할 클래스명을 지정하는데, 〈includeClasses〉라는 엘리먼트를 이용하여 정규 표현식을 사용하여 클래스의 범위를 지정한다. 예제에서는 bcho.*로 시작하는 패키지의 클래스만 Instrument를 하도록 지정하였다.

그리고 마지막에 Instrument를 할 클래스 파일들의 위치를 지정하는데, 〈instrumentation-ClasssPath〉로 클래스들이 저장된 경로를 지정하거나 또는 EAR 등으로 패키징된 파일 경로를 지정한다. 예제에서는 EAR 파일을 Instrument하는 것으로 지정하였다. 여기까지 진행한 후 ant instrument_cobertura를 수행하면 ${workspace.dir}에 instrumented된 ear 파일이 생성된다.

Instrumented 된 애플리케이션을 서버에 배포하거나 단독 수행 애플리케이션일 경우 실행을 한다. 이때 JUnit을 이용한 테스트를 수행해도 되고 손으로 직접 기능을 수행해봐도 된다. Instrumented 된 애플리케이션은 모든 수행 결과에 대한 로그를 저장하기 때문에 특정 테스팅 프레임워크를 사용하지 않아도 된다.

이때 수행되는 애플리케이션에 Cobertura에 대한 Coverage 로그를 저장할 디렉터리를 지정해야 하는데, JAVA에서 −D 옵션을 이용하여 다음과 같이 지정해야 *.ser 파일에 제대로 커버리지 분석 결과가 저장된다.

-Dnet.sourceforge.cobertura.datafile="위의 ANT 스크립트에서 지정한 *.ser 파일의 절대 경로"

필자의 경우에는 JUnit + Cactus를 이용하여 J2EE 애플리케이션을 웹로직에서 수행하였다. 애플리케이션의 실행 또는 테스트가 끝난 후 애플리케이션을 종료하면 (WAS의 경우 WAS를 종료해야 한다.) 종료 시에 커버리지 데이터를 *.ser 파일에 기록하게 된다. (런타임 시에는 *.ser 파일에 결과가 기록되지 않는다.)

*.ser 파일에 기록된 커버리지 분석 값은 바이너리 형태로 사용자가 볼 수 없기 때문에 이를 리포트로 생성한다. 앞의 예제에서 report_cobertura라는 타깃을 정의하였는데, 〈cobertura-report〉 엘리먼트에서 HTML 리포트가 저장될 디렉터리를 destdir로 지정하고, *.ser의 위치를 datafile attribute로 지정한다. 그리고 원본 소스 코드가 있는 디렉터리를 〈fileset〉으로 지정해주면 destdir에 HTML 형식으로 커버리지 분석 리포트가 생성된다.

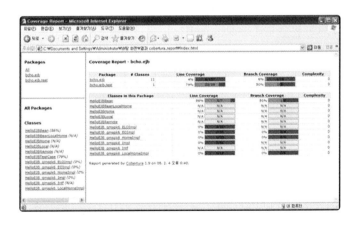

그림 5-6 테스트 커버리지 클래스 레벨 리포트

그림 5-6에서 보는 것과 같이 전체 코드에 대해서 테스트가 전체 코드 중 몇 %를 수행했는지를 나타내 준다. 다음 그림 5-7에서는 소스 코드 상에서 실제로 테스트가 수행된 부분만을 선

별 및 표시해서 보여준다.

그림 5-7 테스트 커버리지 코드 레벨 리포트

연두색으로 표시되는 부분(27, 35, 41, 42, 43, 47 라인)은 수행된 라인이고 그 옆에 숫자는 수
행된 횟수를 나타낸다. 분석 결과를 보면 sayHello( ) 메서드에서 isMale이 항상 true로 14번
수행이 되었고 false인 경우에 대한 코드는 수행되지 않았음을 확인할 수 있다. 여기까지 간단
하게 Cobertura를 이용한 코드 커버리지 분석 방법에 대해서 알아보았다.

3. REST API 테스팅 도구

근래에 들어서 웹 개발 시 프런트 엔드를 따로 만들고 백 엔드를 JSON/HTTP 등의 REST API
로 구현하는 구조가 많다. 그래서 이러한 REST API에 대한 별도의 테스팅 도구가 필요하다.

3.1 Advanced Rest Client

가장 간단한 도구로는 웹 브라우저에서 간단한 REST API를 테스트해볼 수 있는 도구가 있다. 구글의 크롬 브라우저를 이용하면 크롬 브라우저의 플러그인으로 간단하게 REST API 테스트를 수행해볼 수 있는데, Advanced Rest Client 등이 있다.

https://chrome.google.com/webstore/detail/advanced-rest-client
    /hgmloofddffdnphfgcellkdfbfbjeloo

그림 5-8 Advanced Rest Client를 이용한 REST API 테스트

3.2 SoapPUI

가장 널리 사용되는 REST 테스트 도구로는 SoapUI라는 도구가 있다. http://www.soapui.org에서 내려받을 수 있다. 내려받아서 설치한 후 실행한다.

[File] → [New SoapUIProject]를 선택하여 새로운 테스트 프로젝트를 생성한다. 생성된 프로젝트에서 'New REST Service'를 선택하면 새로운 서비스 엔드포인트를 넣게 되는데, 서비

스명은 테스트할 서비스 이름(아무거나)을 넣고 'Service EndPoint'에는 웹 서버의 URL(IP, PORT)을 넣는다.

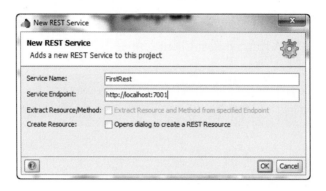

그림 5-9 SoapUI 에서 새로운 REST 서비스 등록

다음으로, 리소스를 정의해야 하는데, Create, Delete, Put은 ./Contact/{email} 형태의 리소스이고, Post는 ./Contact 형태의 리소스이기 때문에 먼저 ./Contact 리소스를 만들고 ./Contact/{email} 리소스를 그 자식 리소스로 만든다. 위에서 만든 서비스에서 [New REST Resource]를 선택하고 리소스명은 'Contacts'를, 엔드포인트에는 /FirstREST/Contact(FirstREST는 이 REST 서비스가 배포되는 URI)를 입력한다.

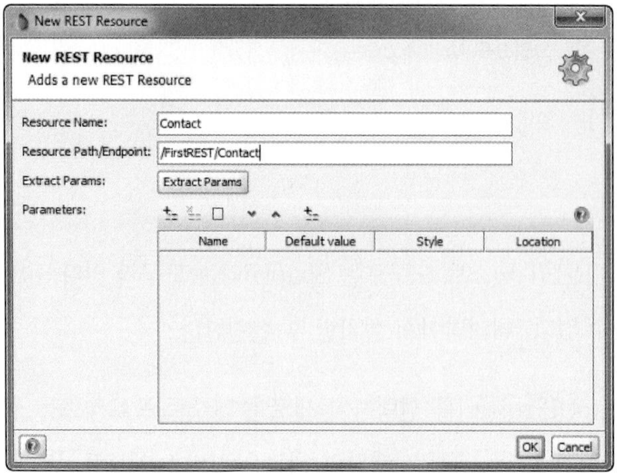

그림 5-10 SOAP UI에서 등록한 서비스에 개별 리소스를 등록

다음으로, 해당 리소스에 [New REST Method]를 이용하여 새로운 메서드를 추가하는데, POST에 대한 메서드를 추가한다.

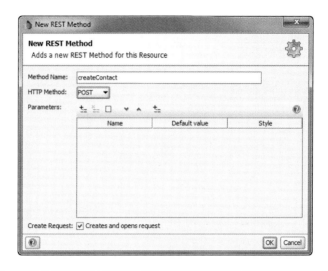

그림 5-11 SOAP UI에서 등록한 리소스에 개별 메소드를 정의

POST용 REST Request가 만들어졌다. 이제 해당 Request를 선택하여 테스트 창을 열어보자.

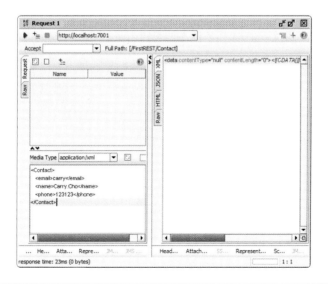

그림 5-12 SoapUI에 정의된 REST API를 이용하여 테스트를 실행하는 화면

테스트 창에서 다음 부분에 POST로 보낼 HTTP BODY에 XML 데이터를 입력하고 실행 버튼을 누르면 POST 요청을 보낸 것이다. 왼쪽의 [Raw] 탭을 이용하면 실제로 전송되는 HTTP Request를 볼 수 있다.

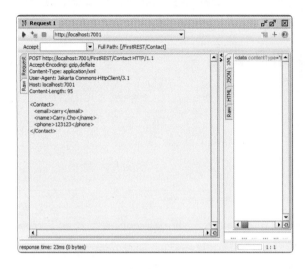

그림 5-13 SOAP UI 테스트 실행 화면에서 요청/응답값 보기

이제 HTTP GET을 이용해서 Resource가 제대로 생성되었는지 확인을 하자. 앞에서 생성한 Contacts 리소스에서 오른쪽 버튼을 클릭하여 [New Child Resource] 메뉴를 선택한다. Resource 이름을 'Contact'로 정의하고, end Point에 "/{email}"을 추가하고 〈Extract Params〉 버튼을 클릭하면 이 {email}을 변수로 취급해준다. 이때 중요한 것이 Style인데, 'Template'으로 선택되어야 한다. Style에 따라서 변수를 HTTP URI에 실어서 보낼지 HTTP Header에 넣을지 쿼리 스트링 등에 넣을지를 선택할 수 있다.

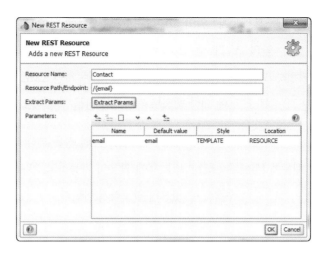

그림 5-14 Contact이라는 이름의 새로운 리소스 정의

마찬가지로 [New Method] 메뉴가 나오는데, HTTP GET 메서드로 선택하고 getMethod라
는 이름으로 새로운 메서드를 정의한다.

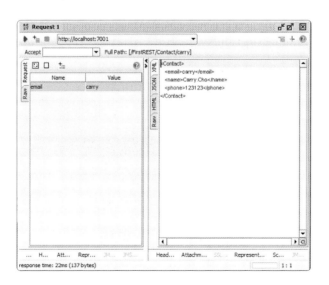

그림 5-15 앞에서 정의한 Contact 리소스를 테스트

새로 생성한 메서드를 테스트해보자, 위의 그림처럼 좌측 부분에 앞에서 정의한 email 변수에 값을 지정할 수 있다. 앞의 POST 메서드에서 'carry'라는 이름으로 리소스를 만들었으니 email에 'carry'를 지정하고 실행 버튼을 누르면 위의 좌측 메뉴처럼 XML로 반환값을 보여준다. 같은 방법으로 PUT, DELETE에 대한 테스트 케이스를 만들 수 있다.

본 예제에서는 가장 기본적인 부분만 설정하였는데, SoapUI의 경우 부하 테스트를 통한 성능 측정까지 가능하기 때문에 Micro benchmark 등에 활용이 가능하고, TestSuite을 만들어서 여러 개의 테스트 케이스를 같이 수행할 수 있으니 참고하기 바란다.

4. 웹 테스트

웹 서비스를 만든 후 웹서비스에 대한 테스트 즉, HTML, JavaScript, CSS로 이루어진 사이트는 어떻게 테스트 할 것인가? 여기에 아주 좋은 테스트 도구를 소개하고자 한다. Selenium (http://www.seleniumhq.org/)이라는 도구인데, 웹 서비스 테스트에 최적화되어 있으며 지원하는 시나리오나 기능 역시 탁월하다.

그림 5-16 Selenium 웹 테스트 도구 실행 화면

4.1 Selenium IDE

Selenium IDE는 파이어폭스의 플러그인으로, 웹에서의 액션(URL 이동, 클릭 등)을 녹화하여 테스트 케이스로 만들어준다. 여기서 만들어진 테스트 케이스들은 자바의 JUnit 3, 4, Test NG나 루비, 파이썬, C#과 같은 다른 언어의 테스트 케이스로도 내보내기가 가능하다. (테스트 소스 코드를 생성해준다.)

다음은 네이버에서 '조대협'으로 검색하여, 검색 결과에 '조대협의 블로그' 문자열이 나오면 성공하는 테스트 케이스이다.

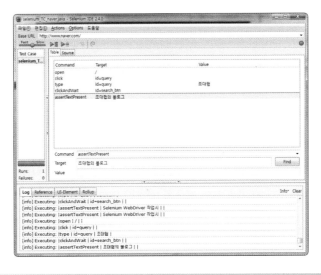

그림 5-17 네이버에서 조대협을 검색하는 테스트 케이스

테스트 케이스를 저장한 다음에, 명령 줄에서 테스트 케이스를 실행할 수 있는데, Selenium 서버를 내려받은 후에 명령 줄에서 테스트를 수행할 수 있다.

그림 5-18 Selenium에서 테스트 케이스를 파일로 저장하기

먼저 작성했던 테스트 케이스를 IDE에서 Test Suite로 저장한다. 다음 명령 줄에서 Selenium 서버를 수행하여, Suite를 실행한다. java -jar selenium-server-standalone-2.39.0.jar -multiwindow -htmlSuite "{브라우저 종류}" "{테스트하고자 하는 URL}" "{테스트 SUITE HTML 파일 경로-절대 경로}" "{테스트 결과가 저장될 HTML 파일명}"으로 수행하면 된다. 이 때 브라우저 종류는 *chrome으로 하면 firefox가, *explorer로 하면 IE를 수행해서 테스트를 수행한다.

```
C:\dev\tools\selenium>java -jar selenium-server-standalone-2.39.0.
jar -multiwindow -htmlSuite "*chrome" "http://www.naver.com"
"c:\dev\tools\selenium\naver_selenium_sample_suite"
"C:\dev\tools\selenium\result.html"
```

다음은 테스트 결과 생성된 리포트이다.

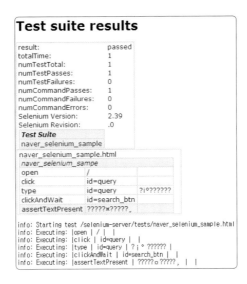

Test suite results

result:	passed
totalTime:	1
numTestTotal:	1
numTestPasses:	1
numTestFailures:	0
numCommandPasses:	1
numCommandFailures:	0
numCommandErrors:	0
Selenium Version:	2.39
Selenium Revision:	.0

Test Suite
naver_selenium_sample

naver_selenium_sample.html
naver_selenium_sampe

open	/	
click	id=query	
type	id=query	?¡°???????
clickAndWait	id=search_btn	
assertTextPresent	?????¤?????.	

```
info: Starting test /selenium-server/tests/naver_selenium_sample.html
info: Executing: |open | / | |
info: Executing: |click | id=query | |
info: Executing: |type | id=query | ? ¡ ° ?????? |
info: Executing: |clickAndWait | id=search_btn | |
info: Executing: |assertTextPresent | ?????¤?????. | |
```

그림 5-19 Selenium에서 생성된 테스트 리포트

또한, 자바 JUnit으로 만들어서 빌드 과정 중에 포함할 수 있다.

Selenium IDE에서 [Export Test Case As]에서 JUnit을 선택하면 다음과 같이 JUnit 기반의 Selenium 테스트 코드가 생성된다. 다음은 앞에서 만든 테스트 케이스를 JUnit으로 내보낸 코드이다.

```
package com.example.tests;

import com.thoughtworks.selenium.*;
import org.JUnit.After;
import org.JUnit.Before;
import org.JUnit.Test;
import static org.JUnit.Assert.*;
import java.util.regex.Pattern;

public class selenium_TC_naver {
    private Selenium selenium;
```

```
@Before
public void setUp() throws Exception {
   selenium = new DefaultSelenium("localhost", 4444, "*chrome",
       "http://www.naver.com/");
   selenium.start();
}

@Test
public void testSelenium_TC_naver() throws Exception {
   selenium.open("/");
   selenium.click("id=query");
   selenium.type("id=query", "조대협");
   selenium.click("id=search_btn");
   selenium.waitForPageToLoad("30000");
   assertTrue(selenium.isTextPresent("조대협의 블로그"));
}
@After
public void tearDown() throws Exception {
   selenium.stop();
}
}
```

참고: 이 코드를 실행하려면 Selenium 서버가 실행 중이어야 한다.
　　자세한 내용은 http://www.seleniumhq.org/docs/05_selenium_rc.jsp를 참고하기 바란다.

4.2 Selenium RC (Remote Control) vs. WebDriver

Selenium은 근래에 들어서 WebDriver라는 프로젝트와 합쳐져서 Selenium 2라는 버전이 나왔는데, 이전 버전을 RC(Remote Control) 방식, 2 버전을 WebDriver 방식이라고 한다. Selenium 1 버전의 RC 버전은 테스트 케이스를 웹 프락시 서버를 통해서 자바스크립트를 사용하여 수행하는 방식이다.

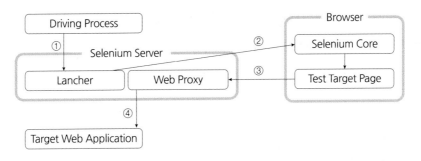

그림 5-20 Selenium RC 서버의 구조

조금 더 구체적으로 살펴보면 다음과 같다.

① JUnit이나 Python 스크립트 등으로 만든 Selenium 테스트 케이스를 Driving Process라고 한다.

② 이 Process가 Selenium 서버와 통신을 해서, Selenium 서버에 있는 Launcher를 통해서, 웹 브라우저를 실행한다. 실행된 웹 브라우저에는 Selenium 테스트 케이스를 실행하는 자바 스크립트가 작성되어 있고, 이 스크립트를 통해서, 테스트 페이지를 띄우게 된다. 이 테스트 페이지는 원본 테스트 페이지가 아니라, 테스트 실행과 결과 체크를 위한 스크립트가 내장된 페이지를 띄우게 된다.

③ 이 과정은 테스트 타깃 페이지를 바로 띄우는 것이 아니라, Selenium 서버가 웹 프락시 서버 역할을 해서, 2에서 언급한 것과 같은 자바스크립트를 삽입한 페이지를 반환한다.

④ Selenium 서버 내의 프락시 서버는 테스트 페이지를 만들어내기 위해서 원본 페이지에 접속하여 원본 데이터베이스를 읽어온 후에 거기에 테스트에 필요한 자바 스크립트를 인젝션(Injection)한다.

이와 같이 RC의 기본적인 작동 방법은 프락시를 통하여 테스트용 자바 스크립트를 삽입하여 테스트를 수행하는 방식이다. 즉, 자바 스크립트를 삽입하기 때문에, 실제 브라우저의 동작 방식을 기반으로 테스트하는 것이 아니라 거기에 테스트용 자바 스크립트를 덧입혀서 테스트하는 것이기 때문에 브라우저의 자바스크립트의 지원성이나 테스트 대상 페이지에서 사용한 자바스크립트에 따라서 테스트가 실패할 가능성도 있다.

그래서 나온 것이 WebDriver인데, WebDriver의 경우 자바스크립트를 삽입하는 것이 아니라

*.dll이나 *.exe를 이용해서 브라우저를 네이티브 수준에서 컨트롤해서 테스트를 진행 및 결과를 얻어낸다. 즉, 자바스크립트 삽입으로 말미암은 오류가 없다.

Selenium RC의 경우에는 자바스크립트 삽입 방식이기 때문에, 어느 웹 브라우저에서도 사용할 수 있고, 상당히 역사가 오래된 만큼 지원하는 API도 많다. WebDriver의 경우에는 별도의 Selenium 서버를 띄울 필요 없이 브라우저를 컨트롤할 수 있는 *.dll이나 *.exe만 있으면 사용할 수 있고, 네이티브 브라우저를 그대로 테스트할 수 있는 장점을 가지고 있다.

4.3 Selenium Grid

Selenium의 재미있는 기능 중의 하나가 Grid라는 기능인데, 하나의 PC에서 브라우저로 테스트하는 것이 아니라, 테스트 케이스를 동시에 여러 개의 PC에서 테스트를 실행할 수 있다. 이 말은 테스트를 빠르게 진행할 수 있다는 말도 되지만, 궁극적인 장점은 호환성 테스트에 유리하다. Windows 7, 8, Mac 등 다양한 OS와 다양한 패치 버전, 다양한 브라우저에 대해서 테스트를 동시에 진행할 수 있다.

 소프트웨어를 잘하고 싶으시면 개발자를 그만 뽑으세요.

"소프트웨어를 잘하고 싶은데, 개발자를 뽑지 말라니?"

의아하게 생각하실지도 모르지만, 낚시 제목이 아니라 진정으로 드리고 싶은 이야기입니다. 제가 외국 개발자들이나 엔지니어들과 일해봤을 때 한국 개발자가 실력으로 그렇게 밀린다고 생각하지는 않습니다. 문제는 관리입니다. 아무리 똑똑한 개발자를 뽑아 놓는다 하더라도, 개발자들이 만들어야 할 소프트웨어의 구조를 잡을 아키텍트가 없고, 프로젝트를 위한 계획과 엔지니어에 대한 배치를 제대로 하지 못하면 개발은 제대로 이루어지지 않습니다.

좋은 아키텍트가 있고, 좋은 프로젝트 매니저와 프로덕트 오너가 있는 것은 두 번째 조건이라고 생각합니다. 일단 있어야 합니다. 기술적으로 실력이 떨어지더라도 아키텍트는 기술적 설계만이 본업이 아닙니다. 비즈니스와 개발 간을 연결하고 개발자 간을 연결해서 전체 시스템에 대한 기술적인 그림을 보고 조율을 합니다.

프로젝트 관리자 역시 프로젝트 일정에 따라서 끊임없이 위험요소를 관리하고 우선순위를 조정해야 하며 개발 자원을 적절하게 투입해야 합니다. 즉, 정리해서 말하면 개발자보다는 제대로 된 리더십을 갖추는 것이 중요합니다. 외부에서 좋은 리더를 데리고올 수도 있지만, 그런 리더십이 역할이 있는 팀 구조를 만드는 것이 선행돼야 하고 그다음으로 그런 리더십을 가진 사람을 데려다가 배치해야 합니다.

국내 기업들이 소프트웨어를 강화하기 위해서 개발자 모시기에 여념이 없고 내부적으로 개발자를 키우기 위한 프로그램도 진행하고 뽑을 때 미국처럼 코딩 시험도 보는데, 그건 그 나름의 의미가 있는 것이고요. 전쟁 나가는데 사병만 1,000명 뽑으면 뭐 합니까? 통솔할 분대장도 필요하고 장군도 필요하고 소총 분대 분대장, 박격포 분대 분대장, 기갑부대 분대장 등 각 역할에 따라서 적절한 리더들을 잘 뽑는 게 중요하지 않을까 싶습니다.

이제 개발자 그만 뽑으시고 제대로 된 프로그램 매니저, 제품 매니저, 아키텍트, 스크럼 마스터 등 리더 인력에 눈을 돌려봐야 할 시기가 아닌가 싶습니다. 특히나 요즘처럼 리모트 개발이 쉬워지고 인건비 문제 때문에 중국이나 인도 인력을 많이 사용하고 새로운 기술은 미국에 있는 개발자들과 협업하는 지금 이러한 사람들을 잘 아울러서 관리하여 제대로 된 소프트웨어를 만들어 낼 수 있는 조율자(Coordinator)의 역할이 앞으로 점점 더 중요해질 것 같습니다. 요즘 개발자 채용 트렌드를 보면 총 든 병사로만 전쟁을 하려고 하는 게 아닌가 싶을 때도 있습니다. (인해전술도 아니고 말이죠.)

5. 부하 테스트

부하 테스트 도구는 성능 테스트와 기타 비기능 테스트에서 없어서는 안 될 필수 도구다. 여러 상용 도구와 오픈소스 제품이 있는데, 여기서는 대표적인 제품만을 소개한다.

5.1 HP Load Runner

URL http://www8.hp.com/kr/ko/software/software-product.html?compURI=tcm:192-935779

현업에서 가장 많이 사용하는 상용 부하 테스트 도구다. (가격이 매우 비싸다.)

자체 스크립트 언어를 이용하여 다양한 부하 테스트 시나리오를 작성할 수 있으며, 부하 테스트 과정 중에 테스트 대상 시스템에 대한 정교한 모니터링이 가능하다. CPU, 메모리 사용률에서부터 SNMP (네트워크 모니터링)를 이용한 모니터링도 가능하다.

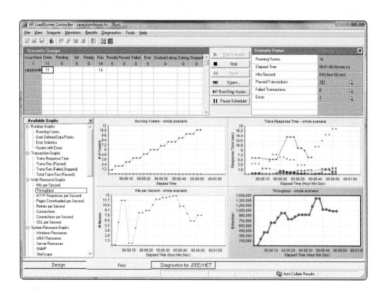

그림 5-21 HP Load Runner 화면

여러 가지 부하 테스트 도구를 써봤지만, 사실 Load Runner가 좋기는 제일 좋다. 사용하기 편하고, 모니터링도 편리하고 HTTP뿐만 아니라 여러 가지 프로토콜을 지원하며, 복잡한 스크립트 작성을 통해서 다양한 시나리오를 가지고 테스트를 할 수 있다. 사실 비용이 비싸기는 하지만 가능하다면 사용을 권장하고 싶은 도구다. 비슷한 부하 테스트 도구에는 Apache JMeter (http://jmeter.apache.org/)와 Multi-Mechanize (http://testutils.org/multi-mechanize/) 등이 있다.

JMeter의 경우 현업에도 많이 사용하기는 하지만, 도구를 다루고 스크립트를 작성하는 데 높은 숙련도가 필요하다. Muti-Mechanize의 경우 파이썬 기반으로 작성되었고, 스크립트도 파이썬으로 작성하기 때문에 비교적 스크립트 작성이 쉽다. 테스트 결과는 Apache JMeter와 호환되는 포맷으로 출력되기 때문에 JMeter 용 결과 분석도구를 호환하여 사용할 수 있는 장점이 있다.

5.2 nGrinder

nGrinder (http://www.nhnopensource.org/ngrinder/)는 오픈소스 부하 테스트 도구인 Grinder (http://grinder.sourceforge.net/)를 NHN에서 개선해서 만든 부하 테스트 도구다. 오픈소스 부하 테스트 도구를 찾으면서 Apache JMeter, MS Stress 테스트 도구 등 여러 가지 도구를 사용해봤지만, 오픈소스 도구 중에서 가장 마음에 드는 도구이다. JMeter의 경우에는 자바 기반이기 때문에 JVM 튜닝 및 테스트 코드 튜닝을 제대로 하지 않으면 JMeter 자체가 내려앉는 경우가 많고 UI 등이 빈약해서 쓰기 쉽지 않았다. 관련서적도 많아서 좋은 도구인 것(?) 같으나 필자에게는 맞지 않았고 어려운 도구이었다.

그래서 찾아보던 중 발견한 도구가 nGrinder인데, 이 도구로는 성능 테스트다운 성능 테스트가 가능하다. Groovy와 Jytho 기반으로 테스트 스크립트 작성이 가능해서 자바에 비해서 조금 더 쉬운 학습 곡선(Learning Curve)으로 테스트 케이스를 작성할 수 있으며, 무엇보다도 NHN에서 내부적으로 표준처럼 사용하는 도구이기 때문에 그 과정에서 나온 노하우와 문제점을 고스란히 업그레이드 해가면서 발전해 나가고 있다. 만약에 오픈소스 부하 테스트 도구를 찾고 있다면 강력하게 추천한다. 무엇보다, Load Runner처럼 실시간은 아니지만, TPS나 응답 시간을 그래프로 나타내준다.

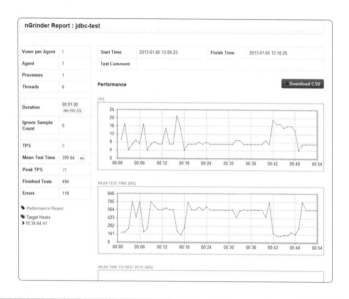

그림 5-22 nGrinder 화면

6. 테스트 케이스 관리 도구

지금까지 살펴본 도구는 개별의 테스트 케이스를 수행하기 위한 테스트 도구다. 지금부터 소개할 도구는 테스트 케이스를 관리하기 위한 관리 도구이다.

테스트 케이스가 어떻게 요구 사항에 맵핑이 되는지, 테스트 케이스의 시나리오는 어떻게 되고 요구되는 결과(Expected Result)는 어떻게 되는지, 테스트 결과는 어떻게 되는지, 그리고 버전별 릴리즈에 따른 테스트 계획과 결과는 어떻게 되는지를 관리할 수 있는 도구가 필요하다.

대부분 테스트 엔지니어나 개발팀들이 위의 테스트 도구 자체에는 관심이 많은 것처럼 보이지만, 정작 테스트 프로세스나 테스트 케이스 전체를 관리하기 위한 관리 도구에는 그다지 집중하지 않는 것처럼 보인다. 테스트 케이스 자체를 구현하는 것도 중요하지만, 전체 시스템에 대해 어떻게 테스트를 하고 테스트에 대한 내용을 어떻게 관리할 것인가도 상당히 중요한 일이라고 본다.

그렇다고 거창하고 복잡한 프로세스가 필요하다는 이야기가 아니라 최소한의 테스트 조직에서 테스트 케이스에 대한 관리를 할 수 있는 도구가 필요하다는 것이다. 조금 쉽게 설명하면 테스트 케이스를 엑셀로 만들어서 그 엑셀 문서를 여러 사람이 나눠서 테스트를 진행하고 결과를 작성하던 절차를 자동화했다고 생각하면 된다.

6.1 TestLink

오픈소스 도구 중에서 널리 사용되고, 배우기 쉬운 도구 중 하나가 TestLink라는 도구이다 (http://testlink.org/). 먼저 TestLink에서 사용되는 개념에 대해서 먼저 알아보자.

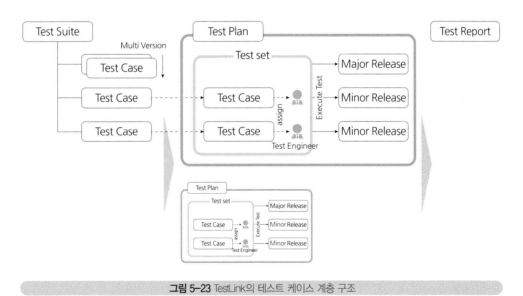

그림 5-23 TestLink의 테스트 케이스 계층 구조

Test Project (테스트 프로젝트)

테스트 프로젝트는 테스트를 수행하는 프로젝트 자체를 이야기한다. 블로그 서비스를 만들었을 때 '블로그 서비스 프로젝트'와 같은 단일 테스트 프로젝트로도 만들 수 있고 혹은 '블로그 서비스 모바일 클라이언트 테스트', '블로그 서비스 웹 서비스 테스트'와 같이 하나의 서비스에 대해서도 특성에 따라서 여러 가지 프로젝트로 분할해서 테스트를 진행할 수 있다. 분할의 기준은 자유롭지만, 테스트 팀 단위로 분할하는 것이 관리에 용이하다. (클라이언트 테스트 팀, 웹 테스트 팀 또는 미국 테스트 팀, 한국 테스트 팀 등)

Test Specification (테스트 스펙)

테스트 스펙은 테스트를 진행하고자 하는 테스트 케이스들의 집합이다. 테스트 스펙은 Test Suite와 Test Case로 나누어져 있는데, Test Suite는 대분류, Test Case는 소분류의 테스트 케이스라고 보면 된다.

흥미로운 점 중의 하나는 TestLink에서는 이 Test Case에 대한 버전 관리가 가능하다는 것이다. 예를 들어, '로그인'이라는 Test Case가 예전에는 페이스북 계정을 이용한 로그인만을 테스트하는 케이스였는데, 향후에 케이스가 추가돼서 구글 계정 로그인도 지원한다면 Test Case의 버전을 새로운 버전으로 정의할 수 있다.

Test Plan (테스트 계획)

테스트 계획은 실제 진행하는 테스트를 의미한다. Test Project 내에서, 테스트 대상 시스템의 특정 버전을 테스트하기 위해서 테스트 스펙 내의 Test Suite/Case를 모아 놓은 것을 테스트 계획(Test Plan)이라고 한다. 즉 테스트 스펙이 전체 테스트 케이스의 집합이라면, 테스트 계획에서는 실제로 이번에 테스트할 Test Suite/Case들을 모아 놓은 하위 집합이다. 테스트 계획에 Test Case를 맵핑할 때 실제 어느 테스트 엔지니어가 테스트를 진행할지 테스트 엔지니어를 지정할 수 있다.

Test Execution (테스트 수행)

테스트 계획을 세웠으면, 실제로 각 테스트 엔지니어가 자기에게 할당된 테스트를 수행하고, 테스트 결과 성공/실패 여부를 체크한다. 만약에 실패한 케이스일 경우에는 다시 테스트를 하는데, 그동안 마이너 릴리즈(Minor Release)가 되었을 경우에는 마이너 릴리즈(Minor Release) 버전으로 테스트를 다시 해서 성공/실패 여부를 결정한다.

Test Report (테스트 리포트)

마지막으로, 테스트 결과를 리포팅한다. 테스트 실패, 성공 여부, 주요 테스트 분류(Test Suite)별 성공 실패 여부 등을 리포팅한다.

6.2 TestLink 사용 예제

그러면 이 흐름에 따라서 TestLink에서 실제로 어떻게 Test를 수행하는지를 알아보자. 먼저 TestLink를 설치하고 다음의 과정을 따른다.

① 테스트 프로젝트 생성

먼저 [Create New Project]에서 테스트 프로젝트를 생성한다.

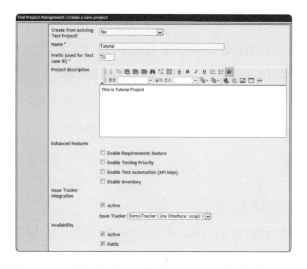

그림 5-24 테스트 프로젝트 생성

프로젝트명과 테스트 케이스에 적용할 접두어(prefix)를 정의한다. 몇 가지 옵션들이 있는데, TestLink는 BugZilla, Mantis, JIRA와 같은 버그 트랙킹 도구와 연동이 가능하다. 'Issue Track Integration'을 선택하면 버그 트랙킹 도구를 연결할 수 있다. (별도의 설정이 필요하다.)

- **Enable Requirement Feature** Requirement를 TestLink에 정의해서 요구 사항에서부터 테스트 케이스까지의 추적성을 부여할 수 있다.

- **Enable Testing Priority** 테스트 케이스에 가중치를 부여할 수 있다.

- **Enable Test Automation** 수동으로 테스트하는 것이 아니라, 테스트 케이스에 SoapUI나 Selenium과 같은 다른 테스트 도구를 연동하도록 설정할 수 있다.

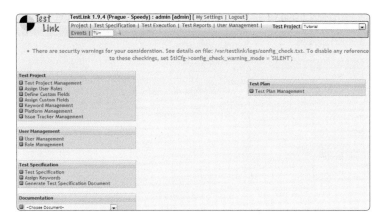

그림 5-25 테스트 프로젝트가 TestLink에 생성된 화면

자 이제 테스트 프로젝트가 위의 그림처럼 생성되었다.

② 테스트 스펙 작성

상단 메뉴에서 [Test Specification]이라는 곳으로 들어가면 Test Suite/Case를 정의할 수 있다. 해당 메뉴로 들어가면 Test Suite/Case를 넣을 수 있는 화면이 나온다. 여기서 좌측 아래에 있는 트리를 선택한 후 오른쪽 버튼을 눌러서 Test Suite를 생성한다. Test Suite 이름과 간단하게, Test Suite에 대한 내용을 'Detail' 부분에 기술한다. 필자의 경우에는 이 Test Suite를 Scrum의 에픽(Epic)과 1:1 맵핑을 시키고 에픽에 있는 설명(Description)을 그대로 사용했다.

Test Suite는 테스트 케이스의 집합으로, 테스트 케이스에 대한 대분류 정도로 생각하면 되고 생성된 Test Suite들은 다음 그림과 같이 폴더 형태로 생성된다.

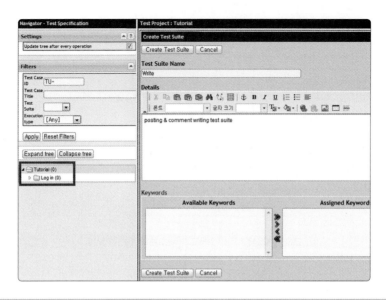

그림 5-26 Test Suite의 계층 구조

다음으로, 생성된 Test Suite(폴더)에서 오른쪽 버튼을 눌러서 Test Case를 생성한다.

그림 5-27 Test Suite 내에 Test Case 생성하기

Test Case는 개개별 테스트 시나리오로, 먼저 Summary 부분에 어떤 내용을 테스트하는지 기술하고, Precondition을 입력한다. Precondition이란 테스트 실행하기 위한 전제 조건으로, 예를 들어 페이스북 계정을 이용해서 로그인하는 시나리오를 테스트한다면, Precondition은 "사용자는 페이스북 계정을 가지고 있어야 한다."로 정의할 수 있다.

다음으로, 구체적인 테스트 절차를 입력한다. Step을 입력하는 버튼을 누르면 다음과 같이 Step을 입력할 수 있는 부분이 나온다. 쉽게 이야기해서 테스트 절차가 된다. 단계별로 필요한 절차를 'Step actions'에 적어놓고 우측에는 'Expected results'에 정상적으로 절차를 수행했을 때 기대되는 결과를 기록한다.

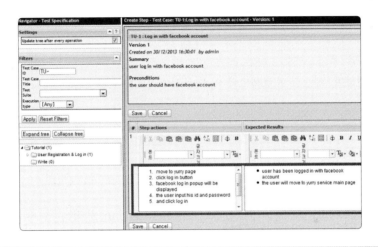

그림 5-28 테스트 절차와 테스트 기대 결과를 입력하는 화면

위와 같이 차례대로 action을 정의할 수도 있지만, 굳이 필요하지 않다면, 다음 그림과 같이 하나의 action 안에 전체 절차를 기술할 수도 있다.

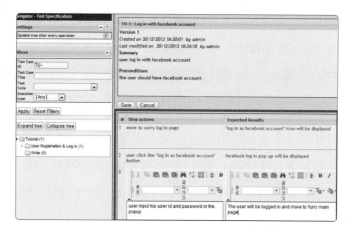

그림 5-29 하나의 action에 전체의 절차를 서술하는 예시

여기까지 진행하면, 테스트 프로젝트와 테스트 시나리오를 담은 Test Specification이 모두 완성되었다.

③ 테스트 계획 작성

이제 실제로 테스트를 진행하기 위해서 테스트 계획(Test Plan)을 작성해보자. [Home] 메뉴에서 [Test Plan Management]를 선택한 후에 다음과 같이 테스트 계획을 생성한다.

그림 5-30 테스트 계획을 생성하는 화면

④ 빌드 버전 생성

다음으로, Test Plan 내에서 사용할 빌드 버전(Build Version)을 정의한다.

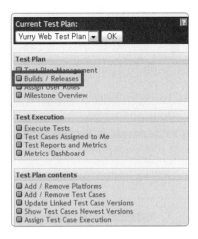

그림 5-31 빌드 버전을 정의하는 메뉴

처음에는 1.0과 같은 메이저(Major) 버전을 정의하고, 개발팀에서 마이너(Minor) 버전을 릴리즈할 때마다 1.1, 1.2 식으로 마이너 버전도 같이 생성한다. 그리고 각 버전에는 다음 그림과 같이 릴리즈 날짜를 선택해놓으면 관리하기가 편리하다.

그림 5-32 버전에 릴리즈 날짜를 명시하는 화면

⑤ 테스트 스위트/케이스를 테스트 계획에 지정하기

이제 테스트 계획에 Test Specification에 정의된 Test Case들을 맵핑해보자. 메인 화면의 [Test Plan Contents]라는 메뉴에서 [Add Remove Test Cases]를 선택한다.

다음과 같이 Test Case를 선택할 수 있는 창이 나오는데, 좌측 아래에서 Test Case를 골라서 우측 상단에서처럼 테스트 엔지니어와 'Test Target Version'을 선택한 후에 'Add Selected'를 선택하여 테스트 케이스를 테스트 엔지니어에게 할당한다.

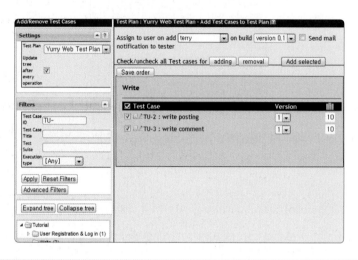

그림 5-33 테스트 케이스를 테스트엔지니어에게 할당하기

이제 테스트 수행을 위한 준비가 다 되었다. 개별 테스트 엔지니어에게 상세한 테스트 시나리오들이 모두 배정되었다.

⑥ 테스트 수행

이제 테스트를 수행하는데, 각 테스트 엔지니어들은 할당된 테스트 스펙의 테스트 절차에 따라서 테스트를 수행하고 성공/실패 여부를 다음 그림과 같이 선택한다.

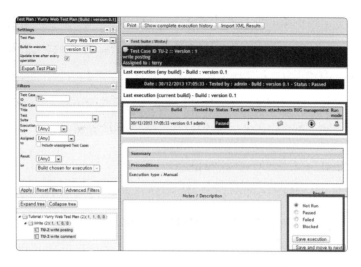

그림 5-34 각 테스트 케이스별로 성공 실패 여부 체크하기

위의 그림은 테스트가 성공했을 때의 케이스이다. 만약에 테스트가 실패하면 'Failed'라고 나타나는데, 이때 BUG management의 벌레 모양 버튼을 누르면 다음과 같이 결함 관리 시스템에 등록된 버그 번호를 입력할 수 있다.

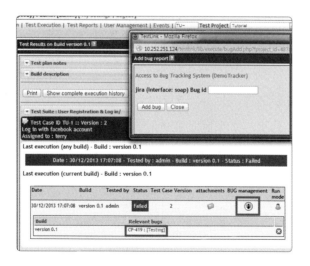

그림 5-35 JIRA 결함 관리 시스템에 등록된 버그에 실패한 테스트 케이스를 연결하는 화면

이렇게 버그 번호를 입력하면, Relevant bugs(연관된 결함)에 해당 버그에 대한 링크가 생성되고 이 링크를 누르면 해당 버그 트래킹 시스템으로 이동한다. 이 연관된 결함 항목을 보면 이 결함의 현재 처리 상태가 나온다. 위의 그림에서는 'Testing' 상태로 나타나는데, 이 상태는 버그 트래킹 시스템의 상태를 그대로 출력해준다. 'Open'이나 'In Progress'처럼 개발자가 버그 수정을 하다가 수정이 끝나서 위의 그림처럼 'Testing' 상태로 상태를 바꿔 놓으면 테스트 엔지니어가 버그가 수정되었음을 인지하고, 버그 트래킹 시스템에서 수정 결과와 버전을 확인한 후에 그 버전(마이너 버전)을 선택하여 다시 테스트를 수행한 후 성공/실패 여부를 결정한다.

이 과정에서 TestLink와 버그 트래킹 시스템 간의 프로세스 연계가 중요하다. 테스트가 실패한 경우 테스트 엔지니어가 버그 트래킹 시스템에 결함을 등록해야 하고, 결함이 수정되면 개발자가 해당 결함을 다시 테스트엔지니어에게 할당한 후에 테스트 엔지니어가 테스트를 확인하면 버그 트래킹 시스템에서 해당 결함을 닫도록(Close) 처리하도록 하는 것이 권장되는 프로세스이다.

또 테스트 수행 시에, 1.0에서 발견된 버그라도 수정이 1.2 버전에서 수정되었다면 테스트 수행 전에 'Build to Execute' 목록 상자에서 수정된 버전을 선택해서 테스트를 진행해줘야 한다.

그림 5-36 〈그림 제목 입력〉

⑦ 리포팅

테스트가 종료되었으면, 상단 메뉴의 [Test Reports]에서 여러 형태의 테스트 리포트를 생성할 수 있다.

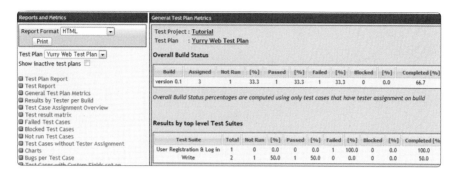

그림 5-37 자동으로 생성된 테스트 리포트

위의 그림은 Test Suite 별로 성공/실패율과 전체 테스트 수를 리포팅해주는 화면이다.

6.3 TestLink의 향상된 기능

이외에도 TestLink는 앞에서 잠깐 언급한 바와 같이 Selenium, SoapUI와 같은 테스트 도구뿐만 아니라, JUnit과 같은 다양한 테스트 프레임워크 연동은 물론이거니와 젠킨스(Jenkins)까지 같이 연계가 가능해진다.

기존에 테스트 도구만을 사용했을 때는 전체 테스트 현황이나 히스토리, 상세한 테스트 케이스, 특히 JUnit과 같은 코드가 아니라 사람이 읽기 쉬운 형태로 테스트 케이스를 관리할 수 있게 해주며 요구 사항에서부터 테스트 케이스 및 결과에까지의 추적성을 보장해주기 때문에 매우 편리한 도구이다. 배우는 데 걸리는 시간도 짧으므로 반드시 사용해보기를 권장한다.

그리고 누군가가 강조하는 바와 같이 도구는 도구일 뿐이다. 어떻게 테스트팀의 구조를 잘 세팅하고 프로세스를 잘 정의하느냐가 더 중요한 항목이다.

7. 모니터링 도구

다음은 모니터링 도구다. 위의 도구로는 테스트에서 결함을 발견할 수는 있지만 결함 발생 구간과 결함 발생의 원인을 파악하는 데는 부족하다. 테스트가 원활하게 진행이 되는지, 결함이 발생하였을 때 어느 구간에서 발생하였고 원인을 무엇인지를 살펴보려면 별도의 모니터링 도구가 필요하다.

애플리케이션
미들웨어
JVM
인프라스트럭처

그림 5-38 모니터링 대상 구간

모니터링이 필요한 구간의 위와 같이 크게 4가지 구간으로 나눌 수 있다. 물론 다른 미들웨어나 프로그래밍 언어를 사용한다면 그에 맞는 모니터링 도구를 갖춰야 한다. RDBMS나 다른 DBMS를 쓴다면 DBMS에 대한 모니터링 도구도 필요하다.

애플리케이션 모니터링(Application Monitoring)

애플리케이션에 대한 모니터링은 APM (Application Performance Monitoring)이라는 도구를 사용한다. 이 도구는 테스트 중에 애플리케이션의 상태를 알려준다. 처리된 요청(Request)에 대해 초당 처리 건수, 처리 데이터베이스, 처리 과정에서 어떤 클래스의 어떤 메서드를 사용했으며 각 메서드에서 소요된 시간과 CPU 처리 시간을 계산해준다. 애플리케이션을 코드 레벨에서 병목과 수행 과정을 모니터링 해준다.

이 정보만 가지고 있으면 병목이 발생하였을 때 메서드에 소요된 시간이나 CPU가 높은 것을 찾아서 병목으로 지목하고 진단을 할 수 있기 때문에 매우 유용한 도구이다. 여기에 애플리케이션

뿐만 아니라 애플리케이션이 기동되는 미들웨어에 대한 모니터링을 포함하는 경우가 많다.

안타깝게도 테스트 과정에서 사용할만한 오픈소스 APM 도구는 없고 상용 도구로는 CA 사의 Introscope나 국산 솔루션인 제니퍼소프트(JenniferSoft)의 제니퍼(http://www.jennifersoft.com/docs/java-j2ee-apm-jennifer-overview.html) 등이 있다. 제니퍼의 경우에는 .NET과 자바 플랫폼만 모니터링이 가능하고

의 경우 Java, .NET 플랫폼뿐만 아니라, IBM CICS, SAP와 같은 다른 플랫폼도 모니터링이 가능하다.

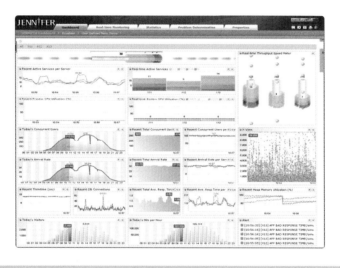

그림 5-39 제니퍼 APM

솔루션의 커버리지는 Introscope가 높은 편이나 자바나 .NET에 대한 성능 모니터링 관점만 본다면 제니퍼가 직관적이고 사용하기 편리하다.

미들웨어 모니터링(Middleware Monitoring)

톰캣, 웹로직과 같은 미들웨어의 경우에는 미들웨어 자체에서 모니터링 콘솔을 제공한다. 애플리케이션의 로직이 아니라 미들웨어에 대한 운용 상태를 보여주는데, 여기서는 애플리케이

션을 구동하는 데 사용되는 스레드 수, 동시 접속 사용자, DB로의 연결, 클러스터링 구성 상태 등의 애플리케이션의 상세 구동 환경을 보여준다. 이러한 항목은 자바의 모니터링 표준인 JMX (Java Management Extension)를 준수하기 때문에 필요에 따라서 JMX 호출 코드를 작성하여 커스터마이징된 모니터링 환경 구축이 가능하다.

오픈소스 미들웨어인 톰캣의 경우에는 GUI 기반의 모니터링 기능이 기본 탑재되어 있지 않기 때문에 확장된 관리 도구가 필요하다. PSI-Probe (http://code.google.com/p/psi-probe/) 등이 자주 사용되는 톰캣 모니터링 도구이다.

만약에 APM을 사용하고 있다면 APM에서 운영과 테스트에 필요한 미들웨어의 정보를 함께 모니터링 해주기 때문에 별도로 미들웨어 모니터링 도구를 설치할 필요는 없다.

자바 가상 머신 모니터링(Java Virtual Machine Monitoring)

자바 애플리케이션의 경우에는 JVM 자체의 모니터링에서 많은 정보를 얻을 수 있다. 특히 메모리 사용현황에 대해서는 JVM에서만 얻을 수 있는데, 시스템이 동작중에 JVM에 대한 런타임 정보는 JConsole이라는 도구를 이용해서 얻을 수 있다.

JConsole (http://java.sun.com/developer/technicalArticles/J2SE/jconsole.html)

JConsole에서는 JVM 메모리 상황, 사용이 끝난 메모리를 수거할 때 발생하는 가비지 컬렉션 (Garbage Collection)의 발생과 소요 시간 등을 모니터링 할 수 있고, 모니터링 현재 시점에 각 스레드가 어떤 작업을 하고 있는지 스레드(Thread)에 대한 실시간 모니터링이 가능하다.

스레드에 대한 모니터링은 테스트 중에 시스템이 느려지거나 멈췄을 때 애플리케이션이 어떤 동작을 하고 있는지, 어떤 코드를 수행하고 있는지를 추적할 수 있기 때문에 병목 구간 추적에 매우 유용하게 사용될 수 있다.

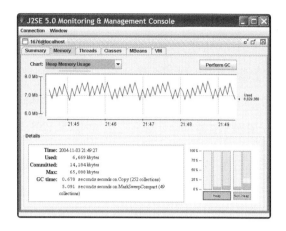

그림 5-40 JConsole

인프라스트럭처 모니터링(Infrastucture Monitoring)

하드웨어 인프라에 대한 모니터링은 OS에서 제공하는 기본 도구나 장비 제공 업체로부터 제공되는 도구를 이용한다. 가장 기본적인 CPU, 메모리, 디스크 IO 등에 대해서는 Top이나 Glance와 같은 유틸리티를 이용한다. 네트워크 단에 문제가 있을 경우에는 패킷을 직접 검사할 수 있는데, tcpdump와 같이 임베딩되어 있는 도구를 사용할 수도 있지만, 완전히 원본 데이터베이스를 보여주기 때문에 tcpdump는 사용하기가 어렵고 GUI 환경을 갖춘 도구를 사용하는데, 와이어샤크(WireShark) (http://www.wireshark.org/)를 많이 사용한다.

테스트 중의 모니터링은 CPU, 메모리 사용률과 디스크, 네트워크 IO 정도만 모니터링 하더라도 충분하다. 병목의 발생하였을 때 구체적인 분석은 해당 장비를 다루는 전문적인 기술 엔지니어를 통해서 기술 지원을 받아야 한다.

좀 더 고급화된 모니터링 솔루션으로는 Cacti (http://www.cacti.net/)나 Nagios (http://www.nagios.org/) 등이 있는데, 이러한 종류의 솔루션은 운영하는 전체 하드웨어에 대한 세밀한 모니터링 및 장애 감지가 가능하기는 하지만 복잡도가 높고 상당히 숙련된 운영 노하우가 필요하기 때문에 테스트 과정 중에 적용하기는 어렵고 시스템 운영 단계에 적용하는 것이 좋다.

테스트를 진행해보면 테스트의 성공, 실패 여부만을 판별하기 위해서 테스트에 매진하는 조직들이 있다. 인수 테스트야 출시 여부를 결정해야 하지만, 다른 테스트들은 품질을 향상시키는 데 목적이 있다. 테스트가 실패하였을 때 단순히 안 된다는 것이 아니라. "어디 어디가 어떤 문제가 있어서 안 된다."와 같이 원인 분석을 함께하는 자세가 필요하다. 이런 관점에서 테스트 과정 중의 모니터링 도구의 세트업은 대단히 중요한 작업이므로 많은 노력을 기울이기를 권고한다.

지금까지 간략하게나마 테스트에 사용되는 도구들을 분야별로 알아보았다. 소프트웨어의 테스트는 아주 넓은 분야이다. 그만큼 그에 활용되는 도구들도 많다. 이 장에서는 어떤 관점에서 테스트 도구를 선택해야 하는지에 대한 가이드를 제공하는 것일 뿐 실제 개발하고자 하는 소프트웨어에 맞는 테스트 도구를 찾아서 알맞게 테스트 프로세스에 녹이는 것이 중요하다.

그리고 항상 강조하지만, 도구는 사람이나 프로세스를 넘어설 수 없다. 도구는 자동화를 통한 효율성을 추구함이 목적이지 도구 자체가 목적이 돼서는 안 된다. 그에 앞서서 적절한 테스트 프로세스와 방법론 그리고 그에 맞는 조직 구조를 구축하는 것이 선행되어야 한다.

☕ 오픈소스 시대의 공부하는 방법의 변화

이번에는 그간 머릿속에만 담아왔던, 인터넷 시대의 공부하는 변화에 대해서 이야기해보려고 합니다. JCO 콘퍼런스에서 잠깐 언급했었는데, 뜻밖에도 궁금해하시는 분들이 많더군요.

예전에는 제가 프로그래밍 공부를 시작할 때 초창기만 해도 공부하는 방법이 책, 잡지 그리고 학원 정도 수준이었습니다. 인터넷 이전 시대 이야기입니다. 자료를 구하기가 정말 어려웠지요. 그러다가 나우콤과 같은 PC 통신 시대가 오고 나서 제한적이나마 소규모의 정보 교류가 가능해지고 Q&A나 강좌를 구할 수 있게 되었습니다. 그러다가 인터넷이 나오고 나서, 커뮤니티 사이트들이 생기고, 거기를 통해서 강좌도 보고, 인터넷 사이트를 통해서 벤더의 스펙 자료나 각종 자료도 구하게 되어서 공부할 수 있게 되었습니다.

그러면 요즘은 어떨까요? 책은 사파리 북스 온라인(https://www.safaribooksonline.com)에 가입해서 월정액으로 필요한 책은 그때그때 모바일기기나 PC를 통해서 볼 수 있고, 모르는 건 구글링하거나 나오지 않으면 스택오버플로 사이트(http://stackoverflow.com)에 올리면 됩니다. 강좌는 온라인 강좌가 많고, Code School (https://www.codeschool.com)과 같은 체계적인 튜토리얼 사이트도 많습니다. 그리고 오픈소스 커미터의 코드가 아니더라도, 일반 개발자들이 공부하려고 올려놓은 코드들이 GitHub에 지천으로 깔렸습니다. 공부를 하기 위해서 솔루션 설치를 까다롭게 할 필요 없이 bitnami (https://bitnami.com)를 통해서 이미지를 받아서 한 번에 설치하고 코딩에 집중하거나, 서버가 없다면 프로모션 쿠폰을 구해서 클라우드 계정이나 mongolab과 같은 PaaS 서비스를 사용할 수도 있습니다. 이제는 노트북이 아니라 잘 하면 크롬북 하나만 있어도 프로그래밍 공부하는 데 문제가 없겠더군요.

그러면 제가 공부하는 노하우를 하나 공유해드리도록 하겠습니다. 직업 특성상 현재 기술 트렌드를 잘 파악해야 합니다. 이런 트렌드는 페이스북 기술 커뮤니티나 infoq, dzone과 같은 개발 정보 사이트에 가면 주로 올라오는 기술들이 있습니다. node.js, mongodb, redis 이런 기술들이 유행이지요.

그러면 이 기술들이 정말로 유용한지, 트렌드가 맞는지 확인을 해야 하는데, 구글 웹 로그 분석(http://www.google.com/analytics/) 등을 이용하여 키워드와 유사 기술로 비교해보면 이 기술의 현재 인기도를 파악할 수 있고 스택오버플로 사이트에서 간단하게 검색만 해서 검색 결과 수나 또는 아마존에서 관련 서적 수를 체크해봐도 됩니다. 그리고 이 기술들이 현업에서 많이 쓰이는지를 보려면, monster.com (미국의 구인·구직 사이트)나 career 2.0과 같은 구인 사이트에서 해당 기술로 검색을 해보면 구인 수가 나옵니다. 그러면 트렌드가 되는 기술과 현재 시장에서 어떤 기술을 많이 쓰는지 파악이 됩니다.

여기까지 파악하면 이 기술이 주류인지 아닌지가 판단이 됩니다. 그러면 이 기술 자체를 파악해야 하는데, 빠르게 파악하려면 먼저 slideshare.net에 들어가면 미리 보기 슬라이드(PPT)들이 많습니다. 이런 슬라이드를 5~6개 쭉 훑어 봅니다. 그러면 반복되는 목차들이 대략적인 핵심 내용입니다. 그 후에 유튜브에 들어가면 강의들이 많습니다. 조회 수가 많은 강의를 한두 개 정도 들어보고, 그다음부터는 심화 학습에 들어갑니다.

페이스북 커뮤니티를 통해서 기술에 대해서 의견도 물어보고 장단점도 체크해보고, 그다음에는 실제로 설치해서 공부합니다. 러닝 패스(Learning Path)는 이미 Slide Share에서 잡았기 때문에 그 순서로 공부하는데, 해당 기술에 대한 튜토리얼들이 많습니다. 이런 튜토리얼 문서를 기반으로 빠르게 기술을 습득한 다음에, 실제 코딩도 해보고 글도 정리해보고 막히면 스택오버플로 사이트에 가서 물어보기도 합니다.

범위가 넓은 기술들은 차라리 온라인 강좌 사이트 Code Shool, Code Academy 등을 이용합니다. 유료도 있지만, 무료도 있습니다. 샘플 코드를 만들어 보고, 코드를 GitHub에도 올려보고, 공부가 되었으면 스택오버플로 사이트에 답글을 달 수 있을지 봅니다. (대부분 달기 어렵습니다. 신출내기가 달아야 얼마나 달겠습니까?) 그래도 이제 질문은 이해가 됩니다.

대략 이런 형태로 지식을 습득해 나갑니다. 나름 빠르게 기술을 습득하는 노하우인데, 도움이 될까하여 공유합니다. 예전과 비교하여 집에 앉아서 인터넷 연결되는 PC만 있으면 모든 첨단 기술을 공부할 수 있습니다. 예전에는 기술정보에 대한 접근 권한이 차이가 있었기 때문에 경쟁력에 우위를 점할 수 있었지만, 이제는 누구나 할 수 있기 때문에, 어떤 기술을 얼마나 짧은 시간에 효과적으로 습득할 수 있느냐가 관건인 것 같습니다. 마지막으로 덧붙이자면 꾸준한 영어 공부는 필수입니다.

06

개발 환경: 소스 코드 관리와 빌드

소프트웨어가 개발의 결과이고, 개발 방법론이 그 결과물을 만들기 위한 공정(프로세스)이라면, 소프트웨어 개발 환경은 소프트웨어를 만들기 위한 환경이자 도구이다. 프로세스를 준수하고 소프트웨어 자체를 만들어 내는 것도 중요하지만, 공장에서 물건을 만들어내는 기계들이 중요하듯이, 소프트웨어 개발도구도, 개발 공정과 개발하고자 하는 소프트웨어에 따라서 최적화된 도구를 잘 선택하고 배치하는 것이 중요하다.

국내에서는 이 소프트웨어 개발 환경에 대해서 별도의 관리나 가이드를 주는 부분은 프로세스를 세트업 하는 것이나 소프트웨어 자체를 개발하기 위한 설계나 테스트에 비해서 많이 부족한 것 같다. 별도로 전문가를 배치하기 보다, 개발자 재량에 맡기는 경우가 많고, 그러다 보니 적절한 환경 구축이 안 되어 개발 효율성이 저하되는 경우가 많다.

여기서는 소프트웨어를 개발하는 데 필요한 도구, 즉 개발 환경에 대해서 살펴보고, 이 도구들이 어떻게 유기적으로 결합하는지를 살펴보기로 한다.

80년대에만 해도, 유닉스에서는 Emacs나 vi 등의 에디터를 이용해서 개발했다. 텍스트 에디터로 개발을 하고, 명령 창을 이용해서 컴파일 및 링크 작업을 하였으며, 셸 스크립트 등을 이용해서 배포하고 일일이 테스트를 수행했다. 다른 사람과의 소스 코드를 공유해가며 개발하는 협업도 어려웠다.

그러나 근래에는 소프트웨어의 규모가 커지고, 개발 인원수가 늘어남에 따라 협업이 필요하게 되었으며, 비즈니스 환경 변화에 따른 빠른 출시된 소프트웨어의 업데이트와 업그레이드가 필요하게 되고, 개발 생산성에 대한 요구가 증대되었다. 이는 통합된 개발 환경에 대한 요구까지 발전하게 된다. 통합된 개발 환경이란, 개발 요구 사항 정의와 테스트 정의에서부터, 개발, 실행, 테스트 및 디버깅까지 자동화할 수 있으며, 심지어는 서버 환경에 배포 및 확인까지 가능하다.

그러면, 이번 장에서는 이런 현대의 서버 개발 환경이 어떻게 구성되는지를 살펴보기로 한다. 다음과 같은 시나리오를 생각해보자.

"개발자가 아침에 출근해서 책상 앞에 앉아서 노트북을 켜고 로그인을 한다. IDE 도구인 이클립스를 실행하면 이슈 트래킹 도구와 연결되어 오늘 해야 할 일들이 자동으로 리스트 업 된다. 개발자는 그중에서 하나의 태스크를 가져와서 내용을 확인한다. 해당 태스크의 상태를 진행 중(In Progress) 상태로 바꾸고, 소스 코드 관리 시스템에서 최신 소스 코드를 내려받는다. 로직을 구현하고, 코드를 검증하기 위해서 단위 테스트 코드를 작성하여 테스트까지 수행한 후 동작이 정상적으로 작동하는 것을 확인한 후에 다시 소스 코드 관리 시스템에 코드를 반영 요청을 한다.

반영 요청을 즉시, 자신의 선배 개발자에게 통보가 되고, 선배 개발자는 해당 개발자가 변경한 코드의 내용을 형상관리 시스템에서 확인하고, 시스템을 통해서 코드에 대한 피드백을 적어 놓는다. 코드 상에 문제가 없으면, 코드 반영을 허가하고, 변경 부분은 전체 소스 관리 시스템에 반영된다.

코드가 반영되면 중앙화된 자동 빌드 시스템에서 코드를 내려받아서 컴파일 및 테스트 서버에 자동으로 배포하고, 이미 정의된 테스트를 수행한다. 테스트가 끝나면 전체 소스 코드 줄 수 중에 어느 줄이 테스트가 되었는지, 전체 코드 중 테스트 된 줄 수의 비율 등을 자동으로 측정해서 리포트를 생성해 준다. 또한, 자동화된 규칙에 따라서 코드 상에 에러 처리가 안 된 부분이나 명명 규칙(Naming Rule)이 틀린 부분을 자동 검출하여 팀원에게 알려준다.

모든 빌드와 테스트가 끝나면 해당 코드는 스테이징(Staging) 환경으로 자동 배포가 되고, 변경 부분은 QA팀에 의해서 테스트를 거친 후에, 매일 밤에 운영 시스템에 반영된다."

이상적인 시나리오가 아닌가? 이상적이기도 하지만 어느 정도 규모나 성숙도를 가진 개발팀이라면 실제로 사용하는 개발 프로세스이다.

1. 소스 코드 관리

소프트웨어 개발에서 소스 코드의 관리는 중요한 포인트 중의 하나이다. 다양한 버전과 변경 관리, 협업을 위해서는 소스 코드를 저장 및 관리할 수 있는 시스템이 필요하고, 이를 VCS (Version Control System) 또는 SCM (Source Code Management) 시스템이라고 한다. 소스 코드 관리 시스템의 주요 기능은 다음과 같다.

- **협업을 위한 코드 공유** 여러 사람이 협업을 할 경우 코드를 각 개발자와 팀 간에 공유할 수 있어야 한다.

- **접근 제한** 사용자의 권한 등급에 따라 코드에 대한 접근을 제한해야 한다.

- **다양한 버전(형상) 관리** 소프트웨어 개발 버전 또는 릴리즈 (브랜치) 마다, 다른 코드 버전을 저장할 수 있어야 한다. 예를 들어 릴리즈된 버전이나 마이너 버전에 대한 코드 관리, 패치 코드 관리 등이 그 예가 될 수 있다. 또한, 다양한 브랜치 중 두 개 이상의 브랜치를 하나의 코드로 합칠 수 있어야 한다.

- **특정 시점 추적** 향후에 특정 시점의 코드로 되돌리리 수 있도록, 특정 시점의 코드에 태그를 붙여서 표시할 수 있어야 한다.

- **변경 추적** 마지막으로, 각 코드에 대한 변경을 추적할 수 있어야 한다. 누가? 언제? 어떤 이유로 코드를 어떻게 변경했는지를 추적하여 문제 발생 시 원인 분석을 할 수 있어야 한다.

1.1 브랜치

먼저 소스 코드 관리에 대한 개념 이해를 위해서는 브랜치의 개념 이해가 필요하다. 소프트웨어 개발을 할 때, 하나의 저장소에 소스 코드를 저장해서 개발하고, 개발자 간의 공유를 해서 협업을 진행한다.

개발을 진행하다가 특정 목적에 의해서 별도의 작업에 의해, 예를 들어 영문으로 된 버전을 중국어나 한국어로 제공하려면 기존 개발 소스 코드의 복사본을 만들어서, 중국어 개발용으로 하나 사용하고, 한국어 개발용으로 하나 사용한다. 이렇게 새롭게 만들어진 소스 코드의 복사본(중국어 버전, 한국어 버전)을 브랜치라고 하고 원래 소프트웨어를 개발하던 소스 코드 저장소를 메인 브랜치(또는 Trunk Version, Head Version)이라고 한다.

이렇게 코드의 원본에서 용도와 목적에 따라서 새로운 복사본을 만들어 나가기 때문에 메인 코드에서 복사본을 나무줄기 즉 브랜치(Branch)라고 하고, 이 모양이 마치 나무와 같은 구조가 되기 때문에, 소스 코드 트리(Source Code Tree) 또는 브랜치 트리(Branch Tree)라고 한다.

1.2 체크 아웃, 커밋, 병합

소스 코드 저장소를 만들었으면 해야 할 일이 코드를 저장하거나 내려받는 일이다. 코드를 내려받는 행위를 체크아웃(Check Out)이라고 하고, 작성된 코드를 저장소에 업로드 하는 행위를 커밋(Commit)이라고 한다.

VCS의 종류에 따라서 체크아웃된 코드의 경우, 다른 사람이 편집할 수 없고 읽기만 할 수 있도록 잠금(Lock)을 걸 수도 있다. (VCS 종류에 따라 다르다). 이 경우 다른 사람이 내가 편집하는 코드를 편집할 수 없기 때문에 코드 작성에는 문제가 없지만, 반대로 다른 개발자는 잠금(Lock)이 풀리기까지 기다려야 하기 때문에, 협업에 문제가 발생할 수 있다. 그래서 잠금을 걸지 않고 코드를 동시에 2인 이상이 코드를 내려받아 편집할 수 있는 방법을 제공하는데, 이 경우 코드를 커밋을 할 경우, 한 파일을 내려받아서 각자 편집하고 저장을 시도할 경우 코드에서 충돌(Conflict)이 발생한다.

즉 개발자 A, B가 소스 코드 버전 1을 체크아웃 받았다고 하자, 개발자 A가 소스 코드 2번 줄에 printf('hello world')라는 코드를 추가하고 커밋을 해서 코드 버전이 2가 되었다고 했을 때, B도 역시 2번 줄에 printf('hello developer')라는 코드를 추가하고 커밋을 하려고 하면, A와 B가 편집한 내용이 충돌이 생긴다. 둘 다 1번 버전의 코드를 가지고 수정을 하였으나, 공교롭게 개발자 A, B가 같은 파일을 수정하였기 때문에 VCS 입장에서는 B 개발자가 수정한 내용을 반영하게 되면 A 개발자가 반영한 내용이 없어져 버리기 때문에 문제가 될 수 있다.

이런 경우 VCS에서 B가 커밋하려는 코드가 현재 버전인 2 버전에 의해서 편집된 것이 아니라는 것을 알려주고, 개발자 B에게 선택하도록 하는데, 2 버전 코드와 다른 내용을 병합(Merge)하게 하거나 3버전의 코드를 덮어 쓰기(Overwrite)하여 2버전의 코드 변경 내용을 무시할 수 있도록 한다.

대부분의 경우에는 당연히 다른 개발자의 변경 내용을 무시할 수 없기 때문에 병합을 선택하게 되고, 병합은 B 개발자가 2번 버전과의 로직의 차이를 일일이 확인하면서 수동으로 병합을 하도록 한다.

1.3 업데이트

업데이트(Update)의 개념은 개발자가 소스 코드를 체크아웃 받아 놨을 때, 현재 작업 버전이 오래되거나, 또는 다른 개발자가 커밋을 먼저 해서 VCS에서 해당 소스 코드의 버전이 올라갔을 때 VCS와 로컬 시스템 간의 코드를 동기화시키기 위해서 사용한다.

위에서 설명한 커밋 시 발생하는 충돌 시나리오와 마찬가지로, 내가 변경한 코드와 다른 개발자에 의해서 변경된 코드가 충돌이 발생할 수 있으며, 앞에서 설명한 방법과 같은 방법으로 수동으로 코드의 변경 부분(차이 나는 부분)을 병합하도록 한다.

1.4 태깅

다음으로 태깅(Tagging)이라는 개념을 알아보자. 태깅이란, 코드를 개발 중에, 특정 시점의 이미지에 표시해놓는 것을 의미한다. 예를 들어, 매일 소스 코드에 대한 태그를 달아놓으면 개발 중에 문제가 생겼을 경우에 특정 날짜의 소스 코드로 다시 돌아갈 수가 있다.

태깅은 주로 빌드 시마다 하는 경우가 많은데(이를 빌드 태그라고 함), 통상적으로 빌드 시 에러가 날 경우에 다른 개발자들이 빌드 에러로 인하여 개발을 못 하는 경우가 생길 수 있기 때문에 이런 경우에는 이전 빌드 시 태그해놓은 버전으로 소스 코드를 돌려서 다시 개발을 수행하고, 문제가 해결되면 새로운 코드를 다시 커밋하는 방식으로 개발을 진행한다.

1.5 릴리즈 브랜치

다음으로, 브랜치 중 릴리즈 브랜치(Release Branch)에 대한 설명이다.

패키지 소프트웨어 개발 프로세스를 생각해보자, 예를 들어, 서버 제품을 개발하여, 출시를 했다고 하자. 현재 개발 중인 메인 브랜치 에서 해당 시점에 릴리즈를 했다. 릴리즈한 서버의 버전은 6.1이다. 메인 브랜치로는 계속해서 신제품 개발을 이어나가고 7.0 개발을 진행 중이었다. 이때, 6.1을 사용하던 고객에게서 버그 수정 요청이 온 경우 어떻게 해야 할까?

6.1 코드에 일부 코드만 수정하여 패치를 발급하면 되지만, 메인 브랜치의 경우 이미 7.0 버전 개발을 위해서 코드 개발이 많이 진행되었기 때문에 6.1 에 대한 코드는 바뀌어서 찾을 수가 없고 7.0 버전 역시 개발이 완료되지 않아서 수정이 불가능하다.

이런 시나리오를 방지하기 위해서 패키지 형태의 소프트웨어 개발은 각 릴리즈 마다 릴리즈 브랜치를 발급하는 것이 좋다(6.1에 버전에 대해서 릴리즈 브랜치로 소스 코드를 저장해놓으면 된다).

우리가 사용하는 윈도우도 Windows XP, 7 등으로 릴리즈를 하지만 서비스 팩이나 필수 패치 등을 발급하는 것은 각 릴리즈별 브랜치(Branch)를 발급한 뒤에 브랜치별로 패치나 서비스 팩과 같은 원리이다.

이런 릴리즈 브랜치는 페이스북 등의 웹 서비스의 경우 하나의 코드가 하나의 서비스에만 배포가 되기 때문에, 별도의 릴리즈 브랜치를 유지하는 것보다는 릴리즈 태깅(Release Tagging)을 한 후에, 이슈가 있을 경우 이슈를 수정한 최신 버전을 다음 릴리즈 때 배포하는 방식 등을 주로 사용하기 때문에 릴리즈 브랜치의 효용성이 패키지 소프트웨어에 비해서 떨어진다.

1.6 QA 브랜치

다음으로 사용할 수 있는 브랜치 중 하나는 QA 브랜치(QA Branch)이다. 상품화하기 위해 개발팀에서 소스 코드를 프리징(Freezing: 코드를 더 이상 수정하지 않고 개발을 종료한 상태)하고 QA 팀에 해당 제품을 넘겨서 테스트를 의뢰할 경우, QA팀에서 계속해서 버그 수정 요청을 해오게 된다. 이때 버그를 메인 브랜치에서 계속해서 수정하게 되면, 메인 개발에 많은 수정이 가해지기 때문에 개발이 어려워질 수 있다(병합도 많이 발생하고 번거로움). 그리고 메인 브랜치에서는 개발이 계속 진행되기 때문에 기능(Feature) 변경이나 기타 수정이 있을 경우 QA에 의해서 리포팅된 버그가 제대로 재현이 되지 않는 경우가 있을 수 있다. 그래서 QA에 넘기기 전에 QA 브랜치를 따고 버그에 대한 수정을 이 QA 브랜치에서 수행 및 반영한다.

QA가 모두 완료되고 나면, 이 QA 브랜치에 있는 변경 내용을 다시 메인 브랜치로 병합하여 버그 수정 내용을 반영하도록 한다.

1.7 소스 코드 브랜치 관리 전략

앞서 살펴본 바와 같이 사실 브랜치는 메인 코드(Branch)의 복사본이다. 용도에 따라서 얼마든지 만들 수 있고, 필요에 따라 병합할 수도 있다. 그러나 패키지냐, 웹 서비스냐와 같은 소프트웨어의 종류와 팀의 크기와 구조, 릴리즈 정책 등에 따라서 어떠한 브랜치를 언제 사용할지가 다르기 때문에 개발하는 소프트웨어의 형상에 따라서 알맞은 브랜치 전략을 결정해야 한다.

또한, VCS 제품에 따라, 몇몇 제품의 경우에는 이미 자사 제품 특성에 맞는 브랜치 구조에 대한 레퍼런스를 제공하거나, 또는 성격에 따라 맞는 레퍼런스 브랜치 모델이 많이 공개되어 있다. 또 다른 방법으로는 오픈소스에서 사용하는 소스 코드의 트리 구조를 참고해보는 것도 좋은 방법이다.

몇 가지 유용한 브랜치 구조에 대해서 소개하도록 한다.

오픈소스 소스 코드 브랜치 관리 전략

다음은 요즘 많이 사용하는 VCS 솔루션의 하나인 Git를 이용한 브랜치 전략이다.

참고: http://nvie.com/posts/a-successful-git-branching-model/

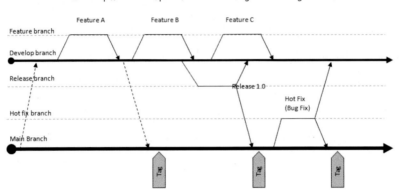

그림 6-1 Git 기반의 소스 코드 브렌치 예

이 브랜치 구조는 이미 git flow라는 이름으로, Git를 사용하는 사람들에게는 널리 알려진 브랜치 모델이다. 이 구조는 오픈소스와 같이 대규모의 분산된 개발 조직이 서비스나 오픈소스 제품을 만드는 구조에 매우 적합하다.

http://nvie.com/posts/a-successful-git-branching-model/

그리고 이 구조대로 Git의 저장소를 정의하고, 쉽게 사용할 수 있도록 git flow라는 오픈소스 도구를 제공한다.

https://github.com/nvie/gitflow

개념을 살펴보면 메인 브랜치에서는 개발을 진행하지 않고, 별도의 개발 브랜치(Develop Branch)를 만들어서 여기서 개발을 진행한다. 기능별로 기능 브랜치를 별도로 만들어서 개발을 진행하고 기능 개발이 완료되면, 개발 브랜치로 병합한다.

마스터 브랜치(Master Branch)와 개발 브랜치의 관계는 재미있는 개념이 있는데, 바로 코드 리뷰(Code Review)이다. 개발자가 코드 수정을 하였을 경우, 젠킨스 등의 빌드 시스템에 통합돼서 빌드되고 테스트 되어야 동작 여부를 확인할 수 있기 때문에, 어딘가 코드를 공유할 수 있는 장소가 필요하다. 즉 개발이 완료된 부분은 먼저 개발 브랜치에 저장돼서 컴파일 및 테스트를 끝내고 코드 리뷰를 위해서 다른 개발자와 리뷰를 하고 승인이 되면 그때 마스터 브랜치로 반영이 되는 것이다.

릴리즈 시기가 되면 별도로 릴리즈 브랜치를 만든 후에 릴리즈에 필요한 각종 설정 파일 정리, 기타 매뉴얼이나 문서 등을 합쳐서 릴리즈하고, 릴리즈가 된 버전은 메인 브랜치에 반영한 후 태깅을 한다.

오픈소스 프로젝트에 보면 소스 코드가 날짜나 버전 별로 Open이 되어 있는 형태를 본 기억이 있을 것이다. 이렇게 메인 브랜치는 외부 개발자 공개를 위해서 유지하고, 특별한 릴리즈가 있을 때에만 반영하여 항상 메인 브랜치에는 문제없는 버전이 존재하도록 한다.

또한, 혹시 메인 브랜치를 통해서 공개된 버전이 문제가 있을 경우에는 별도로 버그 수정용 브랜치(Hot Fix Branch)를 만들어서 버그를 수정하고, 테스트를 끝낸 후에 버그 수정 내용을 메인 브랜치에 반영하고 또한 함께 개발 브랜치에도 반영한다.

일반적인 소프트웨어 브랜치 관리 전략

다음은 Git 이전에 많이 유행하였던, Subversion (이하 svn) 사용 시 많이 사용하는 브랜치 구조이다. svn에서는 다음과 같이 크게 세 가지 브랜치를 메인으로 하여 코드를 저장하는 구조를 사용한다.

그림 6-2 Subversion 브랜치 구조 예

trunk 또는 head 라고도 하는 이 브랜치는 현재 개발이 진행 중인 코드를 저장한다. 개발을 진행 중에 빌드나 또는 특정 날짜를 기준으로 태그를 따놓는데, 향후 빌드 실패나 특정 날짜의 개발 내용으로 돌아가기 위해서 사용하며, 이는 tags라는 브랜치 아래 들어간다. tag 명은 위의 그림에서와같이 날짜를 사용할 수도 있으며, 또는 빌드 시스템의 빌드 번호를 사용하기도 한다.

마지막으로 릴리즈 브랜치이다. branches는 릴리즈 시마다 그때의 소스 코드 형상을 저장해 놓는 구조이다. 이 브랜치 전략은 단일팀에서 서비스나 제품을 릴리즈 주기를 통해서 릴리즈 하는 구조에 적절하며, 버그 수정이나 기능 개선은 다음 버전(Release)에 포함하는 형태일 경우 적절하다(별도의 패치를 위한 브랜치를 관리하는 전략이 없기 때문에).

1.8 분산 형상 관리 시스템 Git

그러면 근래 들어 많이 사용되고 있는 VCS 시스템인 Git에 대해서 알아보도록 하자. Git는 기본적으로 분산 소스 코드 관리 시스템이다. 모든 개발자가 중앙 저장소에 붙어서 작업을 하는 것이 아니라. 소스 코드가 여러 개의 서버에 다른 복제본으로 존재할 수 있다. 먼저 이 분산 저장소의 개념부터 이해해보도록 하자.

중앙집중형 저장소

중앙집중형 저장소(Centralized Version Control System)는 코드가 저장 서버 단 한 군데만 저장된다. 개발자가, 코드를 받아서 수정하고 저장하면, 그 내용이 바로 중앙 저장소에 반영된다(당연하지만). 즉 서버에는 항상 마스터 버전(최신 버전)의 소스 코드가 저장되어 있다. 그리고 서버가 다운 되거나, 네트워크에 접속할 수 없다면 당연히 코드를 커밋하거나 최신 코드를 내려받을 수 없다.

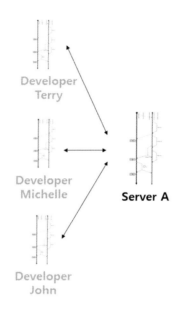

그림 6-3 중앙 집중형 저장소의 코드 저장 구조

분산형 저장소

분산형 저장소(Distributed Version Control System)는 말 그대로 소스 코드가 하나의 중앙 서버가 아니라, 여러 개의 서버나 여러 개의 개발자 PC에 저장될 수 있으며, 각각이 소스 코드 저장소(Source Repository)가 된다. 각 저장소에 저장되는 소스 코드는 같은 버전의 코드가 아니라 제각기 다른 브랜치 코드가 저장된다. 즉 서버 A에는 브랜치 A, B, C 버전이, 서버 B에는 브랜치 A, C, D 버전과 같이 다른 브랜치 버전을 저장할 수 있다. 즉각 저장소에 브랜치

버전이 모두 틀리고 소스 코드에 접근해서 가지고 오는 장소도 모두 다르기 때문에 시스템 자체에서는 마스터 버전 (최신 버전이 항상 어느 곳에 저장되어 있는가)의 개념이 없다. 예를 들어 다음 그림과 같이 개발자 Terry는 Server A에서 코드를 내려받아서 데이터베이스 관련 모듈을 개발하고 있고, 개발자 Michelle은 Server B에서 UI 관련 모듈을 개발하고 있다. 각자는 개발을 진행하면서, 수시로 각자 Server A와 Server B에 커밋을 하고 있다고 가정하자. Server A는 전체 시스템에서 데이터베이스 모듈 부분은 가장 최신 버전일 테고, Server B에는 UI 모듈의 가장 최신 버전의 코드가 들어가 있을 것이다.

대신 각 모듈의 개발이 끝나면, Server A와 Server B의 코드를 병합하여 개발 내용을 합칠 수 있다. 즉, 전체 시스템의 최신 소스 코드가 어느 한 곳에 집중되어 저장되어 있지 않은 구조이다.

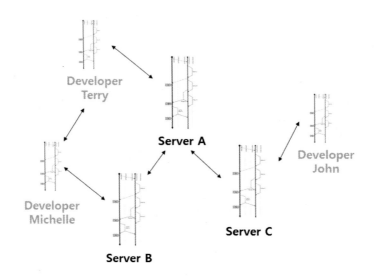

그림 6-4 분산형 저장소의 소스 코드 저장 구조

이러한 형태로 코드의 여러 버전을 여러 저장소에 분산해서 저장할 수 있기 때문에, 몇 가지 장점이 올 수가 있는데, 팀 단위나 기능 단위로 저장소를 분리해서 개발하거나 릴리즈 버전 단위로 저장소를 분리해서 개발할 수 있는 등 소스 코드 버전 관리에 많은 유연성을 가지고 있다.

또한, 중앙 저장소의 개념이 없기 때문에 특정 VCS 서버 시스템이 장애가 나더라도, 내가 사용하는 VCS만 문제가 없다면 개발을 계속할 수 있고, 앞에서 언급한 바와 같이 개발자의 로컬 PC에 VCS를 설치하여 네트워크 연결이 없는 상태에도 개발을 지속할 수 있다.

그리고 소스 코드가 중앙 서버만이 아니라 여러 서버와 PC에 분산돼서 저장되기 때문에 서버 장애로 저장소가 손상된다고 해도, 다른 서버나 다른 PC에서 소스 코드와 히스토리들을 모두 저장하고 있기 때문에, 중앙 서버 방식에 비해서 복구가 쉽다.

Git
····

분산형 저장소(DVCS)에는 Mercurial, Bazaar 등 여러 가지 제품이 있으나, 근래에는 Git가 가장 많이 사용되고 있다. 리눅스 커널 프로젝트나 안드로이드, Gnome, Ruby on Rails 등이 Git를 사용하는 대표적인 프로젝트이다.

Git는 기존의 VCS에 비해서 설치가 쉽고, 속도가 매우 빠르다. 그리고 브랜치와 병합이 매우 빠르고 사용이 쉽다. 특히 병합의 경우 누가, 언제, 무엇을 어떤 부분을 병합했는지까지 상세하게 추적할 수 있기 때문에 오픈소스와 같이 대규모 개발자가 동시에 개발을 진행하는 환경에서는 매우 유용하다. 오픈소스 개발자들이 네트워크가 연결되어 있지 않은 상황에서도 언제 어디서나 개발할 수 있다. 그리고 자기만의 개발 브랜치로 개발을 하다가 메인 브랜치로 병합도 쉽다. 아마 이런 장점 때문에 Git가 주요 VCS가 된 것이 아닌가 싶다.

그러면 Git의 간략한 기본 사용법을 알아보자.

저장소 생성(init과 clone)

Git에서 init 명령은 로컬에 새롭게 저장소를 만드는 명령이다. 이를 통해서 새롭게 Git 저장소를 만들 수 있다. 만약에 원격에 있는 서버의 저장소를 복제해서 로컬에 만들려면 다음과 같은 명령어를 사용하면 된다.

```
■ MINGW32:~
$ git init
Initialized empty Git repository in C:/Users/bw.cho/.git/

bw.cho@NO-BW-CHO02 ~ (master)
$ echo "This is test materials" > init.html

bw.cho@NO-BW-CHO02 ~ (master)
$ echo "This is test index" > index.html

bw.cho@NO-BW-CHO02 ~ (master)
$ git add index.html
warning: LF will be replaced by CRLF in index.html.
The file will have its original line endings in your working directory.

bw.cho@NO-BW-CHO02 ~ (master)
$ git commit -m "Initial Commit" --author="Terry <bwcho75@gmail.com>"
[master (root-commit) 9c9cde3] Initial Commit
 Author: Terry <bwcho75@gmail.com>
warning: LF will be replaced by CRLF in index.html.
The file will have its original line endings in your working directory.
 1 file changed, 1 insertion(+)
 create mode 100644 index.html

bw.cho@NO-BW-CHO02 ~ (master)
$
```

그림 6-5 Git에서 저장소 초기화 (저장소를 생성한 후 index.html 파일을 추가한 후에 커밋한 화면)

파일 추가

다음으로, 파일을 추가해보자. 위의 예제에서 echo 명령을 사용하여, init.html과 index.html 파일을 생성하였다. 그리고 Git에 이 파일이 Git에 커밋될 예정이라고 표시(Mark)를 해놓는다. 위의 예제에서는 index.html 파일만 먼저 커밋하도록 한다. Git에서는 add의 개념을 이해하려면 먼저 Staging Area라는 개념을 이해해야 한다.

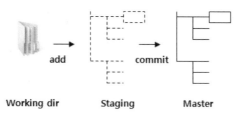

Working dir   Staging   Master

그림 6-6 Git에서 working/staging/master의 개념

작업 디렉터리(Working dir)에서 작업을 한 것은 내 로컬 PC에만 반영된 내용이다. 이 내용을 저장소로 올리기 전에 Git는 staging(Git에서는 index라는 이름으로 사용한다.) 이라는 개념을 제공한다. 소스 코드를 저장소에 최종 반영하기 전에 두 단계를 거치는 two-phase 커밋을 사용한다.

staging이라는 개념은 작업 디렉터리에서 작업한 내용을 반영하기 전에, 최종으로 확인하는 중간 단계 정도로 생각하면 된다. 작업 디렉터리에서 작업한 내용 중 커밋할 내용을 미리 add 명령어를 통해서 stage에 반영한 후에 stage에 있는 내용을 커밋 전에, 저장소 내의 코드와 비교(diff)하면서 커밋을 할 수 있다.

작업 영역(Working Directory)과 stage 영역 간의 비교는 'git diff' 명령어를 통해서 가능하고 stage와 master 버전에 저장된 코드의 변경 사항은 'git diff --cached' (또는 git diff --staged) 명령을 이용해서 비교할 수 있다.

작업 디렉터리에서 바뀐 내용을 몽땅 한꺼번에 커밋하는 것이 아니라, feature 별이나 특정 그룹 (기능이나 FIX 별 또는 모듈별) staging로 이동한 다음 하나하나 검증하면서 그룹별로 커밋이 가능하다.

저장소에 반영(commit)

add를 통해서 변경본 반영 리스트를 작성하고, diff 등을 통해서 확인이 끝나면 이를 저장소에 반영해야 한다. 반영은 commit 명령어를 사용하며 커밋에 대한 변경 내용 설명을 같이 넣는다.

```
git commit -m "변경 내용 설명"
```

변경 내용을 원격 저장소에 반영(push)

앞 단계까지 끝났으면, 소스 코드의 변경 내용은 내 로컬 PC에 있는 Git 로컬 저장소에 반영되었다. Git은 앞서도 설명했지만, 분산 저장소이기 때문에 커밋을 한다고 해서 서버에 코드가 저장되지 않는다. 기본적으로 커밋은 로컬 저장소에 반영되지만, 서버의 원격 저장소에 코드를 반영하려면 별도의 반영 작업이 필요하다. 반영은 push 명령어를 사용한다. 다음과 같이 push 명령을 사용하여 원격 서버에 반영한다.

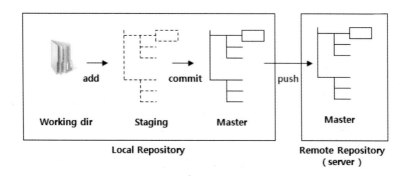

그림 6-7 Git에서 원격 저장소로 코드를 push하는 개념

git push origin "브랜치명"
예) git push origin master (master 브랜치로 push하는 명령)

※ 단 이 경우는 처음에 저장소를 만들 때 git clone을 통해서 원격 저장소로부터 코드를 읽어와서 로컬 저장소를 만들었을 경우이다.

만약에 원격 저장소로부터 clone을 해서 만든 경우가 아닐 때 원격 저장소로 코드를 밀어 놓고자 한다면 원격 저장소를 정의해줘야 한다. 원격 저장소를 정의하는 방법은 다음과 같다.

git remote add "원격저장소명" "원격저장소주소"
예) git remote add zipkin https://github.com/twitter/zipkin.git

zipkin이라는 이름으로 https://github.com/twitter/zipkin.git URL에 있는 원격 저장소를 등록하였다. 여기에 push를 하려면 다음과 같이 한다.

git push zipkin master (zipkin 원격 저장소 master 브랜치에 push)

분산 저장 VCS답게 원격 저장소는 하나가 아닌 여러 개를 git remote add 명령을 통해서 추가할 수 있고, 등록되어 있는 원격 저장소는 git remote -v 명령을 통해서 조회해볼 수 있다.

브랜치 관리

소스 코드 브랜치에 대한 개념은 앞에서 설명하였기 때문에 별도로 설명하지 않고, 명령어 사용법만 설명한다. 현재 코드에서 브랜치를 생성하려면 다음과 같이 한다.

```
git branch "브랜치 이름"
예) git branch bugFix
```

이렇게 하면 bugFix라는 이름으로 현재 코드에서 브랜치를 만든다. 그리고 현재 작업 중인 브랜치를 이동하려면 다음과 같이 하면 된다.

```
git checkout "브랜치 이름"
예) git checkout master
```

이렇게 하면 master 브랜치로 이동하게 된다.

병합(merge)

merge는 다른 브랜치의 내용을 현재 작업 중인 브랜치로 합쳐 오는 작업이다. 예를 들어 내가 master 브랜치에서 작업을 하고 있을 때 예전에 버그 수정을 위해 만들었던 bugFix라는 브랜치의 내용을 현재 브랜치에 반영하고 싶을 경우, master 브랜치에서 'git merge bugFix'라는 명령을 사용하면 bugFix 브랜치의 변경 내용을 master 브랜치에 반영하게 된다.

이때 서로 변경 내용이 다르거나, 같은 코드 줄을 수정하였을 경우 충돌(conflict)이 발생하는데, 충돌이 발생한 경우, 직접 충돌 부분을 수정한 후 git add를 통해서 수정한 파일을 넣고 git commit을 통해서 최종 반영한다.

원격 저장소의 변경 내용을 읽어오기(pull & fetch)

반대로, 원격 저장소에서 다른 사람들이 작업했던 내용을 내 로컬저장소로 가지고 오려면 pull 과 fetch라는 두 가지 방법이 있다.

먼저 fetch ("git fetch")의 경우, 원격 저장소의 업데이트된 내용을 별도의 브랜치로 읽어 온 다. 실제 내가 로컬에서 작업 중인 로컬 저장소에는 반영되지 않는다. 반영을 하려면 원격 저장소에서 읽어온 내용을 merge를 통해서 내 작업 영역에 반영해야 한다. 이해를 돕기 위해서 다음 그림을 보자.

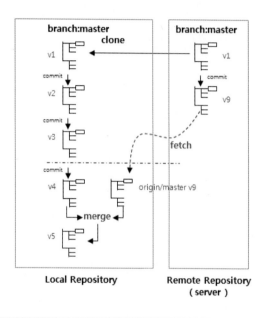

그림 6-8 Git에서 fetch의 개념(로컬 코드와 병합하려면 별도로 merge를 해야 함)

원격 저장소의 v1 버전에서 clone을 받아서 로컬 저장소에서 개발을 시작하였다. 로컬에서 여러 번의 커밋을 통해서 v4 버전까지 개발을 진행하였다.

그 상태에서, 원격 저장소의 변경 내용을 업데이트 하기 위해서 fetch를 하면 원래 clone을 하였던 원격 저장소의 브랜치(master)의 최신 코드를 로컬로 복사해서 origin/master라는 이름의 브랜치에 업데이트를 한다. 내 작업 영역은 여전히 v4이고, 원격 저장소의 변경 내용은 반영되지 않았다. 이를 반영하려면 'git merge origin/master'를 해주면 merge를 통해서 내 작업 영역에 반영된다. (v5 버전 상태)

pull ("git pull")은 한마디로, fetch + merge다. pull 명령어 하나로 자동으로 fetch와 merge를 한꺼번에 해주는 명령어이다. 다음 그림을 보자, 처음에 원격 저장소에서 v1 버전을 clone으로 내려받아서 개발하다가 v4 버전에서 원격 저장소의 코드를 pull 해주면 원격 저장소의 clone을 한 원본 저장소와 로컬 저장소의 현재 브랜치를 병합하여 새로운 버전으로 만들어 준다.

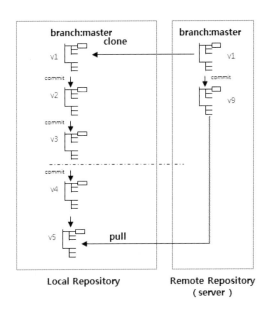

그림 6-9 Git에서 pull의 개념(원격 코드를 자동으로 로컬 코드에 병합하여 줌)

태깅(Tagging)

Git에서 태깅은 매우 간편하다.

```
git tag -a "태그명" -m "태그 설명"
예) git tag -a "build1109" -m "July.15 빌드 태그".
```

태깅한 버전으로 이동하려면 브랜치 이동과 마찬가지로 checkout을 사용하면 된다.

```
git checkout "태그명"
```

만약 그 태그 버전으로부터 무엇인가를 작업하려면, 해당 태그로 이동한 후에 git branch를 이용하여, 그 버전에서부터 브랜치를 따서 작업하거나 clone 등을 해서 작업을 하는 것이 좋다. 그리고 태그를 다른 사람과 공유하려면 브랜치나 코드와 마찬가지로, 태그를 서버로 push 해줘야 한다.

```
git push origin "태그명"
```

리베이스(rebase)

Git의 리베이스는 Git만의 고유 기능이다. merge와 유사한 기능이지만, 코드 변경 히스토리를 조금 더 깔끔하게 정리해주는 기능이라고 생각하면 된다.

다음과 같은 브랜치가 있다고 하자. V3에서 브랜치를 생성하여 V4를 만들어내었고, master에서는 commit을 진행하여 V5로 진행되었다고 하자. 이 상태에서 V4의 변경 내용을 V5로 합치고자 한다.

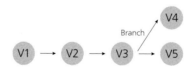

그림 6-10 V3 버전 코드에서, V4 브렌치를 생성하고 V5로 코드 진행을 계속한 상태

일반적인 경우에는 merge를 한다. 다음과 같이 merge를 하는 경우에는 V6 버전이 새로 생기고, V4 브렌치와 내용과 history(변경 기록)가 모두 유지된다.

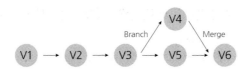

그림 6-11 V4의 변경 사항을 merge한 경우

반면 rebase 명령을 수행할 경우 merge와 마찬가지로, 코드를 master 브랜치로 합치지만, 기존의 V4 브랜치는 없어지고, V4에 작업된 내용(변경 히스토리)은 마치 master 브랜치의 변경 히스토리인 것처럼 하나로 합쳐진다.

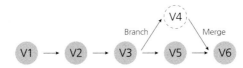

그림 6-12 V4의 변경 사항을 리베이스로 반영한 경우

유용한 Git 관련 도구들

Git의 경우, 요즘 널리 사용되는 만큼 지원되는 도구들도 많다. 여기서 몇몇 유용한 Git 지원 도구들에 대해서 살펴보도록 하자.

git-gui와 gitk

이 두 가지 도구는 gui 도구로, Git를 설치하면 기본적으로 설치된다. git-gui는 Git에서 commit을 하는 것을 도와주고, gitk는 Git 저장소를 gui 기반으로 브라우징할 수 있게 해준다.

gerrit

gerrit는 오픈소스 코드 리뷰 도구로, https://code.google.com/p/gerrit/에서 내려받을 수

있으며, Git 사용 시 웹 기반으로 코드 리뷰를 가능하도록 해준다.

master 브랜치와 개발 브랜치를 갖는 상태에서 개발 브랜치에서 개발을 한 후, 개발 브랜치로 push를 하면 젠킨스 등과 같은 자동 빌드 도구에서 컴파일 및 테스트를 수행한 후에 gerrit을 통해서 코드 리뷰 요청을 생성하고 코드 리뷰어가 리뷰를 끝내면 코드를 master로 push 하는 시나리오를 만들 수 있다. UI는 좀 떨어지긴 하지만 저렴한 비용으로 코드 리뷰 도구를 사용할 수 있다.

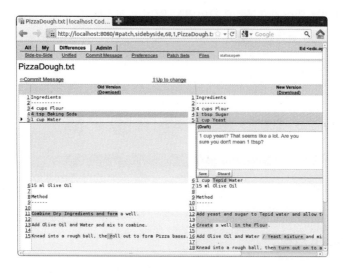

그림 6-13 gerrit 실행 화면

gitLab

gitLab 역시 오픈소스다. 코드 리뷰뿐만 아니라, Git 저장소에 대한 브라우징, 프로젝트 관리, 이슈 관리 등 다양한 기능을 제공한다.

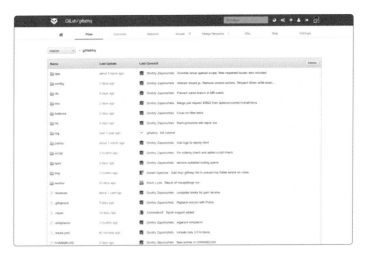

그림 6-14 gitlab 실행 화면

지금까지 설명한 Git에 대한 내용은 VCS와 분산 형상 관리 시스템에 대한 개념을 설명하기 위
한 기본적인 내용으로 Git는 이외에도 상당히 많은 기능이 있기 때문에, Git의 경우에는 꼭 별
도의 서적을 참고해보기를 권장한다.

※ Pragmatic Version Control Using Git, 저자 Travis Swicegood, ISBN-10:
   1934356158

※ 참고할만한 글
Git에 대해서 간략하게 설명해놓은 문서
http://rogerdudler.github.io/git-guide/index.ko.html

Git에 대해서 설치 없이 간단하게 배울 수 있는 온라인 튜토리얼
http://pcottle.github.io/learnGitBranching/

사실 Git를 사용해보면 그 속도도 빠르고 브랜치 생성이나 merge도 쉬워서 참 유연한 도구이
구나 생각하게 된다. 반대로 생각해보면 유연하다는 것은 사용할 수 있는 용도가 많다는 것이

고, 잘 모르면 어떤 방향으로 사용해야 할지를 정하기가 매우 애매하다는 이야기다. svn과 같은 경우는 일반적으로 사용하는 브랜치 전략이 정해져 있고 습득하는 시간이 낮아서 쉽게 사용할 수 있지만, svn과 같은 중앙집중형 VCS에 익숙해져 있는 사람은 Git를 접하면 개념을 잡는 데 한참 시간이 소요되다가 결국은 중앙집중형 VCS와 같은 형태로 사용하는 경우가 종종 있다.

 Git가 되었건 svn이 되었건 간에, 도구의 사용법보다는 소스 코드의 버전 관리의 본질을 제대로 이해하고, 팀과 프로젝트 성격과 회사 내의 릴리즈 정책에 맞는 VCS를 선택하고 그에 맞는 브랜치 전략을 제대로 수립하고 적용해 나가는 것이 더욱더 중요하다. 특히 조직의 규모가 커지면 커질수록, 그리고 릴리즈하는 버전의 다양성이 많을수록 효과적인 브랜치 구조의 정의는 개발 환경의 효율성에 아주 지대한 영향을 미치게 된다.

또한, 이 글을 쓰는 내내 머릿속에 맴도는 생각은 수년 전만 해도 개발자가 사실 이러한 VCS나 브랜치 전략에 대해서 크게 신경 쓸 필요가 없었다는 것이다. 일반적인 팀 단위 프로젝트에 들어가서 체크아웃, 업데이트, 커밋, 병합 정도만 잘하면 되었으니까 말이다. 그러나 앞서 Git에서 살펴보았듯이 이미 소스 코드 관리 전략은 오픈소스 등의 영향을 많이 받아서 분산형이 대세다. 개발팀의 모델 역시 한곳에서 개발하는 게 아니라 전 세계에 흩어진 개발팀이 함께 개발을 하고, 재택근무자가 많아지는(북미권에서) 추세이기 때문에 더더욱 분산 형상 관리 시스템의 필요성이 높아지고 있다. 이러한 분산형 형상 관리 시스템은 분산을 하다 보니 상대적으로 다른 개발자나 개발팀의 간섭을 덜 받으면서 별도의 브랜치에서 작업을 해서 코드 작업을 할 수 있다는 장점도 있지만, 그만큼 개발자가 이제는 코드 관리에 대해 깊이 이해해야 한다.

개발자의 잉여력

이 시간에는 개발자의 잉여력에 대한 이야기를 해보려고 합니다. 잉여력이란 남는 시간입니다. 근무시간도 좋고 집에서 쉬는 시간도 좋습니다. 개발자라는 특성상 모두는 아니지만, 대부분은 적어도 기술에 대한 흥미를 가지고 새로운 것을 접하는 것을 좋아하므로 남는 시간에는 새로운 기술을 접하고 공부하고 때로는 새로운 것을 만들어내기도 합니다.

이런 잉여력의 산실이 오픈소스와 블로그 등입니다. 오픈소스는 누가 시켜서 하는 것도 아니고, 돈을 벌기 위해서도 아니고, 그냥 남는 시간에 재미있으니까는 하는 일입니다. 개발자는 꼭 뭔가를 시키지 않아도 스스로 공부를 합니다.

왜 갑자기 이런 이야기를 하는가 하면 국내 기업의 경우 개발자의 잉여력을 발휘할 시간이 없기 때문입니다. 항상 바쁘기 때문이지요. 사실 문화적인 차이도 있는데, 미국이나 캐나다 같은 국가는 개발자들이 밤샘 근무를 하거나 일이 많은 경우가 한국에 비하면 상대적으로 없습니다.

외국에 계신 분들 이야기를 들어보면 우스갯소리로 "한국 사람이 하루면 할 일을 여기서는 사흘 동안 한다."라고 하시더군요. 그렇지만, 결과적으로 봤을 때 3배 느리게 일하면서도 전 세계 IT 선두는 북미권에서 하고 있습니다. 구글도 근무 시간의 20%를 자체 연구나 프로젝트를 할 수 있도록 하는 것을 보면 잉여력이 개발자와 같이 끊임없는 공부와 창의력을 요구하는 분야에서 얼마나 중요하게 여겨지는지를 알 수 있습니다.

한국 IT 문화도 많이 바뀌어 가고 있습니다. SKP나 KTH 같은 경우 개발자를 위한 많은 행사나 내부적으로 개발자를 중요하게 생각하는 문화가 생겨나는 걸 봐도 그렇습니다. (KTH는 이제 그런 문화를 계속 볼 수 있을지 모르겠네요.)

일도 생산성도 좋지만, 개발자의 잉여력이 조금 더 발휘될 수 있는 문화가 되었으면 하는 생각에 몇 자 적어봅니다.

2. 빌드 스크립트

개발 환경에서 가장 중요한 빌드부터 알아보자. 우리가 정의하는 빌드는 다음과 같다.

> "빌드란 실행 환경에 맞춰서 소스 코드를 실행 가능한 형태의 바이너리로 변경하고 패키징하는 일련의 과정을 말한다."

단순하게 소스 코드를 바이너리로 바꾸는 컴파일이 될 수 도 있고, 실행에 필요한 각종 리소스(이미지, 각종 설정 파일 등)을 실행 환경(서버 주소 등)에 맞춰서 같이 패키징하는 과정을 일컫기도 한다.

빌드는 여러 개의 연속된 작업을 포함하기 때문에, 보통 스크립트를 기반으로 수행되는데, C/C++의 경우에는 make 기반의 빌드 스크립트가, 자바의 경우에는 아파치 앤트(ant)나 메이븐(Maven)이 널리 사용된다. 근래에 들어서 외국 오픈소스 프로젝트를 중심으로 gradle(http://www.gradle.org/)이 주목을 받고 있지만, 아직은 약간 시기상조이다.

앤트 vs. 메이븐

자바 기반에서 현재 가장 인기 있는 빌드 스크립트 도구는 앤트와 메이븐이다. 요즘은 상당 부분이 메이븐으로 넘어갔다. 그렇다면 이 각각 빌드 스크립트 도구의 장점은 무엇일까?

유연성과 관리

ant의 경우에는 자유도가 상당히 높다. 파일을 복사하거나, 셸 명령을 실행할 수도 있다. 스크립트 내에서 빌드, 패키징은 물론이고 배포, 테스트, 미들웨어에 대한 기동이나 정지까지 모든 것이 가능하다. 자유도가 높다는 이야기는 반대로 이야기하면 표준화가 어렵다는 이야기가 된다.

잘 관리 하지 않으면 프로젝트마다 또는 팀마다 빌드 스크립트가 제각각이다. 표준화가 되지 않은 빌드 스크립트는 새롭게 합류하는 개발자들에게 별도의 기술 습득 시간을 요구하게 되고 실수를 유발한다.

또한, 복잡한 형태의 빌드 프로세스를 요구하는 개발의 경우에는 빌드 스크립트 자체를 만드는 것 자체가 복잡한 일이 된다.

메이븐은 이런 단점을 보완해서 개발되었다. 메이븐은 템플릿 기반으로 빌드 스크립트를 구성한다. 템플릿 기반이란 특정 애플리케이션 타입에 대해서 디렉터리 구조, 빌드 프로세스 등이 모두 정해져 있다. 그래서 애플리케이션 타입에 따라서 템플릿만 골라서 사용하게 되면 누구나 같은 디렉터리 구조에서 같은 빌드 프로세스에서 개발하게 된다. 그래서 기술 습득 시간이 상대적으로 낮고, 누구나 표준화된 환경에서 빌드가 가능하다.

반대로, 템플릿 이외의 기능에 대해서는 유연성이 떨어져서, 마음대로 무엇인가를 추가하기가 어렵다. (예를 들어서 파일을 특정 클라우드에 복사한다든지). 물론 메이븐도 플러그인이라는 기능을 통해서 템플릿의 기능을 확장할 수 있는 기능을 제공하지만, 이 플러그인이라는 것 자체의 개발이 쉽지가 않기 때문에 템플릿의 기능을 벗어나는 순간 기술 습득 시간이 급속하게 올라간다. 다행히도 근래에는 메이븐에서 사용할 수 있는 플러그인들이 많이 있기 때문에 이런 문제들은 상대적으로 줄어들고 있다.

의존성 관리

다음으로, 라이브러리에 대한 의존성에 대해서 고민해볼 필요가 있다. 앤트의 경우에는 소스 코드와 라이브러리 그리고 기타 의존된 리소스 파일 (설정 파일, 스크립트, 이미지) 등이 디렉터리에 있는 것을 가정하고 빌드를 진행한다. 전적으로 이러한 파일들을 챙기는 것은 개발자와 빌드 매니저의 역할인데, 이러다 보니 특히 라이브러리 관련해서 문제가 발생한다.

예를 들어 원본 소스는 스프링 3.0 라이브러리를 바탕으로 개발되었는데, 어떤 개발자는 스프링 2.0을 사용해서 컴파일하고 어떤 개발자는 스프링 3.1을 사용해서 컴파일하는, 이런 일들이 발생할 수 있다는 것이다. (실제로 종종 발생하는 일)

메이븐의 경우 재미있는 것은 이렇게 컴파일을 하는 데 필요한 라이브러리에 대한 의존성을 정의하고, 정확한 버전을 정의하면, 컴파일 타임에 원격에 있는 저장소로부터 명시된 버전의 라이브러리를 내려받아서 컴파일과 패키징을 진행하기 때문에, 라이브러리의 버전 불일치가 발생할 염려가 없다. 또한, 오픈소스 등에서 작성한 잘 알려진 유명한 라이브러리가 아니더라도, 자체적으로 저장소 시스템을 구축하여, 팀 내에서 개발한 라이브러리를 배포해놓고 사용할 수 있다. 이런 시나리오는 여러 개의 모듈을 동시에 개발하는 프로젝트 팀의 경우 모듈 간의 의존 관계에서 오는 문제를 해결할 수 있는 좋은 방안이 된다.

근래에는 이런 장점 때문에 유연성이 다소 적더라도 메이븐이 많이 사용되는 추세이다. 이제 부터 간단하게 메이븐 기반의 빌드 방법에 대해서 설명해보도록 한다. 여기서 소개하는 빌드 스크립트는 웹 애플리케이션 기반의 빌드 스크립트로 다음과 같은 시나리오를 구성할 것이다.

- Jersey 기반의 JSON/HTTP REST API 지원, Spring DI 기반으로 비지니스 로직 구현, MyBatis를 이용한 데이터베이스 접근
- 빌드 환경은 개발자 PC인 local, 개발 환경인 dev, 스테이징 환경 stage, 검증 환경인 qa 그리고 실제 운영 환경이 production 환경으로 구성된다.
- 빌드 스크립트를 통해서 개발자는 빌드, 배포 및 톰캣에서 실행 및 테스트를 진행할 수 있어야 한다.

2.1 메이븐을 이용한 Jersey + MyBatis + Spring 기반의 개발 환경 구축

먼저 메이븐을 이용해서 개발하려면 프로젝트를 만들어야 한다. 프로젝트는 특정한 애플리케이션 타입에 맞는 템플릿을 이야기한다. 디렉터리 구조나 빌드 프로세스들이 미리 정해져 있는 개발을 위한 하나의 비어 있는 틀이다.

```
mvn archetype:generate -DarchetypeArtifactId=maven-archetype-webapp
-DinteractiveMode=false  -DgroupId=spring-tutorial -DartifactId=terry
-Dversion=1.0-SNAPSHOT -Dpackage=terry.spring.tutorial.ch1
```

이렇게 하면 하나의 비어 있는 프로젝트가 생성된다. 프로젝트가 생성되면 해당 애플리케이션 을 개발하는 데 필요한 디렉터리 구조나 필요한 라이브러리들을 자동으로 내려받아 설치된다.

이 프로젝트는 자바 웹 애플리케이션을 지원하는 war 형태의 프로젝트이다.

메이븐은 앞서도 설명하였듯이, 프로젝트를 생성할 때 프로젝트의 타입을 정할 수가 있다. 여기서는 war 기반의 개발을 하기 위한 웹 애플리케이션 형태의 프로젝트를 생성하였는데, 프로젝트 타입은 -DarchetypeArtificatId로 지정할 수 있다. (여기서는 가장 기본적인 maven-archetype-webapp을 사용하였다.)

그럼 생성된 프로젝트의 모양을 살펴보자. 생성된 프로젝트의 디렉터리 구조는 다음과 같다.

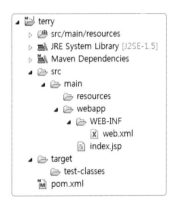

그림 6-15 메이븐으로 생성한 프로젝트 디렉터리 구조

pom.xml

ant의 ant.xml이나 make의 makefile처럼 build에 대한 모든 configuration을 지정한다.

다음으로, 생성된 디렉터리를 살펴보자 src에는 *.java 소스 파일과 웹 애플리케이션(war의 root) 디렉터리에 들어가는 내용과 각종 설정 파일들이 들어간다. 상세한 내용을 살펴보자.

src/main/resource

이 디렉터리는 각종 설정 파일이 위치하는 곳이다. 단 이 디렉터리 안에 있는 파일을 class path에 포함된다. 즉 war의 경우에는 이 디렉터리에 있는 파일들은 WEB-INF/classes 디렉터리 아래에 그대로 들어간다.

예를 들어 src/main/resources/sqlmap/sqlmapper.xml 파일은 컴파일 후에, war 파일 내의 WEB-INF/classes/sqlmap/sqlmapper로 저장된다.

src/main/webapp

웹 리소스에 해당하는 부분이다. war 안에 / 디렉터리에서부터 들어가는 HTML 및 각종 리소스 파일들을 모두 정의한다.

그런데 정작 보면 자바 코드를 넣을 소스 디렉터리가 없다. src/main/ 디렉터리 밑에 java 디렉터리를 하나 만들자. 다음 그림은 src/main/java 디렉터리를 만들고, terry.restapi.model.ContactVo.java를 구현한 디렉터리 구조이다.

그림 6-16 ContactVo.java 코드를 추가한 디렉터리 구조

다음 코드는 Contact.java 클래스로, 간단하게 사용자의 이메일, 이름과 전화번호를 저장하는 VO 클래스이다.

```
package terry.restapi.model;
import javax.xml.bind.annotation.XmlRootElement;
```

```java
@XmlRootElement(name="Contact")
public class ContactVo {
        String email;
        String name;
        String phone;
        public String getEmail() {
                return email;
        }
        public void setEmail(String email) {
                this.email = email;
        }
        public String getName() {
                return name;
        }
        public void setName(String name) {
                this.name = name;
        }
        public String getPhone() {
                return phone;
        }
        public void setPhone(String phone) {
                this.phone = phone;
        }
}
```

여기까지 진행했으면 war 파일이 어떻게 만들어지는지 테스트를 해보자. % mvn package 실행하면 ${HOME} 디렉터리 아래 /target/terry.war 파일이 생성된 것을 볼 수 있다. 이 파일을 풀어보면 앞에서 만든 WEB-INF/classes/terry/restapi/model/Contact.class가 패키징되어 있는 것을 확인할 수 있다.

지금까지 간단하게 메이븐 프로젝트를 만들고 소스 코드를 넣고 웹에 관련된 리소스를 정의한 후에 컴파일 및 war로 패키징을 해보았다.

메이븐도 앤트나 make 처럼 일종의 build target을 제공하는데, 메이븐에서는 이를 goal이라고한다. pom.xml의 스크립트에 따라서 다양한 goal을 정할 수도 있으나, 메이븐에서 미리 정해져 있는 goal 중 중요한 것은 다음과 같다.

- **mvn compile** 컴파일 수행(프로젝트 내의 자바 코드를 컴파일한다.)
- **mvn package** jar, war, ear 등 pom.xml에서 정해진 형태의 파일로 패키징(컴파일한 후 프로젝트 내용에 따라서 패키징을 수행한다.)
- **mvn test** JUnit 테스트 수행
- **mvn install** 로컬 저장소 (PC 내의 디렉터리)에 패키징된 파일을 저장
- **mvn deploy** 원격 저장소 (넥서스)에 패키징된 파일 저장
- **mvn clean** 컴파일 내용 모두 삭제

여기서 compile, package, clean 등은 거의 모든 빌드 스크립트에서(ant 등) 공통으로 지원하기 때문에 별도의 설명을 하지 않는다. 단 install과 deploy에 대해서 살펴보자.

앞서도 설명했듯이, 메이븐은 라이브러리에 대한 의존성을 지정하고 스크립트를 수행하면 저장소라는 곳에서 해당 라이브러리들을 읽어온다. 그러면 저장소란 어디일까?

mvn install은 컴파일된 패키지들을 로컬 PC의 라이브러리 저장소에 배포한다. 다른 프로젝트가 이 라이브러리를 사용하고자 한다면 로컬 PC 내에서 이 라이브러리를 찾아서 같이 컴파일할 수 있다. 그러나 로컬 PC에만 배포되었기 때문에 다른 사람은 이 라이브러리를 참조해서 사용할 수 없다. 그래서 다른 사람이 라이브러리를 참조할 수 있게 하려면, 네트워크상의 공용 저장소가 필요하다. 이러한 공용 저장소에 라이브러리를 배포하는 명령이 mvn deploy이다.

스프링이나 기타 라이브러리 등은 각각의 공용 저장소를 가지고 있고, mvn 역시 이러한 저장소 list를 기반으로 해서 라이브러리를 로딩할 때 우리 회사나 팀에서만 사용할 수 있는 저장소를 별도로 구축하려면 어떻게 해야 할까? 넥서스라는 제품을 설치하면 사내에 전용 저장소 서버를 구축할 수 있다(http://www.sonatype.org/nexus/). 자세한 내용은 나중에 설명한다.

메이븐의 프로젝트 생성, 각 디렉터리 구조의 이해 그리고 메이븐 을 통한 컴파일 및 패키징에 대한 설명이 끝났다. 그러면 이제부터 Jersey + MyBatis + Spring으로 개발하기 위한 설정

을 해보자. 먼저 pom.xml에 위의 세 가지 프레임워크를 사용하기 위해서 라이브러리를 정의해야 한다.

라이브러리 정의는 〈dependencies〉 엘리먼트 아래에 라이브러리당 〈dependency〉라는 엘리먼트로 정의한다.

```xml
<dependencies>
    <!-- jersey dependency -->
        <dependency>
            <groupId>com.sun.jersey</groupId>
            <artifactId>jersey-server</artifactId>
            <version>1.17</version>
        </dependency>
~ 이하 생략 ~
```

위의 3가지 프레임워크를 사용하는 데 필요한 의존성은 다음과 같다.

> ※ 정확하게 여기서는 JSON/REST를 이용하기 위해서 Jersey를 사용하고, Spring 3.1 에서 의존성 주입 (Dependency Injection)만을 이용할 것이며 MyBatis와 MySQL 사용을 위해서 MySQL JDBC Driver를 사용할 것이다.

> ※ 다음은 지면 관계상 의존성을 테이블로 정리해보았다.

프레임워크 이름	groupId	artifactId	version
	com.sun.jersey	jersey-server	1.17
Jersey	com.sun.jersey	jersey-servlet	1.17
	com.sun.jersey	jersey-json	1.17

Spring	org.springframework	spring-core	3.1.1.RELEASE
	org.springframework	spring-context	3.1.1.RELEASE
	org.springframework	spring-beans	3.1.1.RELEASE
	org.springframework	spring-web	3.1.1.RELEASE
	org.springframework	spring-webmvc	3.1.1.RELEASE
Spring + Jersey연결	com.sun.jersey.contribs	jersey-spring	1.17
Spring + MyBatis 연결	org.mybatis	mybatis-spring	1.0.1
MySQL JDBC	mysql	mysql-connector-java	5.1.24

여기서 Spring + Jersey 연결에 사용되는 jsersy-spring artifact를 잠시 살펴볼 필요가 있다. 이 jersey-spring artifact는 자체적으로 스프링 프레임워크를 포함하고 있기 때문에, 우리가 정의한 스프링 프레임워크와 중복 가능성이 있다. 그래서, jersey-spring dependency에 의해서 스프링 프레임워크가 중복적으로 가지고 오지 않도록 해당 모듈들을 다음과 같이 제외(exclude)하도록 선언한다.

```
<!-- jersey + spring depdendency -->
<dependency>
    <groupId>com.sun.jersey.contribs</groupId>
    <artifactId>jersey-spring</artifactId>
    <version>1.17</version>
    <exclusions>
        <exclusion>
            <groupId>org.springframework</groupId>
            <artifactId>spring</artifactId>
        </exclusion>
        <exclusion>
            <groupId>org.springframework</groupId>
            <artifactId>spring-core</artifactId>
        </exclusion>
        <exclusion>
            <groupId>org.springframework</groupId>
```

```xml
                <artifactId>spring-web</artifactId>
        </exclusion>
        <exclusion>
            <groupId>org.springframework</groupId>
            <artifactId>spring-beans</artifactId>
        </exclusion>
        <exclusion>
            <groupId>org.springframework</groupId>
            <artifactId>spring-context</artifactId>
        </exclusion>
    </exclusions>
</dependency>
```

자아. 이제 빌드 스크립트는 Jersey + MyBatis + Spring DI를 이용한 개발 준비가 되었다. 그러면 실제 코딩에 들어가 보자.

java/terry/restapi 아래 MVC 모델에 맞춰서 service, dao, model 디렉터리를 만들고 다음과 같이 클래스를 구현한다.

예제 | java/terry/restapi/dao/ContactDao.java

```java
package terry.restapi.dao;

import java.util.HashMap;
import terry.restapi.model.ContactVo;

public interface ContactDao {
        public void create(ContactVo contact);
        public ContactVo get(String email);
        public void delete(String email);
        public void update(String email, ContactVo contact);
}
```

java/terry/restapi/dao/ContactImpl.java는 MyBatis를 이용한 contact 테이블에 대한 CRUD를 구현한다.

```java
package terry.restapi.dao;
import org.mybatis.spring.support.SqlSessionDaoSupport;
import terry.restapi.model.ContactVo;
public class ContactDaoImpl extends SqlSessionDaoSupport
implementsContactDao {
        public void create(ContactVo contact) {
                // TODO Auto-generated method stub
        }
        public ContactVo get(String email) {
                // TODO Auto-generated method stub
                ContactVo contact =
                    (ContactVo)getSqlSession()
                            .selectOne("contactdao.getUserByEmail", email);
                return contact;
        }
        public void delete(String email) {
            // TODO Auto-generated method stub
        }
        public void update(String email, ContactVo contact) {
            // TODO Auto-generated method stub
        }
 }
```

다음은 Jersey를 이용한 REST API의 구현이다. 다음 코드는 편의상 create, select, update 만 구현하였다.

```java
package terry.restapi.service;

import javax.ws.rs.Consumes;
import javax.ws.rs.GET;
import javax.ws.rs.POST;
import javax.ws.rs.PUT;
import javax.ws.rs.Path;
import javax.ws.rs.PathParam;
```

```java
import javax.ws.rs.Produces;
import javax.ws.rs.core.MediaType;
import javax.ws.rs.core.Response;

import terry.restapi.dao.ContactDao;
import terry.restapi.model.ContactVo;

@Path("/contact")
public class ContactService {
        static ContactDao dao = null;
        public void setContactDao(ContactDao dao){this.dao = dao;}
        public ContactService(){
                //if(dao == null)        setContactDao(new ContactDao());
        }


        /**
         * Create Contact Record
         * @param contact
         * @return
         */
        @POST
        @Consumes(MediaType.APPLICATION_JSON)
        public Response create(ContactVo contact){
                dao.create(contact);
                return Response.status(200).entity(contact).build();
        }
        /**
         * Query Contact record by email id
         * @param email
         * @return
         */
        @GET
        @Produces(MediaType.APPLICATION_JSON)
        @Path("{email}")
        public ContactVo get(@PathParam("email") String email){
                return dao.get(email);
        }
        /**
         * Upadte Contact Record by email
```

```
    * @param email
    * @param contact
    * @return
    */
   @PUT
   @Path("{email}")
   @Consumes(MediaType.APPLICATION_JSON)
   @Produces(MediaType.APPLICATION_JSON)
   public Response  update(@PathParam("email") String email,
   ContactVo contact){
           dao.update(email, contact);
           return Response.status(200).entity(contact).build();
   }
}
```

자, 코드 구현이 끝났다. 이제 이 코드를 실행하기 위해서는 다음과 같은 추가 작업이 필요하다. /webapp/WEB-INF/config/spring-context.xml Spring Bean를 정의하기 위한 spring context 파일을 작성하자.

```
<?xml version="1.0" encoding="UTF-8"?>
<beans xmlns="http://www.springframework.org/schema/beans"
       xmlns:xsi="http://www.w3.org/2001/XMLSchema-instance"
       xmlns:context="http://www.springframework.org/schema/context"
       xsi:schemaLocation="http://www.springframework.org/schema/beans
       http://www.springframework.org/schema/beans/spring-beans.xsd">

       <!-- load configuration file -->
        <beanclass="org.springframework.beans.factory.config
           .PropertyPlaceholderConfigurer">
         <property name="locations">
          <value>/WEB-INF/config/config.properties</value>
         </property>
        </bean>

       <!-- create rest service object and inject dao -->
       <bean class="terry.restapi.service.ContactService"
```

```xml
          id="contactService">
              <property name="contactDao" ref="contactdao" />
    </bean>
    <!-- declare dao object  -->
    <bean class="terry.restapi.dao.ContactDaoImpl" id="contactdao">
              <property name="sqlSessionFactory" ref="sqlSessionFactory" />
    </bean>


    <!--
              mybatis configuration
              sqlSessionFactory & sqlSessionTemplate are required
      -->
    <bean id="sqlSessionFactory"
          class="org.mybatis.spring.SqlSessionFactoryBean">
              <property name="dataSource" ref="dataSource" />
              <property name="configLocation"
                      value="/WEB-INF/config/mybatis-config.xml"/>
    </bean>
    <bean id="sqlSessionTemplate"
          class="org.mybatis.spring.SqlSessionTemplate">
              <constructor-arg ref="sqlSessionFactory" />
    </bean>

    <!--
              data source configuration
              for testing purpose , it uses simple jdbc datasource
      -->
    <bean id="dataSource" class="org.springframework.jdbc.datasource
          .SimpleDriverDataSource">
              <property name="driverClass"
                      value="${mybatis.jdbc.driverclass}"/>
              <property name="url"
                      value="${mybatis.jdbc.url}" />
              <property name="username"
                      value="${mybatis.jdbc.username}" />
              <property name="password"
                      value="${mybatis.jdbc.password}" />
    </bean>
</beans>
```

그리고 위의 파일 내용을 보면, /WEB-INF/config/config.properties라는 파일을 읽게 되어 있는데, 여기에는 MYSQL DBMS에 접속에 필요한 URL, PORT, 사용자 아이디, 비밀번호 등이 들어간다.

/webapp/WEB-INF/config/config.properties

```
mybatis.jdbc.driverclass=com.mysql.jdbc.Driver
mybatis.jdbc.url=jdbc:mysql://localhost:3306/development
mybatis.jdbc.username=developer
mybatis.jdbc.password=developer
```

/webapp/WEB-INF/config/mybatis-config.xml MyBatis가 사용하는 데이터베이스 연결 정보 등의 설정 파일

```xml
<?xml version="1.0" encoding="UTF-8"?>
<!DOCTYPE configuration PUBLIC "-//mybatis.org//DTD Config 3.0//EN"
    "HTTP://mybatis.org/dtd/mybatis-3-config.dtd">
<configuration>
 <settings>
  <setting name="cacheEnabled" value="false" />
  <setting name="useGeneratedKeys" value="true" />
  <setting name="defaultExecutorType" value="REUSE" />
 </settings>

 <mappers>
  <mapper resource="sqlmap/ContactDao_map.xml" />
 </mappers>
</configuration>
```

/webapp /WEB-INF/web.xml 초기에 Spring Context와 Jersey framework을 로딩하기 위한 설정

```xml
<!DOCTYPE web-app PUBLIC "-//Sun Microsystems, Inc.//DTD Web Application
2.3//EN" "http://java.sun.com/dtd/web-app_2_3.dtd" >

<web-app>
<display-name>Archetype Created Web Application</display-name>
    <!-- load spring context configuration -->
```

```xml
<context-param>
    <param-name>contextConfigLocation</param-name>
    <param-value>
        /WEB-INF/config/spring-context.xml
        <!-- /WEB-INF/config/mybatis-context.xml -->
    </param-value>
</context-param>

<!-- load listener -->
<listener>
    <listener-class>
        org.springframework.web.context.ContextLoaderListener
    </listener-class>
</listener>

<!-- configure jersey/JSON servlet -->
<servlet>
    <servlet-name>Jersey Web Application</servlet-name>
    <servlet-class>com.sun.jersey.spi.spring.container
        .servlet.SpringServlet</servlet-class>
        <init-param>
            <param-name>com.sun.jersey.config.property.resourceConfigClass
            </param-name>
            <param-value>com.sun.jersey.api.core.PackagesResourceConfig
            </param-value>
        </init-param>
        <init-param>
        <param-name>com.sun.jersey.config.property.packages</param-name>
        <param-value>terry.restapi</param-value>
    </init-param>
    <init-param>
        <param-name>com.sun.jersey.api.json.POJOMappingFeature
        </param-name>
        <param-value>true</param-value>
    </init-param>
    <load-on-startup>1</load-on-startup>
</servlet>
<servlet-mapping>
    <servlet-name>Jersey Web Application</servlet-name>
```

```
            <url-pattern>/*</url-pattern>
        </servlet-mapping>
</web-app>
```

예제 | /resources/sqlmap/ContactDao_map.xml MyBatis가 실행하는 SQL이 들어 있는 SQL Mapper 파일 작성

```xml
<?xml version="1.0" encoding="UTF-8" ?>
<!DOCTYPE mapper PUBLIC "-//mybatis.org//DTD Mapper 3.0//EN"
"http://mybatis.org/dtd/mybatis-3-mapper.dtd">

<mapper namespace="contactdao">
        <!--
                select user by email id
        -->
        <resultMap type="terry.restapi.model.ContactVo"
                id="resultmap.terry.restapi.model.ContactVo">
                <id column="email" property="email"/>
                <result column="name" property="name"/>
                <result column="phone" property="phone"/>
        </resultMap>
        <select id="getUserByEmail" parameterType="String"
                resultMap="resultmap.terry.restapi.model.ContactVo">
                select email, name, phone
                from contact_table
                where email = #{email}
        </select>
</mapper>
```

여기까지 구현하였으면 디렉터리는 다음과 같은 형태가 된다.

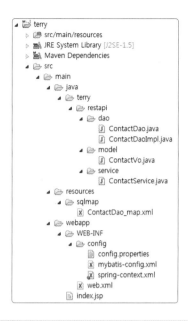

그림 6-17 REST API 코드와 설정 파일을 추가한 후의 디렉터리 구조

이제 mvn package 명령어를 이용하여 war 파일을 만들고, tomcat에 배포한 다음, MySQL DB에 다음과 같은 스키마로 contact_table을 만들면 실행을 위한 준비가 끝난다.

Field	Type	Null	Key	Default	Extra
email	varchar(255)	NO	PRI	NULL	
name	varchar(255)	YES		NULL	
phone	varchar(45)	YES		NULL	

그림 6-18 MySQL의 contact_table 테이블 스키마 구조

수동으로 톰캣을 설치하고 실행하고 배포하면 까다롭기도 하거니와 개발자마다 다른 버전이나 다른 설정을 할 수 있기 때문에 이번에는 mvn 스크립트 내에서 빌드 과정 내에 톰캣을 자동으로 기동시키고 배포하는 스크립트를 추가해보자. 이 과정은 메이븐의 플러그인이라는 기능을 이용하면 된다.

pom.xml에 〈project〉 엘리먼트 아래에 다음과 같은 내용을 추가한다.

```
<build>
    <finalName>restapi</finalName>
    <plugins>
        <!--
          tomcat7 plugin
          caution!!. mvn tomcat:xxx will invoke default plugin
          do. mvn tomcat7:xxx
          -->
        <plugin>
            <groupId>org.apache.tomcat.maven</groupId>
            <artifactId>tomcat7-maven-plugin</artifactId>
            <version>2.1</version>
            <configuration>
                <warSourceDirectory>
                    ${basedir}/target/${artifactId}
                </warSourceDirectory>
            </configuration>
        </plugin>
    </plugins>
</build>
```

위의 내용은 tomcat 7 플러그인을 추가하여, 빌드 후에 tomcat을 기동할 수 있게 해주며, tomcat이 실행 시 ${basedir} (pom.xml이 있는 프로젝트의 루트 디렉터리) 아래 /target/terry 디렉터리를 war의 root 디렉터리로 인식하고 기동하게 한다.

${artifactid}는 메이븐 프로젝트 생성 시 지정했던 프로젝트의 이름으로, war 빌드 스크립트는 별도의 지정이 없는 한 war 파일명을 이 ${artifactid}.war로 ${basedir}/target/ 아래 생성한다. 또한, 컴파일 과정에서 war 파일이 풀린 모든 파일을 위치해놓는다.

이제 모든 스크립트가 완성되었다. '%mvn package tomcat7:run'을 실행해보자. package 는 컴파일 및 war 파일과 war 파일이 풀린 모든 파일들(exploded war)을 만들게 하고 tomcat7:run은 tomcat7을 위에서 만든 exploded war 파일들을 읽어서 기동하게 한다.

이제 로컬 환경에서 배포와 실행이 되었으면 REST API를 호출하여 테스트를 해보자. 간단한 테스트를 위해서 Google Chrome Browser의 Advanced REST Client를 사용하였다.

그림 6-19 크롬 Advanced REST Client로 Post API를 테스트한 화면

메이븐은 plug in이라는 기능을 통해서 여러 기능 들을 추가로 빌드 프로세스 내에 추가할 수 있는데, 여기서는 빌드에서 확장하여 배포 환경별로 패키징하는 시나리오를 추가해보기로 한다.

다음과 같은 시나리오를 생각해보자.

> "빌드에 의해서 생성된 웹 애플리케이션은 내 로컬 PC에서도 돌아가야 하며, 다른 개발자와 협업하는 서버의 개발 환경에서도 돌아야 하고, 개발 주기마다 주기적으로 QA 환경에서 테스트를 받은 후 스테이징 환경을 거쳐서 최종적으로 제품 환경에 배포되어야 한다."

2.2 자바 버전 지정

먼저 대상 환경에 맞는 컴파일 및 런타임 시에 소스 코드에 대한 자바 버전과 대상 컴파일러의 자바 버전을 지정할 수 있다. 아주 기본적인 내용인 것 같지만, 실제 빌드 과정에서 이 자바 버전을 명시적으로 지정하지 않아서 런타임 등에서 문제가 생기는 경우가 의외로 많다. 예를 들어 런타임의 JVM 버전이 1.5인데, 최신 버전으로만 컴파일하는 것을 정책으로 잡아놓고 1.7로만 컴파일이 되게 하면 빌드 스크립트에 의해서 컴파일된 바이너리는 런타임에서 작동하지 않는다.

```
<!--  compiler plug in -->
<plugin>
    <artifactId>maven-compiler-plugin</artifactId>
        <version>3.0</version>
    <configuration>
        <source>1.5</source>
        <target>1.5</target>
    </configuration>
</plugin>
```

2.3 배포 환경별로 컴파일

빌드된 소프트웨어는 개발, 테스트, 운영 등 환경에 따라 다른 형태로 빌드되어야 한다. 서버 개발을 가정하고 개발 및 운영 등 어떤 환경이 있는지를 먼저 살펴보고 환경별로 어떻게 빌드

하는지를 살펴보자.

서버 환경

일반적인 서버 개발 환경은 다음과 같이 로컬 개발, 서버 개발, 통합 개발, 테스팅, 스테이징,
운영 환경 등으로 나누어진다. 각자의 개발 과정에 따라 각자의 역할과 목적이 다르고, 그에
따라서 시스템의 크기도 다르다.

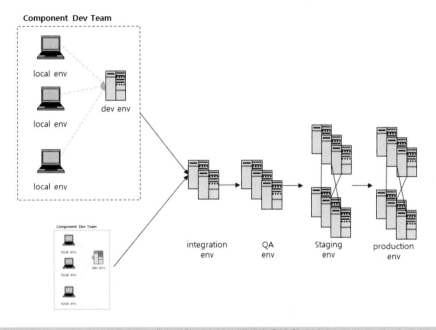

그림 6-20 개발, 통합, 테스트, 스테이징, 운영 환경 개념도

꼭 모든 환경을 갖출 필요가 없으며, 프로젝트 환경에 따라서 각 환경을 합치거나 생략해도 된
다. 그러면 각 환경에 대해서 살펴보도록 하자.

환경	설명
Local 로컬 개발 환경	먼저 개발을 하려면 각자 개발자 PC에 개발 및 테스트 환경이 세트업 되어 있어야 한다. 개발자마다 설치된 서버 환경을 로컬 환경이라고 한다. (예: 각 PC에 MySQL 등의 DB와 톰캣 등의 제품을 설치하고, 이클립스와 같은 개발 도구와 컴파일러 등이 설치된 환경) 이 로컬 환경을 구축할 시에 가장 주의해야 할 점은 모든 개발자가 같은 개발 환경을 사용해야 한다는 것이다. 실제로 많이 일어나는 문제인데, 다른 버전은 JVM를 사용하거나, 다른 버전의 톰캣을 사용하거나 Lang (문자 로케일 설정)을 서로 다르게 해서, 정작 코드를 합칠 때 로컬에서 잘 작동했던 코드가 작동하지 않는 경우가 많다. 개발 환경을 표준화하는 방법은 여러 방법이 있지만, 전체 개발 환경 (JDK, 이클립스, 라이브러리)을 zip 파일 형태로 묶어서 사용하는 방법이 가장 일반적이다. 또는 뒤에서도 설명하겠지만, 메이븐을 사용할 경우, 개발에 사용되는 JDK, 라이브러리 버전 등을 지정할 수 있기 때문에 개발 환경 차이에서 오는 문제점 상당 부분을 해소할 수 있다. 또는 근래에 들어서 가상화 기술을 사용하여, VM (Virtual Machine) 기반의 이미지로 표준 개발 환경을 만들어서 배포하거나 도커(Docker)와 같은 컨테이너 기술을 사용하는 방법도 사용되는 추세이다. 뒤에서 이 가상 머신(VM)과 도커 기반의 환경 설정에 대해서 자세하게 설명한다.
Dev 서버 개발 환경	서버 개발 환경은 개별 개발자들이 만든 코드를 합쳐서 서버 환경에서 테스트해 볼 수 있는 환경이다. 소스 코드를 형상관리 시스템에 커밋하면 코드는 이 서버 개발 환경으로 자동으로 배포되고 이 환경에서 테스트가 된다. 기능 개발을 위주로 하기 때문에 서버 개발 환경은 제품 운영(Production)보다 훨씬 작다. 예를 들어 제품 운영이 클러스터링 환경으로 여러 개의 서버로 구성된다면 개발 환경은 한두 개의 서버로 기능 구현이 가능한 정도로 구축하는 것이 일반적이다.
Integration 통합 개발 환경	통합 개발 환경은 여러 개의 컴포넌트를 동시 개발하는 프로젝트가 있고 각 컴포넌트가 다른 컴포넌트에 대해서 의존성(Dependency)이 있을 때 컴포넌트를 통합 및 테스트하는 환경으로 사용한다. 예를 들어 단말기와 서버를 같이 개발하는 환경의 경우 이 통합 개발 환경에서 통합한다. 서버 개발 환경과 마찬가지로 최소한의 세트로 구성하되, 서버 개발 환경에서 릴리즈되면 주기적으로 배포한다.

QA 테스팅 환경	테스트 환경은 QA 엔지니어에 의해서 사용되는 환경으로, 짧은 릴리즈 주기에 따라서 개발 환경에서 QA 환경으로 배포되고, 여기서 기능 및 비기능(Load Test) 등을 QA 엔지니어가 수행한다. 비기능 테스트를 수행할 시에는 제품 운영과 거의 유사한 환경을 만들어 놓고, 테스트를 수행한다. (경우에 따라서는 비기능 테스트는 릴리즈 전에 제품 운영 환경에서 직접 수행하는 때도 있다. 이런 경우는 릴리즈 주기가 매우 긴 경우 주로 사용하는데, 기업의 내부 IT 시스템 만들어서 몇 년씩 사용 하는 경우와 같은 때 이런 방식을 이용한다.
Staging 스테이징 환경 (또는 Pre-production)	운영 환경과 거의 동일한 환경을 만들어 놓고, 운영환경으로 이전하기 전에, 여러 가지 비기능적인 부분 (보안, 성능, 장애 등)을 검증하는 환경이다. 주로 B2C 서비스 개발과 같이 릴리즈가 잦은 경우에 사용한다.
Production 제품 운영 환경	실제 서비스를 위한 운영 환경

각 환경을 운영할 때 또 다른 고려 사항은 개발자, 테스터, 운영자 등 각각 역할에 대해서 어디까지 접근 권한을 제공할 것인가이다 일반적으로 개발 환경과 통합 개발 환경은 개발자들이 접근 권한을 가지고, 테스팅 환경, 스테이징 환경은 QA 엔지니어까지 접근 권한을 가질 수 있다.

그러나 제품 운영 환경의 경우 운영팀만 접근 권한을 가지도록 하여 사용자의 데이터나 중요 정보가 유출되거나 환경 설정이 원하지 않게 깨지는 것을 방지할 필요가 있다. 성능이나 장애 추적 등을 위해서 제품 운영 환경 접근이 필요한 경우 한시적으로 운영팀으로부터 권한을 받아서 접근을 허가하도록 하는 것이 좋다.

이러한 환경 운영은, 대부분 개발 환경은 별도로 운영하는 것이 일반적이고, 상황에 따라서 통합 개발 환경, 테스팅 환경, 스테이징 환경은 요구 사항에 따라서 합치거나 별도 운영한다. 환경이 많아지면 조금 더 다양한 형태의 검증과 각 이해당사자(테스터, 개발자, 사용자 등)별로 테스트가 쉽지만, 반대로 각 환경을 유지하는 데 필요한 서버와 운영 인력이 많이 소요되는 단점이 있다.

그래서 요즘과 같이 가상화 환경을 사용하는 경우에는 이미지를 만들어놨다가, 실제 테스트나 사용을 할 경우에만 가상 서버에 환경을 배포해서 사용하고 사용이 끝나면 다시 이미지를 스토리지에 저장해 놓는 전략을 많이 사용한다.

환경별로 빌드하기

이러한 다중 환경을 지원하기 위해서 같은 소스 코드로 어떻게 다르게 패키징(Packaging)을 할 것인가에 대해서 고민해보자. 각 환경이 다르면 DBMS에 접근하기 위한 DB URL, 아이디, 비밀번호도 다를 것이며, 기타 디렉터리 구조나 다른 서버의 IP 등이 모두 다를 것이다. 즉 배포 대상에 따라서 다른 빌드 프로세스를 타야 한다는 것이다.

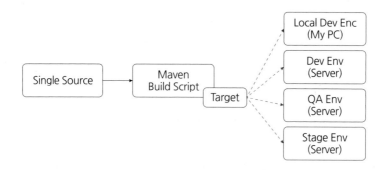

그림 6-21 Profile을 이용하여 다양한 환경에 맞게 빌드하기

이를 메이븐에서는 Profile이라는 것으로 지원할 수 있다.

지금 소개하는 예시 시나리오는 이러한 설정 정보를 WEB-INF/config/config.properties에 정의했다고 하고, 빌드 대상(Target)에 따라 각각 다른 config.properties 파일을 패키징하는 시나리오이다.

각각 다른 환경의 config 파일을 저장하기 위해서 ${basedir} 아래에 다음과 같은 이름으로 디렉터리를 만든다.

- ${basedir}/resource-local 내 PC용 설정 정보

- ${basedir}/resource-dev 공용 개발 서버용 설정 정보

- ${basedir}/resource-qa QA 환경용 설정 정보

- ${basedir}/resource-stage 스테이징 환경용 설정 정보

그리고 각 디렉터리 아래 WEB-INF/config/config.property를 각 환경에 맞게 정의한다. 다음 예제는 dev 환경용 설정 파일이다.

```
mybatis.jdbc.driverclass=com.mysql.jdbc.Driver
mybatis.jdbc.url=jdbc:mysql://localhost:3306/development
mybatis.jdbc.username=developer
mybatis.jdbc.password=developer

s3.url=developer_s3
```

이렇게 설정한 디렉터리는 다음과 같은 구조를 가지게 된다.

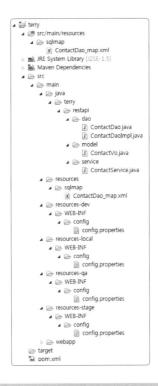

그림 6-22 다양한 환경을 지원하기 위해 대상별로 별도의 Property를 정의한 디렉터리 구조

다음으로, 메이븐의 pom.xml에서 환경에 맞게 위에 지정한 파일들을 포함해서 패키징하게

해야 한다. 이를 메이븐에서는 Profile이라고 하고, 다음과 같이 정의한다. 각 빌드 환경마다 여기서는 ⟨environment⟩라는 환경 변수를 지정하게 하였다.

```xml
<!-- profile definition -->
<profiles>
    <profile>
        <id>local</id>
        <properties>
            <environment>local</environment>
        </properties>
    </profile>
    <profile>
        <id>dev</id>
        <properties>
        <environment>dev</environment>
        </properties>
    </profile>
    <profile>
        <id>qa</id>
        <properties>
            <environment>qa</environment>
        </properties>
    </profile>
    <profile>
        <id>stage</id>
        <properties>
            <environment>stage</environment>
        </properties>
    </profile>
</profiles>
```

그리고 빌드 시 ${basedir}/resource-{environment} 디렉터리를 webapp/ 아래에 복사하도록 하고자 한다. 이를 위해서는 war를 패키징하는 war 플러그인의 속성에 web-resource(WEB-INF 디렉터리)를 빌드 대상에 맞게 선택되도록 다음과 같이 지정한다.

환경에 맞게 정의한다. 다음 예제는 dev 환경용 설정 파일이다.

```
<!--  war plug in  -->
<plugin>
    <groupId>org.apache.maven.plugins</groupId>
    <artifactId>maven-war-plugin</artifactId>
    <version>2.3</version>
    <configuration>
        <warSourceDirectory>${basedir}/src/main/webapp</warSourceDirectory>
        <webResources>
            <webResource>
                <directory>${basedir}/src/main/resources-${environment}
                </directory>
            </webResource>
        </webResources>
    </configuration>
</plugin>
```

여기까지 진행한 후에 각 환경에 맞게 패키징하기 위해서는 mvn에서 −P{environment} 이름을 적어주면 된다. 예를 들어 QA 환경용으로 war 파일을 만들려면 다음과 같이 명령을 실행하면 된다.

```
% mvn -Pqa package
```

2.4 RPM으로 패키징하고 배포

메이븐의 빌드 패키징의 문제가 자바에 관련된 jar나 ear 또는 war 파일만 딱 생성하고 패키징을 한다. 그러나 서버를 배포하기 위해서는 이런 jar 형태의 파일뿐만 아니라 애플리케이션들이 참고하는 각종 설정 파일들을 함께 배포해야 할 필요가 있다. 운이 좋게 모든 파일이 jar, ear, war 등에 함께 패키징되면 좋겠지만, 애플리케이션이 어느 정도 규모가 되면 함께 패키징이 되지 않는 파일들이 발생한다.

이런 문제를 해결하기 좋은 방법으로는 리눅스에서 제공하는 rpm 패키징을 이용하는 방법이 있다. 메이븐에서는 이 rpm 패키징을 플러그인으로 제공한다.

http://mojo.codehaus.org/rpm-maven-plugin/

사용법도 상당히 간단하기 때문에 추천한다. 단 이 플러그인은 리눅스의 명령어인 rpmbuild 를 내부적으로 수행하기 때문에 윈도우가 아닌 리눅스에서만 사용할 수 있다.

rpm package는 여러 가지 기능을 수행할 수 있지만, 여기서 설명하는 것은 기본적으로 파일 복사이다.

```xml
<!--  rpm plug in -->
<plugin>
    <groupId>org.codehaus.mojo</groupId>
    <artifactId>rpm-maven-plugin</artifactId>
    <version>2.0-beta-2</version>
    <configuration>
        <copyright>2013 - Terry Cho</copyright>
        <group>terry/example</group>
        <mappings>
            <mapping>
                <directoryIncluded>false</directoryIncluded>
                <directory>${rpm.install.webapps}</directory>
                <username>bwcho</username>
                <groupname>bwcho</groupname>
                <sources>
                    <source>
                        <location>${basedir}/target/${artifactId}.war
                        </location>
                    </source>
                </sources>
            </mapping>
        </mappings>
    </configuration>
</plugin>
```

설정을 제공하는 ⟨configuration⟩ 부분을 보자. rpm은 패키지에 대한 관리를 위해서 rpm 그룹핑을 제공하는데, ⟨group⟩은 rpm 패키지의 그룹을 정의한다. 이 group은 여러 개의 컴포넌트를 함께 배포할 때 매우 유용하게 사용될 수 있다. 예를 들어 비디오 인코딩 애플리케이션이 있고, 이 애플리케이션이 upload, download, encoding 컴포넌트 3개로 구성되어 있고, 각각 배포되어야 한다면 그룹명을 videoencoding/upload, videoencoding/download, videoencoding/encoding 등으로 지정하여 구별할 수 있다.

다음으로 ⟨mappings⟩ 엘리먼트에서는 복사할 파일 리스트를 지정할 수 있다. 하위 엘리먼트로 ⟨mapping⟩이라는 엘리먼트에서 개개별의 디렉터리나 파일을 지정하면 된다.

⟨sources⟩, ⟨source⟩ 엘리먼트에서 복사할 원본 파일 리스트를 지정하고 ⟨directory⟩ 엘리먼트에서 복사될 대상 디렉터리를 지정한다. 그리고 ⟨username⟩과 ⟨groupname⟩은 파일이 복사될 때 (생성되는 파일의) user id과 group (unix)를 정의한다.

위의 예제는 war 파일을 ${rpm.install.webapps}로 복사하는 rpm 파일을 생성하는 스크립트이다. 이렇게 생성된 스크립트는 '% mvn package rpm:rpm'으로 수행할 수 있다.

앞서 설명한, profile과 함께 사용하면, dev용 rpm 패키지 생성은 '% man −Pdev package rpm:rpm'과 같이 하면 된다. 이렇게 생성된 rpm 파일들은 각 대상 시스템으로 복사되어 rpm을 수행하는 것만으로도 모든 의존성을 가진 파일들을 함께 설치할 수 있다. 아울러 rpm이 가진 고유한 기능으로, 특정 버전으로의 롤백 등이 가능하다. 이 rpm 파일들을 각 대상 시스템으로 자동으로 복사 및 실행하는 부분에 대해서는 뒤에서 다시 살펴보도록 하자.

3. 저장소

개발 과정에서 생성된, 라이브러리나 빌드 결과는 어떻게 관리할까? 빌드 결과로 만들어진 패키지나 제품은 rpm의 경우 yum 저장소(Repository)를 사용할 수 도 있고 VCS에 버전 별로 저장할 수도 있다. 라이브러리의 경우에는 조금 더 복잡한데, 릴리즈 후 제품을 출시하고 끝나는 것이 아니라 릴리즈마다 다른 개발자가 사용할 수 있도록 빌드와 공통된 저장소에 배포해서 관리해야 한다.

얼마 전까지만 하더라도 웹 사이트 등에서 라이브러리를 내려받아서 사용했지만, 요즘같이 라이브러리가 많고 라이브러리 간의 의존성이 많아짐에 따라 일일이 내려받아서 설치하는 것도 어려워졌다. 그래서 표준화되고 공유가 가능한 형태의 저장소가 필요해졌다.

앞에서 소개한 메이븐을 사용해보면, 나오는 질문이 첫 번째는 느리다는 것이다. 두 번째는 팀의 공통 모듈에 대한 의존성(Dependency) 관리이다. 메이븐은 의존성이 정해져 있으면 다음 그림과 같이 해당 라이브러리(artifact 이하 라이브러리)를 가진 원격 저장소에 접속해서 로컬로 해당 라이브러리를 복사해 놓고 사용한다. 그렇기 때문에 초반 빌드 타임에는 각 라이브러리를 모두 원격지에서 읽어와야 하기 때문에 내려받기 시간이 많이 소요되고 clean 상태에서 빌드를 하게 되면 당연히 빌드 시간이 많이 소요된다.

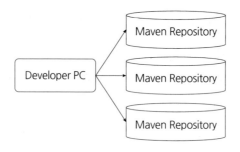

그림 6-23 여러 개의 메이븐 저장소를 직접 참조하는 구조

그래서 로컬에 저장소를 넣는 경우가 많은데, 넥서스의 주요 기능 중 하나는 프락시 기능이다. 다음 그림과 같이 로컬 저장소를 회사 내부에 설치하고 메이븐 설정에서 미러 사이트를 로컬 저장소로 설정해주면, 개발자가 빌드할 때 라이브러리를 로컬 저장소에 요청하게 되고, 로컬 저장소에 해당 라이브러리가 없는 경우 로컬 저장소가 원본 메이븐 저장소로부터 그 라이브러리를 읽어와서 로컬에 저장해 놓고 개발자에게 반환해준다.

다음부터는 한 번 읽어온 라이브러리를 로컬에 캐시하고 있기 때문에 원격 접속 없이 로컬의 로컬 저장소에서 읽어오기 때문에 빠르게 라이브러리를 로드 할 수 있다.

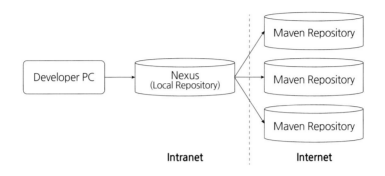

캐시 기능이 편이성을 위해서라면, 내부에서 개발하여 공통으로 사용하는 common(공통) 라이브러리 등에 대한 의존성 관리는 편이성보다는 필수적인 기능 요건이 된다. 예를 들어 개발팀 A, B, C, D 4개의 팀이 있는 조직에서 개발팀 A가 개발한 라이브러리를 B, C, D 개발팀에서 사용한다고 하자. 로컬에 저장소가 없다면, 이 라이브러리는 개발팀 A가 파일 서버나, 이메일을 통해서 별도로 배포해야 하고 메이븐을 통한 의존성 관리가 되지 않기 때문에, 앞서 메이븐 설명 시에 언급한 버전의 불일치성들이 발생할 수 있다. 이런 이유로 로컬에 메이븐 저장소를 설치하여 사용하게 되면, 개발팀 간의 의존성이 있는 모듈에 대한 의존 관계를 손쉽게 해결할 수 있다.

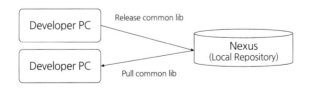

메인 시나리오로만 보면 복잡할 것이 없어 보이지만, 로컬 저장소는 단순한 파일 저장소 수준이 아니다.

내부에서 사용하는 라이브러리는 대단히 중요한 자산이고, 또한 보안이나 컴플라이언스(Compliance, 법률이나 규제 또는 회사 내 정보 보안 사규)에 관련된 모듈이라면 접근 정책 관리나, 접근 로그 관리 등 추가적인 기능들이 필요하다. 또한, 라이브러리도 일반적으로 지속적인 버전업이 되기 때문에, 신규 버전에 대한 배포, 오래된 버전에 대한 삭제까지 전체 단계에 걸친 생명 주기(Life Cycle) 관리 기능이 요구된다.

대표적으로 사용되는 메이븐 저장소 제품이 소나타입(Sonatype)사의 넥서스(Nexus)이다. 넥서스는 기본 기능에 대해서는 무료로 제공되며, 고급 기능이 포함된 프로 버전의 경우, 유료로 별도 판매된다.

공개 버전인 OSS 버전의 경우에는 단순하게 프락시(Proxy)와 내부 저장소로서의 기능만을 가지고 있으며, 계정 연동이나 접근 제어 등과 같은 보안에 관련된 부분은 지원하지 않기 때문에, 가능하면 보안이 요구 되는 소프트웨어를 개발하거나 개발 파트너에게 접근을 제어하고자 할 때는 상용 버전을 사용하는 것을 권장한다.

로컬에 넥서스를 설치하게 되면 외부로부터 의존성(Dependency)을 끌어 오는 수고를 덜고, 로컬 넥서스를 프락시(캐시)로 사용함으로써 빠르게 라이브러리들을 끌어 올 수 도 있고, 반대로 개발팀 내에서 사용하는 공통 라이브러리들을 로컬 넥서스에 배포해서 팀 간에 공유할 수 있다. 또한, 사용자 계정 지정을 통해서 저장소에 대한 접근 정책을 정의할 수도 있다.

다음은 상용 버전에서만 제공하는 기능 중의 주요 기능이다.

- **계정 연동** 사내 직원들의 계정관리나 이메일이 LDAP을 기반으로 구축되어 있는 경우 LDAP 연동을 통해서 사내 계정을 그대로 사용할 수 있다.
- **생명 주기 관리**
- **접근 제어** 사내의 직원별, 개발팀별로 저장소나 라이브러리에 대한 접근을 제어할 수 있으며, 특히 회사 외부로 저장소 서비스를 제공할 수 있는데, 이 경우 파트너와 같이 한정된 사용자층을 대상으로 저장소 접근을 제한할 수 있다.

- 저장소 관리

- **검색** 라이브러리(artifact)에 대한 검색 기능을 제공하며, 각 라이브러리에 메타 데이터를 추가하여 저장할 수 있으며, 이 메타 데이터 검색을 통해서도 라이브러리 검색이 가능하다.

- **모니터링과 감사** compliance 관리를 위해서, 저장소 접근 내용을 모니터링하여 허가되지 않은 접근을 감지 및 대처하고 접근 로그를 수집 및 저장하여, 향후 법률이나 사내 규정 준수 여부에 대한 감사 자료로 사용할 수 있다.

3.1 넥서스 설치

먼저 http://www.sonatype.org/nexus/에서 넥서스를 내려받고 넥서스를 설치하고자 하는 디렉터리에 압축을 푼다. 다음으로, 넥서스를 설치해야 하는데, 넥서스는 관리자(Administrator) 권한으로 실행되기 때문에 설치 시에도 반드시 관리자 권한으로 설치해야 한다. 윈도우의 경우에는 서비스로 등록되기 때문에 cmd.exe를 관리자 권한으로 실행한다.

${NEXUS_HOME}/bin/jsw/ 디렉터리로 이동해 보면, 각 OS 별로 디렉터리가 정의되어 있다. 여기서는 윈도우 64비트를 기준으로 한다. ${NEXUS_HOME}/bin/jsw/windows-x86-64/install-nexus.bat를 실행하면 넥서스가 windows의 서비스로 등록된다. 다음으로 ${NEXUS_HOME}/bin/jsw/windows-x86-64/nexus start를 실행하면 넥서스가 실행된다.

> 만약에 넥서스를 service로 등록해서 매번 자동 실행시키고 싶지 않다면, 매번 수동으로 실행하면 된다. ${NEXUS_HOME}/bin/jsw/windows-x86-64/console-nexus.bat를 실행하면 된다.

설치 및 기동이 끝났으면 넥서스 콘솔에 접속해서 확인하자. 접속 URL은 http://localhost:8081/nexus/index.html#welcome이다. 설치가 정상적으로 되었으면 다음과 같은 화면을 확인할 수 있다. 초기 디폴트 로그인 계정과 비밀번호는 'admin/admin123'이다.

그림 6-26 넥서스 초기 실행 화면

넥서스는 저장소의 용도와 목적에 따라서 몇 가지로 나눌 수 있는데, 대표적으로 다음과 같은
종류들이 있다.

① **Snapshots** 빌드 등 수시로 릴리즈되는 바이너리를 배포하는 장소이다.

② **Releases** 정식 릴리즈를 통해서 배포되는 바이너리를 저장하는 저장소이다.

③ **3rd party** 벤더(오라클, IBM 등)에서 배포하는 바이너리를 저장해놓는 장소로, 특정 솔루션
등을 사용할 때 딸려오는 라이브러리 등을 여기에 놓고 사용한다.

④ **Proxy Repository** 원격에 원본 저장소가 있는 경우 로컬에 캐시 용도로 사용한다.

⑤ **Virtual Repository** 저장소 그룹은 몇 개의 저장소를 하나의 저장소로 묶어서 단일 접근 URL
을 제공한다.

여기서는 가장 널리 사용하는 로컬 저장소로 설정하는 시나리오와 함께 외부저장소에 대한
Proxy 시나리오로 사용하는 설정을 소개한다.

Public Repositories라는 저장소 그룹에 로컬 저장소(Releases와 Snapshots, 3rd party)와 proxy 저장소를 포함한다.

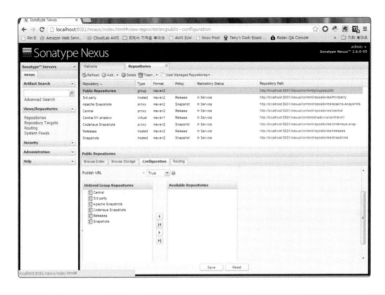

그림 6-27 원격 저장소에 Local 저장소와 Proxy 저장소 포함하기

다음으로, Proxy 저장소는 원격 저장소의 내용에 대한 라이브러리 목록(Index)을 로컬에 캐시할 수 있게 되어 있다. 이렇게 하면, 넥서스의 proxy 저장소에 실제 바이너리가 내려와 있지 않더라도 목록이 미리 내려와 있기 때문에, 넥서스의 search 기능을 통해서 검색할 수 있다.

Maven Central Repository인 Central 저장소에 설정을 해보자 'Central Repository'를 선택한 후 메뉴에서 [Download Remote Indexes]라는 옵션을 'True'로 변경한다. 다음 〈SAVE〉 버튼으로 저장한 후 상단 테이블 메뉴에서 'Central Repository'를 선택한 후 오른쪽 버튼을 눌러서 팝업 메뉴에서 [Update Index]를 실행하면 원격 메이븐 저장소에서 라이브러리 목록을 읽어서 업데이트가 된다.

그림 6-28 Central 저장소의 Index를 로컬에 캐시하는 방법

업데이트가 끝나면 [Browse Index] 메뉴에서 라이브러리 목록이 새롭게 업데이트되어 있는
것을 확인할 수 있다.

그림 6-29 Central 저장소의 Index가 캐시된 결과

3.2 메이븐에서 로컬 넥서스를 Proxy (Cache) 저장소로 설정하기

넥서스 설정이 끝났으면 다음으로 메이븐에 넥서스를 미러링 저장소로 설정해보자.

```
$MAVEN_HOME/.m2/setting.xml
```

파일에서 〈mirrors〉 section에 다음 내용을 추가하자.

```
<mirror>
    <id>nexus</id>
    <mirrorOf>*</mirrorOf>
    <name>Local nexus repository.</name>
    <url>http://localhost:8081/nexus/content/groups/public/</url>
</mirror>
```

설정이 끝난 후 메이븐 빌드를 수행하면 메이븐 스크립트가 원격지가 아닌 로컬에 있는 넥서스 저장소를 통해서 라이브러리를 내려받는 것을 확인할 수 있다.

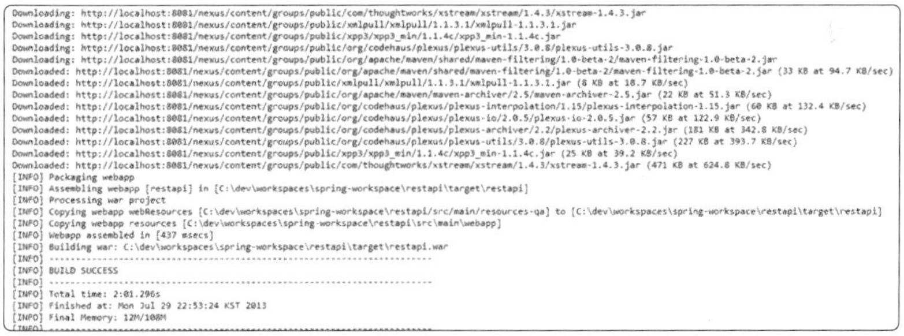

```
Downloading: http://localhost:8081/nexus/content/groups/public/com/thoughtworks/xstream/xstream/1.4.3/xstream-1.4.3.jar
Downloading: http://localhost:8081/nexus/content/groups/public/xmlpull/xmlpull/1.1.3.1/xmlpull-1.1.3.1.jar
Downloading: http://localhost:8081/nexus/content/groups/public/xpp3/xpp3_min/1.1.4c/xpp3_min-1.1.4c.jar
Downloading: http://localhost:8081/nexus/content/groups/public/org/codehaus/plexus/plexus-utils/3.0.8/plexus-utils-3.0.8.jar
Downloading: http://localhost:8081/nexus/content/groups/public/org/apache/maven/shared/maven-filtering/1.0-beta-2/maven-filtering-1.0-beta-2.jar
Downloaded: http://localhost:8081/nexus/content/groups/public/org/apache/maven/shared/maven-filtering/1.0-beta-2/maven-filtering-1.0-beta-2.jar (33 KB at 94.7 KB/sec)
Downloaded: http://localhost:8081/nexus/content/groups/public/xmlpull/xmlpull/1.1.3.1/xmlpull-1.1.3.1.jar (8 KB at 18.7 KB/sec)
Downloaded: http://localhost:8081/nexus/content/groups/public/org/apache/maven/maven-archiver/2.5/maven-archiver-2.5.jar (22 KB at 51.3 KB/sec)
Downloaded: http://localhost:8081/nexus/content/groups/public/org/codehaus/plexus/plexus-interpolation/1.15/plexus-interpolation-1.15.jar (60 KB at 132.4 KB/sec)
Downloaded: http://localhost:8081/nexus/content/groups/public/org/codehaus/plexus/plexus-io/2.0.5/plexus-io-2.0.5.jar (57 KB at 122.9 KB/sec)
Downloaded: http://localhost:8081/nexus/content/groups/public/org/codehaus/plexus/plexus-archiver/2.2/plexus-archiver-2.2.jar (181 KB at 342.8 KB/sec)
Downloaded: http://localhost:8081/nexus/content/groups/public/org/codehaus/plexus/plexus-utils/3.0.8/plexus-utils-3.0.8.jar (227 KB at 393.7 KB/sec)
Downloaded: http://localhost:8081/nexus/content/groups/public/xpp3/xpp3_min/1.1.4c/xpp3_min-1.1.4c.jar (25 KB at 39.2 KB/sec)
Downloaded: http://localhost:8081/nexus/content/groups/public/com/thoughtworks/xstream/xstream/1.4.3/xstream-1.4.3.jar (471 KB at 624.8 KB/sec)
[INFO] Packaging webapp
[INFO] Assembling webapp [restapi] in [C:\dev\workspaces\spring-workspace\restapi\target\restapi]
[INFO] Processing war project
[INFO] Copying webapp webResources [C:\dev\workspaces\spring-workspace\restapi/src/main/resources-qa] to [C:\dev\workspaces\spring-workspace\restapi\target\restapi]
[INFO] Copying webapp resources [C:\dev\workspaces\spring-workspace\restapi\src\main\webapp]
[INFO] Webapp assembled in [437 msecs]
[INFO] Building war: C:\dev\workspaces\spring-workspace\restapi\target\restapi.war
[INFO] ------------------------------------------------------------------------
[INFO] BUILD SUCCESS
[INFO] ------------------------------------------------------------------------
[INFO] Total time: 2:01.296s
[INFO] Finished at: Mon Jul 29 22:53:24 KST 2013
[INFO] Final Memory: 12M/108M
[INFO] ------------------------------------------------------------------------
```

그림 6-30 로컬 넥서스 메이븐 저장소에서, 라이브러리를 내려받는 화면

또한, 넥서스 콘솔을 통해서 [Browse Storage] 메뉴를 통해서 'Central Repository'의 storage를 보면 빌드에 사용되었던 모든 라이브러리가 로컬 넥서스로 내려받아 져 있음을 확인할 수 있다.

3.3 넥서스의 향상된 기능

넥서스의 상용 버전인 Pro 버전에는 단순한 공유나 메이븐 저장소 캐시 용도뿐만이 아니라 조금 더 복잡한 기능의 라이브러리 관리 기능을 제공한다. 넥서스에서는 이러한 개념을 CLM (Component Life-cycle Management)이라고 하는데, 라이브러리에 대한 접근 제어나 정책 관리 등이 이에 해당한다. 몇 가지 대표적인 오픈소스 정책 관리 기능을 살펴보자.

근래에 소프트웨어 개발 패러다임은 오픈소스를 이용한 소프트웨어 개발이 많다. 많은 오픈소스 라이브러리를 사용하게 되는데, 문제는 각 오픈소스 컴포넌트들의 라이선스 정책이 다르다는 것이다. GPL, 아파치, MIT, BSD 등 여러 가지 라이선스 정책이 있는데, 라이선스 정책에 따라서, 어떤 오픈소스는 사용에는 제약이 없지만 배포 시 소스 코드를 변경해야 하거나, 유료로 비용을 지불해야 하는 경우도 있고, 2.0 버전에서는 멀쩡하게 아무 제약 없이 사용할 수 있었던 컴포넌트들이 3.0 버전으로 업그레이드되면서 제약이 생기는 경우가 있다. (오라클이 인수한 MySQL의 경우 제품에 번들해서 재배포할 경우 일정의 비용을 지불해야 한다.) 이러한 이유 때문에, 오픈소스 컴포넌트에 대한 라이선스 체크는 점점 필수적인 요건이 되어가는데 문제는 하나의 서비스나 소프트웨어 제품을 개발하는데, 수백 개 이상의 라이브러리가 사용된다는 것이고, 버전마다 일일이 라이선스를 체크한다는 것은 보통 일이 아니다. 넥서스는 이런 오픈소스 라이브러리 정책을 저장소 차원에서 관리해준다.

오픈소스 라이선스 정책 관리

넥서스의 프락시 저장소를 선택하고, 〈Analysis〉라는 버튼을 누르면, 현재 저장소에 저장된 오픈소스에 대한 라이선스 정책을 분석하여 다음과 같이 보여준다. 이 라이선스 정책에 대한 DB는 넥서스 판매사인 소나타입으로부터 제공된다.

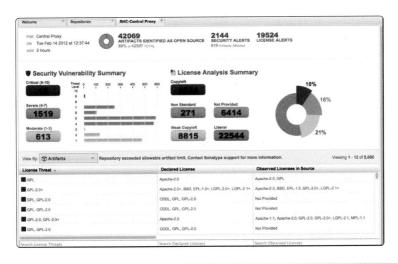

그림 6-31 넥서스에서 오픈소스 라이선스 관리하는 기능

각 라이브러리가 어떤 라이선스 정책을 사용하는지, 그리고 각 라이선스 정책이 문제가 없는지 등을 찾아준다.

보안 체크

또한, 보안에 위험이 있는 라이브러리 등을 찾아서 보안 위험도 등을 표시해준다. 2013년 기준으로 struts2에 대해서 아주 큰 보안 위험이 발생한 일이 있었다. 이렇게 중앙의 저장소에서 회사 내에서 사용하는 라이브러리에 대한 보안 위험성을 감지해서 중앙에서 통제하게 되면, 개별 개발자에 대한 수고도 덜 수 있을뿐더러, 보안 위험에 대해서 피해갈 수 있는 장점이 있을 수 있다.

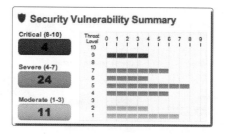

그림 6-32 넥서스에서 보안 위험 사항을 자동으로 체크해주는 기능

이렇게 체크만 할 뿐만 아니라, 이렇게 검출된 문제 있는 라이브러리들에 접근하지 못하게 막을 수 있다.

Procurement

넥서스 프로에는 'Artifact Procurement'라는 기능이 있는데, 이 기능을 사용하면 프락시 저장소를 만들고 여기에 속해 있는 라이브러리에 대해서 화이트 리스트(White List) 또는 블랙리스트(Black List) 방식으로 접근을 제어할 수 있다. 다음 그림은 asm-parent 라이브러리에 대해서 모두 접근을 제어하는 설정을 적용한 예이다.

그림 6-33 넥서스에서 asm-parent 라이브러리에 대한 접근 제어를 설정하는 화면

스테이징

또 다른 재미있는 기능 중의 하나는 스테이징(Staging) 개념을 지원한다는 것이다. 즉, 개발자가 컴포넌트나 라이브러리를 개발하여 넥서스에 배포하면 다른 개발자나 사용자들이 바로 그 라이브러리를 사용하게 하는 것이 아니라, 일종의 워크플로를 통해서 릴리즈 절차가 끝나면 일발 개발자들이 사용할 수 있도록 프로세스를 조정할 수 있다.

이를 위해서 스테이징 저장소라는 개념을 제공하는데, 그림으로 설명하자면 다음과 같다.

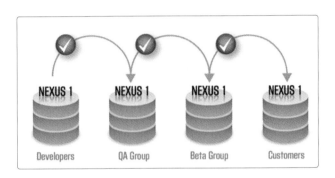

그림 6-34 넥서스의 계(Domain)별로 저장소를 분류하는 기능

개발자가 컴포넌트를 개발하고 개발이 끝나면 스테이징 저장소로 배포를 진행한다. 배포된 저장소는 QA 그룹 엔지니어만 접근할 수 있다. QA 엔지니어는 컴포넌트를 받아서 테스트를 진행하고 문제가 없으면 해당 컴포넌트를 베타 테스트 단계로 넘긴다.

베타 테스트 단계에 있는 컴포넌트는 베타 테스트 사용자에게만 접근이 허용되며, 테스트가 끝나면 일반 저장소로 이동되어 일반 개발자도 접근할 수 있게 해준다.

이 워크플로에서 단계별로 넘어갈 때 각 단계 이동별로 정책을 정할 수 있다. 예를 들어 앞서 설명한 보안 레벨이 낮은 경우 거부하거나, 오픈소스 라이선스가 문제가 있는 경우에 거부하는 등의 정책을 정의할 수 있다.

출처: http://www.sonatype.com/take-a-tour/nexus-pro-tour-start

요즘 개발자, IT 인력에 대한 단상

요즘 예전의 해왔던 일의 경험을 최대한 쏟아 부어서 열정적으로 일하고 있습니다. 서비스도 기획해보고 분석도 해보고 거래 흥정도 해보고 사람도 뽑고 예산 관리도 하고 일정 조정도 하고 사람 관리도 하고 테스트도 하고 튜닝도 하고 설계도 하고 설득도 하는 등 코딩 빼놓고는 대부분 다하는군요.

시점이 바뀌다 보니까는 사람을 보는 눈도 조금 바뀌지 않았나 싶습니다. 요즘 IT 인력, 특히 개발자가 없다 보니까는 개발자 단가는 올라가고, 일의 강도도 쉽게 높일 수 없어지는 것 같습니다. 이제야 제대로 IT 인력들이 대접받기 시작하지 않나 싶은데, 아마 많은 선임 개발자들이 IT의 길을 떠나거나 앱 쪽으로 전향하고, 새로운 주니어 인력의 충원이 적기 때문에 한참 노련한 30대 중반 개발자들이 시장에 별로 없습니다.

개발자들이 제대로 된 대우를 받기 시작한 것은 고무적인 일이지만 반대로 개발자들에 거품과 허영이 생기는 시기가 아닌가 싶습니다. 프리랜서로 들어와서 일하지 않거나, 무조건 NO라고 이야기하면서 방어적이거나 말이죠.

야근, 안 하는 게 좋습니다. 저도 야근 개인적으로 무지 싫어합니다. 그런데 이런 사람들이 하는 이야기들을 보면 미국에는 야근 안 한다, 월급 많이 준다 등등입니다. 미국, 야근 잘~~ 안 합니다만 필요하면 합니다. 예전 M사나 O사에 있을 때도 같이 야근을 하거나 밤샘을 한 일도 많았고, 이 친구들은 일을 조절하는 거지 안 하는 게 아닙니다. 집에 가서도 전화 회의로 회의를 할 때가 잦고 문서 만들어와서 아침에 회의하자고 덤벼듭니다.

즉, '일'을 합니다. 자기 일에 대한 프라이드와 소유의식이 있는데, 한국 개발자들은 떠넘기기, 방어하기에 바쁜 것 같고,. 제대로 테스트가 되지 않은 코드로 QA를 밤새게 하고, 튜닝에 들어가지 않아도 될 비용이 들어가게 합니다. 프로라면 실력을 갖추고 자신이 맡은 일에 필요한 역량을 발휘해야 하고, 완수한 목표에 대해서 소유의식을 가지고 일하는 자세가 필요합니다.

요즘 IT 환경이 조금씩 변화되는 느낌을 받습니다만, 개발자들도 조금 더 프로스럽게 전향하는 모습들이 보였으면 합니다. 아마추어가 환경만 선진화된 것을 원하는 것은 부끄러운 일이 아닌가 싶습니다.

07

개발 환경:
빌드/배포 자동화와 개발 환경 가상화

1. 자동 빌드

자동 빌드(CI, 지속 통합: Continuous Integration)는 6년 전부터 유행하기 시작한 개념이다. 개발의 주요 단계가 끝나면 소스 코드를 모아서 주기적으로 빌드했던 것과 달리 CI의 개념은 매일 또는 매번 커밋할 때마다 변경된 코드를 받아서 매번 빌드하고 테스트하는 개념이다.

Extreme Programming Community(XP)에서 애자일 방법론의 일부로 켄트 벡(Kent Beck)에 의해서 고안된 방법으로 다음과 같은 특징을 가지고 있다.

1.1 CI의 특징

■ **소스 코드 일관성 유지** CI 도구를 설정하려면 기본적으로 소스 관리 시스템이 필요하다. 대표적인 소스 관리 시스템은 Subversion, CVS, Perforce 등이 있다. CI 도구는 이 소스 관리 시스템으로부터 프로젝트 소스의 메인 브랜치(trunk라고도 함) 코드를 체크아웃받아서 빌드를 수행한다.

- **자동 빌드** 소스 코드에 대한 빌드는 CI 도구에 의해서 자동으로 이루어져야 한다. 빌드가 이루어지는 시점을 정하는 방법이 두 가지가 있는데 다음과 같다.

- **커밋에 따른 자동 빌드** 다른 방법으로는 소스 코드가 소스 관리 시스템에 커밋이 되었을 때마다 CI 도구가 이를 감지 하고 자동으로 빌드를 수행하도록 설정할 수 있다. 이렇게 설정할 경우 소스 코드의 변경이 있을 때마다 빌드 작업을 수행하기 때문에 소스 관리 시스템에 저장된 소스 코드에 대한 무결성을 보장하기는 매우 좋지만, 빌드 시간이 길 경우 빌드가 적체되는 현상이 발생할 수 있다. (일반적으로 대규모 애플리케이션의 전체 빌드는 길게는 2~3시간까지 소요될 수 있다.) 그래서 이 방법은 빌드 시간이 오래 걸리는 경우나 커밋이 자주 발생하는 경우에는 적절하지 않다.

- **시간 간격에 의한 빌드** 일정 시간 간격을 정해서 빌드를 하는 방법이다. 매일 5시에 빌드를 한다. 또는 매주 금요일 저녁 5시에 빌드를 한다는 것과 같이 주기를 정할 수 있다. 빌드 스케줄이 미리 정해져 있기 때문에 개발자들이 커밋에 대한 스케줄을 관리할 수 있고 빌드 시간이 오래 걸리는 대규모 빌드에도 적정하다. 빌드 시간을 정할 때 중요한 점은 될 수 있으면 퇴근 시간 1~2시간 전으로 개발자들이 퇴근하기 전 시간으로 여유를 두는 것이 좋다. 이후 빌드가 깨진 경우는 컴파일이 실패하였거나 테스트가 통과하지 못하였을 경우인데 이때 소스 관리 시스템에 저장된 코드는 문제가 있는 코드이다. (빌드가 깨졌기 때문에) 이 코드들을 다른 개발자가 체크아웃 받아서 개발했을 때 잘못된 코드로 인해서 잘못된 개발 방향으로 갈 수가 있기 때문에 빌드가 깨졌을 때는 될 수 있으면 빨리 문제를 수정하여 빌드를 정상화시키고 소스 관리 시스템에 저장된 코드의 무결성을 회복하거나 빌드가 성공한 전 버전으로 되돌아가서(Revert) 무결성이 보장된 코드 내에서 작업하도록 한다. Revert를 위해서는 소스 관리 시스템에 빌드 때마다 태깅(Tagging)을 해서 무결성이 보장된 버전에 대한 히스토리를 관리해야 한다.

- **Silent Period에 대해서** CI 도구에서는 소스 관리 시스템으로부터 소스를 체크아웃 또는 업데이트 받을 때 Silent Period라는 옵션을 제공한다. 개발자가 소스를 커밋하고 있을 때 커밋이 완료되지 않은 상태에서 CI 도구가 소스를 체크아웃하게 되면 불완전한 코드가 내려와서 빌드가 망가질 수 있다. 이를 방지하는 옵션이 Silent Period인데, 커밋이 있은 후 일정 시간 동안 소스 관리 시스템에 변화가 없을 때 CI 도구가 체크아웃을 받아서 불완전한 코드를 내려받을 가능성을 최소화하는 것이다.

자동 빌드를 통해 얻을 수 있는 이점은 주기적인 빌드를 통해서 소스 코드의 무결성을 관리하고 빅뱅 방식의 통합에서 올 수 있는 리스크를 개발 과정 전반으로 분산할 수 있다는 것이다.

- **자동 테스팅** 빌드 과정에서 테스트를 포함할 수 있는데, 주기적인 빌드 과정에 테스트를 포함해서 자동 빌드를 통한 문법(Syntax)에 대한 검증과 더불어 테스팅을 통한 기능과 비기능적(성능

등)에 대한 요건을 매번 검증함으로써 코드의 품질에 대한 무결성을 함께 유지한다.

- **일일 체크아웃과 빌드** 개발자가 출근 후 소스 관리 시스템에서 최신 코드를 내려받고 출근 전에 현재 코드를 소스 관리 시스템에 저장함으로써 소스 코드에 대한 무결성을 유지한다. 예를 들어 개발자 A와 개발자 B가 같이 개발을 할 때, 개발자 A가 작성한 모듈을 개발자 B가 참고해서 사용한다고 하자. 이럴 때 개발자 A가 임의로 컴포넌트에 대한 작동 방식이나 인터페이스를 변경 했을 때 일일 체크아웃과 빌드를 하면 개발자 A의 모듈을 사용하는 개발자 B의 모듈 컴파일 오류나 테스트 오류가 발생할 것이고 코드 변경으로 말미암은 임팩트를 빠르게 발견하여 수정할 수 있다. 그러나 통합 빌드의 과정이 일일이 아니거나 일일 체크아웃 빌드를 하지 않고 일주일 이나 한 달 단위로 할 경우 일주일 동안 개발자 B는 잘못된 코드를 양산할 것이고, 그만큼의 시 간 낭비가 발생한다. 일일 체크아웃과 빌드는 이를 방지해주는 역할을 한다.

1.2 CI 프로세스

CI 프로세스를 정리해보면 다음과 같다.

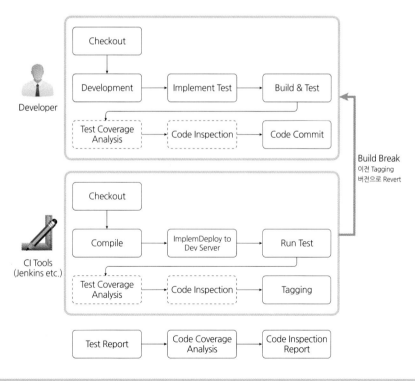

그림 7-1 지속 통합(Continuous Integration)의 개념

개발자

① 개발자는 아침에 출근해서 소스 관리 시스템으로부터 최신 코드를 체크아웃(Checkout) 또는 업데이트받는다.

② 코드를 가지고 개발을 수행하고 테스트를 작성한다.

③ 로컬에서 빌드 및 테스트를 진행한다.

④ 테스트 과정에서 커버리지 분석과 코드 인스펙션을 수행한다. [옵션]

⑤ 완료된 코드를 소스 관리 시스템에 저장한다.

⑥ 완료된 코드와 테스트를 소스 관리 시스템에 커밋한다.

 커버리지 분석

커버리지 분석은 테스트의 대상 중에 테스트에 해당하는 부분 중에 어느 부분이 테스트가 수행되었는지를 체크하는 과정이다. 개발 과정에서의 테스트 커버리지 분석은 일반적으로 코드 커버리지로 분석한다. 코드 커버리지란 테스트가 전체 소스 코드 중 어느 부분을 수행했는지를 검토하는 것이다.

코드 커버리지를 측정할 때 가장 중요한 것은 목표 커버리지율을 결정하는 것이다. 코드 100%를 테스트하는 것이 좋겠지만, Exception, If 문에 대해서 100% 테스트가 불가능하다. 또한, Setter와 Getter만 있는 ValueObject의 경우 테스트를 작성하기도 쉽고 테스트 자체가 의미가 없나 커버리지율은 많이 올릴 수 있다. 만약 커버리지율을 강제적으로 높이고자 하면 개발팀에서 VO 등 테스트가 필요하지 않고 테스트가 쉬운 곳에만 테스트를 집중할 수 있기 때문에 컴포넌트의 우선순위를 정해서 중요한 컴포넌트에 대해서 커버리지를 관리하는 것이 필요하다.

커버리지율은 잘 만든 테스트라도 50~70% 내외이고, 고 가용성 시스템도 80%를 넘기 어려우므로 컴포넌트의 중요도별로 목표 커버리지율을 융통성 있게 결정하는 것이 필요하다. 대표적인 오픈소스 도구로는 EMMA와 Cobertura 등이 있고, 상용 도구로는 아틀라시안사의 Clover 등이 있다.

코드 인스펙션

코드 인스펙션이란 완성된 코드에 대한 검토를 통해서 코드 상에 존재하는 잠재적인 문제를 발견하는 과정이다. 흔히 '정적 분석'이라는 이름으로도 불리는데, 이 과정에서 Deadlock에 대한 검출, Lock Contention과 같은 병목 구간에 대한 검출, Memory Leak이나 Connection Leak과 같은 자원 누수에 대한 검출과 코딩 스타일(변수명이나 메서드명 규칙 등)에 대한 가이드를 수행한다.

보통 이런 도구들은 규칙 세트를 추가하여 Inspection을 각 팀의 스타일에 맞춰서 커스터마이징할 수 있으며 대표적인 오픈소스 도구로는 PMD, FindBugs 등이 있다.

CI 도구

① **체크아웃** CI 도구는 정해진 시간이나 소스가 커밋이 되었을 때 등 정책에 따라서 빌드를 시작한다. 먼저 소스 코드를 체크아웃 받는다.

② **컴파일** 체크아웃 받은 코드에 내장된 빌드 스크립트를 기동하여 컴파일을 수행한다.

③ **배포** 컴파일이 완료된 코드를 테스트 서버에 배포한다.

④ **테스트 수행** 체크아웃 받은 코드 내에 있는 테스트 코드들을 수행하고 리포팅을 한다.

⑤ **커버리지 분석** 테스트 과정 중에 코드 커버리지를 수행한다. 커버리지의 기본 원리는 커버리지 분석 대상이 되는 코드 내에 커버리지 분석 코드를 삽입하여 테스트가 완료된 후에 그 결과를 수집하여 분석하는데, 분석 코드를 삽입하는 과정을 Code Instrument라고 한다. Instrumented 된 코드는 커버리지 분석 기능으로 말미암아서 성능 저하를 유발할 수 있기 때문에 만약에 테스트 과정에 성능이나 응답 시간에 관련된 테스트가 있을 때는 커버리지 분석을 위해서 테스트를 마친 후에 Instrument를 다시 하여 ③~④ 과정을 다시 거쳐서 커버리지 분석을 해야 테스트 과정에서 성능에 대한 요소를 올바르게 추출할 수 있다.

⑥ **코드 인스펙션** 다음으로 코드 인스펙션을 수행하고 리포트를 생성한다.

⑦ **소스 태깅** ①~⑥ 과정이 정상적으로 수행되었을 때, 현재 소스 관리 시스템에 저장된 버전을 안정적인 버전으로 판단하고 소스 관리 시스템에 현재 버전에 대한 이미지를 저장하기 위해서 태깅(Tagging)을 수행하여 현재 버전을 저장해놓는다.

⑧ **릴리즈 [옵션]** 만약에 빌드나 테스트가 실패하였을 때는 이전에 성공한 빌드 버전으로 소스를 롤백하고, 실패의 원인을 파악한 후에 다시 커밋한다. 이것은 소스 관리 시스템에 저장된 소스는 문제가 없는 소스를 항상 유지하여 개발자들이 문제가 없는 소스로 작업할 수 있게 보장해주며, 릴리즈가 필요한 시기에 언제든지 릴리즈가 가능하도록 지원해준다.

⑨ **결과 분석** 빌드와 테스트가 완료된 후에 테스트 결과를 통해서 문제가 있는 테스트를 개발자가 수정하도록 하고, 코드 인스펙션 결과를 PM이 검토하여 담당 개발자가 수정하도록 한다. 다음으로, 커버리지 분석 결과를 통해서 테스트가 부족한 부분은 PM이 담당 개발자에게 지시하여 테스트를 보강하도록 한다.

1.3 오픈소스 CI 도구 젠킨스

대표적인 오픈소스 CI 도구로는 젠킨스(Jenkins)라는 도구가 있다. 아마 근래의 오픈소스 CI는 거의 이 젠킨스로 통일되었다 봐도 좋을 것이다. 예전에 허드슨(Hudson)이라는 이름으로 시작했다가 오라클에 인수되면서, 오픈소스 버전으로 이름을 바꿔서 나온 것이 젠킨스라는 프로젝트인데, 쉬운 설치. 간단한 웹 기반의 UI와 다양한 플러그인 지원으로, 거의 표준 CI로 자리 잡았다고 해도 과언이 아니다. 여기서는 CI에 대한 개념 이해를 돕고자 소스 코드 체크아웃, 빌드 시나리오에 대해서만 간단하게 설명하도록 한다.

① 젠킨스의 설치

젠킨스의 설치는 매우 간단하다. http://jenkins-ci.org/에서 내려받아서 'java -jar jenkins.war --httpPort=9001'를 실행하면 바로 젠킨스가 구동된다.

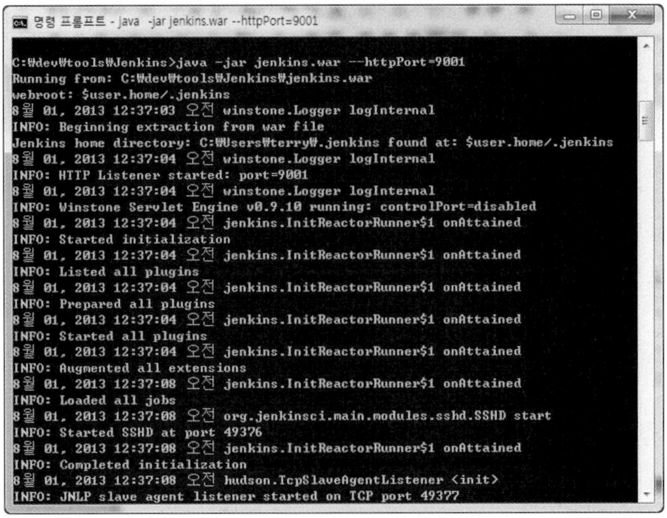

그림 7-2 Jekins 실행 화면

② Git 플러그인 설치

먼저 Git 저장소와 젠킨스를 연동하고자 하면 Git 플러그인을 설치해야 한다. 젠킨스의 장점 중의 하나가 플러그인을 통한 기능 확장이 매우 쉽다는 것이다. 별도로 다른 웹사이트에서 무엇인가를 내려받아서 복잡해서 설치하고 설정하는 게 아니라 설치된 젠킨스 콘솔에서 플러그인 메뉴를 선택한 다음 'Jenkins Git plugin'을 선택해서 설치한다.

그림 7-3 젠킨스에 Git 플러그인 추가

플러그인을 설치하면 아래와 같이 자동으로 플러그인을 내려받아서 설치한다.

그림 7-4 젠킨스에 플러그인을 설치하는 화면

③ 새로운 Job 생성

그러면 Git에서 소스 코드를 내려받아서 메이븐을 자동으로 실행하는 프로젝트를 생성해 보자. 대시보드 초기 화면에서 [새로운 Job] 메뉴를 선택한다. 그리고 Build free-style software project를 선택한다.

그림 7-5 젠킨스에서 새로운 Job을 추가하기

④ 빌드 설정

이제 프로젝트가 설정되었다. 이제 이 프로젝트에 대한 설정을 해보자.

그림 7-6 Jenkins의 Job 설정: 소스 코드 관리 설정

먼저 빌드 트리거를 설정한다. 소스 코드 관리를 Git로 선택한 후에 Git의 저장소 경로를 선택한다. 예제에서는 편의상 URL을 local directory로 설정하였다.

다음으로는 언제 소스 코드를 Job을 실행할지를 정의하기 위해서 빌드 트리거를 정의한다. 'Poll SCM'으로 정의하면 주기적으로 소스 코드 저장소를 체크하여 변경 사항이 있을 경우 빌드를 수행한다.

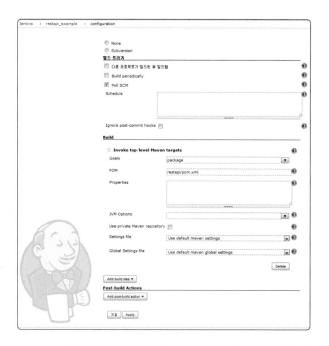

그림 7-7 젠킨스 Job 설정: 빌드 트리거 및 빌드 스크립트 설정

Poll SCM에서는 스케줄을 정의하는데, 이 스케줄 정의 방법은 유닉스의 cron 명령어와 비슷하다.

```
분 시간 날짜 월 요일
사용 예는 다음과 같다.
# 매일 12시에 실행
00 12 * * *
# 매주 일요일 1시에 실행
00 01 * * 7
# 매일 12시와 5시에 실행
00 05 * * *
00 12 * * *
```

⑤ 메이븐 설정

다음으로는 Build 옵션에서 메이븐 설정을 추가한다. 메이븐 goal과 pom.xml 파일 경로를 정의한다. 여기까지 설정했으면 Git에서 소스 코드를 체크아웃 하여 메이븐으로 빌드 및 패키징하는 것까지 모두 완료되었다.

⑥ 후속 작업

이외에도, 젠킨스는 빌드 이후에 대하 후속 작업을 설정할 수 있는데, 필수적으로 설정하는 것들이 이메일 전송, 테스트 등이 있다.

- **이메일 전송**　이메일 전송의 경우 SMTP 서버만 설정해놓고, 이메일 주소만 적어넣으면, 빌드가 실패했을 경우와 그 실패한 빌드가 다시 복구되었을 때 지정된 이메일 주소로 메일을 전송한다.

- **단위 테스트**　빌드가 끝난 후에 JUnit 기반의 단위 테스트를 자동으로 수행할 수 있게 설정할 수 있게 할 수 있다. [Add post-build action] 메뉴에서 [Publish JUnit test result report] 메뉴를 선택하여 메이븐이나 빌드 스크립트에 의해서 수행된 JUnit 리포트 결과를 출력하게 할 수 있다. 빌드가 끝나고 테스트가 끝나면 아래와 같이 전체 수행된 테스트 케이스 및 성공 실패 내용을 아래와 같이 그래프 형태로 출력해준다.

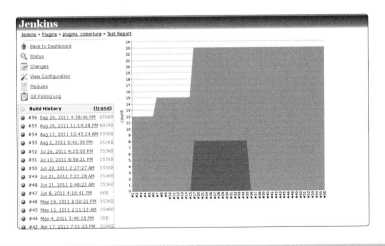

그림 7-8 Jenkins에서 빌드별 테스트 결과 보기

- **커버리지 분석** 단위 테스트 수행 시 단위 태스크가 전체 코드 중 테스트한 클래스나 메서드 또는 소스 코드 각 줄에 대해서 통계를 출력해주는데, 이를 테스트 커버리지라고 한다. 이런 테스트 커버리지에는 Cobertura, Emma 등이 있다. 젠킨스 는 이 도구들과 통합을 지원하여 아래와 같이 빌드 및 테스트가 끝난 후에 자동으로 테스트 커버리지 리포트를 출력해준다.

출처: https://issues.jenkins-ci.org/browse/ jenkins-7427

Overall Coverage Summary

name	class		method	
all classes	63.0%	80/127	54.5%	620/1138

Coverage Breakdown by Package

name	class		meth	
de.faktorlogik.core	96.8%	30/31	79.5%	271
de.faktorlogik.core.internal.util	100.0%	1/1	66.7%	2
de.faktorlogik.core.util	80.8%	21/26	70.2%	198
de.faktorlogik.eclipse.ui	25.5%	12/47	21.7%	82
de.faktorlogik.eclipse.ui.internal	25.0%	1/4	21.4%	3
de.faktorlogik.util	83.3%	15/18	53.3%	64

그림 7-9 젠킨스에서 빌드별 테스트 커버리지 리포트

이를 통해서 각 빌드 버전별 테스트 성공률과 커버리지를 젠킨스에서 보여주기 때문에 품질 관리에 매우 편리하다.

그 외에도 플러그인 설정에 따라서, 다양한 형태의 빌드 및 테스트 등의 시나리오뿐만 아니라 배포까지 가능하다. 다음 사이트를 방문해보면 사례 연구를 통해서, 다른 프로젝트들에서 젠킨스가 어떻게 사용되고 있는지 사례를 참고할 수 있다.

https://wiki.jenkins-ci.org/display/jenkins/Meet+jenkins

조직의 성숙도별 개발 모델

시스템 운영 쪽에 관심이 많아서 DevOps (Development + Operation) 쪽을 틈틈이 보고 있습니다. 오늘은 조직의 성숙도별 개발 모델과 함께, CD (Continuous Delivery)와 DevOps에 대해서 설명해보고자 합니다.

회사의 규모나 성숙도에 따라서 개발 모델을 크게 다음과 같이 3단계로 나눠볼 수 있습니다.

1. 스타트업

소규모에 처음 서비스 개발을 시작한 스타트업 기업 같은 경우에는 일단 모든 의사 결정이 빠릅니다. 아이디어가 나오면 별도의 승인이나 분석 없이 바로 개발하고, 개발이 끝나면 바로 배포합니다. 규모가 작고 모든 의사 결정이 팀 내에서 이루어지기 때문에 매우 빠르죠. 그리고 인력이 적기 때문에 분석/설계/개발 및 운영이 같은 그룹에서 이루어집니다.

2. 성숙한 개발 조직

어느 정도 조직이 성숙하고 인원이 많아지고 이익에 대해서 고민을 하게 되면, 조금 더 체계화된 개발 프로세스를 원하게 됩니다. 한정된 예산으로 서비스를 개발하게 되며, 인원이 많아짐으로써 품질 저하를 막고자 역할이 세분화되고 체계화됩니다.

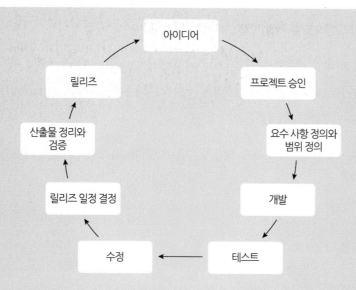

아마 대부분의 일반적인 서비스 개발이나 시스템 개발 기업들은 이러한 프로세스를 따를 것입니다. 아이디어가 나오면 발표하고 경영진을 설득하여 예산을 정하고, 요구 사항 분석을 통해서 범위를 정한 후, 개발/테스트/수정을 한 후, 모든 테스트를 통과하면 릴리즈 일정을 결정하고 산출물을 정리한 후, 운영팀으로 이행합니다.

체계화되어 있기는 하지만, 앞서 설명한 스타트업에 비해서는 전체적인 프로세스가 느리고 운영으로 이관 후 자잘한 수정이나 기능 확장이 어렵습니다. 그리고 새로운 기능이나 컴포넌트를 개발하려면 새로운 프로젝트를 시작해서 위와 같은 전 과정을 다시금 거쳐야 합니다.

3. CD와 DevOps기반의 개발 모델

요즘 같이 새로운 서비스가 많이 나오는 시절에 앞서 본 형태의 개발 프로세스는 빠른 기능 추가 등이 불가능하고, 운영 중의 피드백을 받기 어려워서 SNS와 같은 서비스에는 적절하지가 않습니다. 그래서 CD (Continuous Delivery)와 DevOps라는 개념을 사용하게 되었습니다.

- **CD** CD는 Continuous Delivery의 약어로, 운영 시스템에 계속해서 수정이나 새로운 기능을 지속적으로 릴리즈하는 개념입니다. 쉽게 예를 들어보면, 프로젝트 기간이 끝나면 릴리즈를 하는 게 아니라, 매일매일 새로운 수정이나 기능이 추가되면 거의 매일 릴리즈를 하는 개념으로 보면 됩니다. 페이스북의 경우 이런 식으로 매일 개발자가 새로운 기능을 운영 환경에 반영하고 추가하는 것으로 알고 있습니다.

- **DevOps** DevOps는 Netflix에서 주로 시작된 개념으로 개발팀과 운영팀을 하나로 묶어서 커뮤니케이션에서 오는 장애를 해소하고 빠른 서비스 개발과 반영을 하고자 함에 그 목적이 있습니다. 보통 개발팀과 운영팀이 나뉘어 있는 것이 전통적인 모델인데, 이 경우에는 운영 중에 고객의 요구 사항 등이 개발 쪽에 잘 전달되지 않고, 매일 서비스를 운영하면서 개선 사항이 있더라도 개발팀에 전달되기가 어려운 경우가 많습니다. 반대로, 개발 쪽에서 무엇인가를 수정하면 수정 내용이 운영 쪽에 제대로 전달되지 않아서 배포 실수 등을 유발하여 시스템 장애를 유발하는 경우가 많습니다. 그래서 DevOps는 두 팀을 하나로 합쳐 서로의 의사소통을 빠르게 하고, 개발자가 직접 운영환경을 컨트롤함으로써 빠른 피드백을 받고 빠른 반영을 통해서 서비스의 신속성을 향상시키는 모델입니다. 보통 이런 개념을 채용한 개발 모델은 다음과 같습니다.

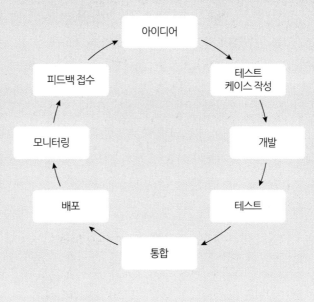

앞의 그림은 TDD를 채용한 그림인데, 먼저 테스트 계획서를 작성하고 개발 및 테스트를 수행한 후 운영 환경에 배포하고 모니터링합니다. 그리고 바로 신규 기능에 대한 피드백이나 효과를 모니터링해서 다시금 요구 사항을 정의하는 형태를 따르게 됩니다.

이렇게 DevOps와 CD를 적용하기 위해서 중요한 것은 자동화된 도구 세트입니다. 개발 반영 시 자동으로 꼼꼼하게 테스트를 할 수 있어야 운영 시 발생하는 장애를 방지할 수 있으며, 위의 전체 프로세스의 주체는 개발자가 되기 때문에 복잡한 인프라나 미들웨어에 대한 배포를 자동으로 할 수 있어야 합니다. 물론 자동화 도구는 어디까지나 구현 관점입니다. 더 중요한 것은 문화적인 차이점을 이해해야 하고 프로세스의 변화를 인지하고 바꿔야 한다는 점입니다.

기존의 조직처럼 운영과 개발이 나뉘어 있는 경우 조직을 합친다는 것은 기존에 가진 프로세스, 조직 구조를 모두 바꿔야 하는 것을 의미하며, 이와 함께 기술 세트도 모두 바꿔야 한다. 아울러 예산 집행 방식에서도 기존에는 개발 비용과 운영 비용을 나눠서 미리 잡아놓고 집행했기 때문에 초기 투자비와 운영 비용(Running Cost 또는 OPEX), DevOps 방식은 있는 인원들이 쭉 업그레이드와 운영을 계속해서 나가는 방식이라서 초기 투자비용보다는 운영 비용(Running Cost)에 대한 부분이 커집니다.

DevOps나 CD의 경우에는 분명히 서비스 관점에서 가지는 이득은 매우 많지만, 변화의 폭이 기존 개발 방식에 비해서 매우 크기 때문에 함부로 달려들 것은 아니라고 생각합니다. 그러나 스타트업에서 규모가 커질 경우 위에서 언급한 정형화된 프로세스보다는 CD/DevOps 기반의 개발 프로세스로 비교적 쉽게 이동할 수 있고 얻는 이득도 많습니다. 그러나 기존의 대기업이나 SI 기업은 DevOps 모델을 도입하기에는 변경되어야 하는 부분이 매우 많아서 매우 신중한 접근이 요구됩니다.

2. 자동 배포

빌드와 테스트까지 자동화했으면 그다음 문제는 배포이다. 수동으로 배포하는 경우 한두 개의 서버라면 별걱정이 없겠지만, 개발, 테스트, 운영 환경과 같이 여러 환경에 또한 각 환경에 수십 대의 서버에 배포해야 한다면 문제는 달라진다. 그래서 요즘에서 CI에 배포의 개념을 더한 자동 배포(CD: Continuous Delivery 또는 Continuous Deployment)라는 개념이 유행하는데, 이는 빌드가 완료된 후 배포까지 자동화하는 방법이다.

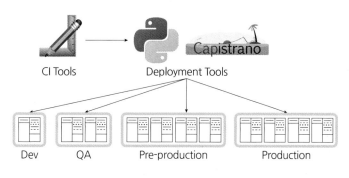

그림 7-10 자동 빌드 및 배포의 개념

이런 배포를 지원하는 도구는 여러 가지 타입이 있다.

① 특정 솔루션에 종속적인 도구

톰캣이나 웹로직 같은 WAS의 경우 각 제품에 특화된 배포 도구를 가지고 있다. 톰캣의 경우 Tomcat Client Deployer (http://tomcat.apache.org/tomcat-6.0-doc/deployer-howto.html#Deploying using the Client Deployer Package)와 같은 도구가 있는데, 원격에서 war 파일을 배포해줄 수 있는 도구이다.

이러한 도구들의 특징은 해당 솔루션에 최적화가 되어 있기 때문에 RunTime Deploy나 기타 해당 솔루션에 특화된 기능을 활용할 수 있기 때문에, 안정적인 배포가 가능하다는 장점을 가지고 있다.

그러나 반대로 솔루션에 관련된 애플리케이션 파일만 배포할 수 있다는 단점을 가지고 있다. 무슨 이야기인가 하면 war 파일 이외에 다른 디렉터리에 configuration 파일을 배포하고 싶을 경우, 이런 파일들은 배포가 불가능하다는 것이다. 또한, 여러 개의 인스턴스에 동시 배포를 하고 싶을 때 인스턴스들이 제품에서 제공하는 클러스터링 기능 등을 사용하고 있지 않을 경우 각 인스턴스를 일일이 각각 배포해야 하는 단점이 있다. 쉽게 말해서 매우 제품에 종속적이라는 것이다.

② 형상 관리(Configuration Management)

다음으로는 Puppet이나 Chef와 같은 형상 관리 도구 기반의 배포 방식이 있다. 이러한 도구들은 원래 태생이 Deployment보다는 초기 솔루션을 설치하거나, 다수의 서버나 솔루션에 대한 Configuration 정보를 중앙 관리하기 위해서이다. 이에 비해서 Deploy 과정은 대부분 파일을 복사하고 서버를 restart 시키는 과정 정도의 단순 작업이기 때문에, 만약에 이러한 형상 관리 인프라를 갖추고 있거나, 또는 배포 과정이 솔루션의 설정을 포함하여 매우 복잡한 경우일 때는 매우 효율적으로 사용될 수 있으나, 반대로 이러한 인프라가 없는 상태에서 단순한 배포만 하고자 할 경우에는 오히려 배보다 배꼽이 커질 수도 있다.

③ 원격 셸 기반의 도구

마지막으로, 원격 셸(Remote Shell) 기반의 배포 도구가 있다. SSH나 RSH과 같은 명령을 도구로 실행시켜주는 도구인데, 파일 복사에서부터 명령 줄에서 입력하는 명령들을 원격으로 실행시켜 준다. 솔루션에 종속적이지 않으며 또한 자유도가 높으며 사용이 매우 편리하다.

파이썬으로 된 도구로는 Python Fabric이라는 도구가 있고, 루비 쪽에서는 Capistrano라는 도구가 있다.

2.1 사례 연구

필자의 경우 클라우드 프로젝트 이전에만 해도, 환경 자체가 그리 크지 않았기 때문에 웹로직이나 톰캣의 배포 도구를 사용해서 배포를 진행했었다. 클라우드 환경 기반에서 프로젝트를 진행하고 또한 진행하는 프로젝트의 규모가 커짐에 따라서 이러한 배포 자동화가 꼭 필요해졌는데, 이 배포는 Configuration과 Deployment 두 가지로 나눠서 생각해볼 수 있다.

애플리케이션을 배포하기 전에 먼저 OS 및 톰캣과 같은 솔루션을 설치하는 Configuration과 그다음이 이 환경 위에 애플리케이션을 배포하는 Deployment이다.

Configuration의 경우에는 Puppet이나 Chef를 도입하고 싶었으나, 팀의 규모와 시간 관계상 도입이 어려웠고, 환경의 복잡도가 낮아서 별도의 Configuration management 도구는 도입하지 않기로 하였다.

대신 OS와 톰캣이 Pre-install된 표준 가상 머신(VM) 이미지를 만들어 놓고, 배포가 필요할 때마다 이 이미지를 로딩한 후에 애플리케이션을 Deployment하는 형태를 사용하였다. 이 방식은 표준 이미지를 만들어 놓고 계속 재사용하기 때문에, 관리가 쉽지만, 반대로 Configuration을 변경하고자 할 때, 이미 배포된 이미지들에 대한 Configuration을 일일이 다시 변경해야 하는 단점이 있다. (어느 정도 규모가 되면 형상 관리 도구로 넘어가는 것이 좋은듯하다.)

Fabric을 이용한 배포

그러면 Fabric을 이용한 톰캣 애플리케이션에 대한 간단한 배포 시나리오를 살펴보도록 하자.

구성은 아래와 같다. Load Balancer 아래에 N 개의 톰캣 인스턴스들이 연결된 구조이고 배포는 다음과 같은 순서를 따르도록 한다.

① 먼저 배포하고자 하는 톰캣 인스턴스를 Load Balancer에서 제외한다.

② 다음으로, 배포하고자 하는 인스턴스를 중지한다.

③ 배포하고자 하는 war 파일을 해당 톰캣 인스턴스에 복사한다.

④ 그리고 해당 톰캣 인스턴스를 재시작한다.

⑤ 위의 ①~④ 과정을 다른 인스턴스에도 반복한다.

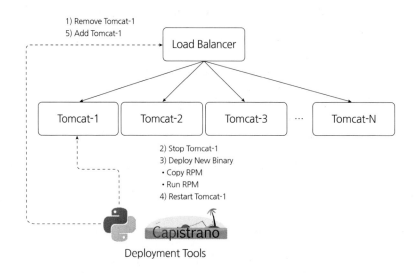

그림 7-11 Fabric을 이용한 자동 배포 개념 예제

이 배포 방식은 간단하기는 하지만, 하나의 서비스 내에서 배포 과정 중에 배포가 완료된 인스턴스와 배포 예정인 인스턴스에 애플리케이션이 다르기 때문에 애플리케이션 변경이 많은 경우에는 적용하기가 어렵다. 대규모 변경이 있는 경우에는 전체 클러스터를 내렸다가 전체 배포 후 서비스를 다시 시작하는 방식을 사용해야 하는데 이 경우에는 배포 중에 서비스에 대한 순간적인 정지가 발생할 수 있다.

무정지 배포 아키텍처

이런 문제를 해결하기 위해서 일부 자바 기반의 애플리케이션 서버의 경우 runtime redeployment (시스템을 운영 중에 정지 없이 프로그램을 변경하는 행위로, 일부 자바 기반의 애플리케이션 서버에서는 war와 같은 모듈을 시스템을 무정지 상태로 재배포할 수 있는 기능을 제공)를 제공하는 제품들이 많다. 이 redeployment의 원리는 새로운 애플리케이션을 load하고 classloader를 reload하는 형식인데, classloader reload이 위험도가 높은 작업이기도 하고, 애플리케이션을 작성할 때 redeploy를 고려하지 않은 경우 정상적으로 runtime redeploy가 되지 않는 경우가 많다. 가장 확실한 redeploy 기법은 애플리케이션 서버를 정지시킨 후 재배포한 후에 다시 시작하는 것이 가장 안정적이다. 이렇게 restart 기반으로 redeploy를 할 때 시스템을 정지 상태를 최소화는 구조를 '무정지 배포 아키텍처'라고 하는데, 구조는 다음과 같다.

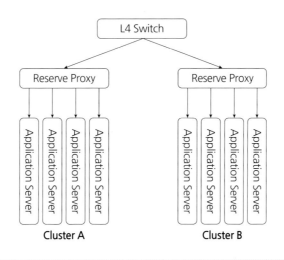

그림 7-12 애플리케이션 서버의 무정지 아키텍처 예

애플리케이션 서버를 두 개의 클러스터 그룹으로 나눈 후 각 클러스터 앞에 reverse proxy(HAProxy나 nginx, apache proxy 모듈)를 각각 배치한다. 그리고 reverse proxy 앞에는 L4 스위치를 둬서 각 클러스터로 로드 밸런싱을 할 수 있도록 한다.

배포를 할 때는 Cluster A 앞에 있는 reverse proxy를 정지시킨다. 이렇게 하면, 앞단의 L4 로드 밸런서에서 Cluster A로 request를 보내지는 않으나, Cluster A 자체는 살아 있다. 그 후에 Cluster A의 각 인스턴스에 애플리케이션을 재배포한 후 Cluster A의 reverse proxy를 재기동시킨다. 마찬가지 방법으로 Cluster B에도 같은 방법으로 redeploy를 수행한다.

이 구조를 택하면 전체 서비스 중지 없이 그리고 애플리케이션 변화에 대해서 일관성 있게 한 꺼번에 재배포가 가능하다.

Fabric을 이용하여 AWS에 톰캣 war 파일 배포 하기

그러면 실제로 Fabric을 이용해서 어떻게 배포를 할 수 있을까? 다음은 아주 간단한 Fabric을 이용한 배포 스크립트이다. 순서는 tomcat stop → copy war → start와 같다. EC2 상에서 pem (SSH)를 이용하여 두 대의 호스트에 배포하는 스크립트이다.

```
#fabfile.py
from fabric.api import run, env, execute, task
from fabric.operations import local, put

def tomcat_cluster():
        env.user ='root'
        env.hosts=['host1.server.com', 'host2.server.com'] # list of
server setting
        env.key_filename='~/pem/pemfile.pem' # pem file

def hostname():
        run('uname -a')

def start():
        run('/etc/init.d/tomcat6 start')  # tomcat instance stop

def stop():
        run('/etc/init.d/tomcat6 stop') # tomcat instance stop

def copy():
        put('./dummy.war', '/root/war') # file copy

def deploy():
        execute(stop)
        execute(copy)
        execute(start)
```

해당 파일을 fabfile.py에 저장 후에 '%fab tomcat_cluster deploy' 명령어로 실행하면 다음과 같은 순서로 배포가 진행된다.

```
host1.stop()
host1.copy()
host1.start()
host2.stop()
host2.copy()
host2.start()
```

앞의 예제는 Fabric의 설명을 하기 위한 아주 간단한 예제로, 필요에 따라서 수정해서 사용하기 바란다.

앞의 예제에서는 간단하게 war 파일만을 복사하는 형태로 배포 스크립트를 작성하였지만, 메이븐을 설명할 때 언급했던 것처럼 기타 Configuration 파일을 함께 배포하고 롤백이나 버전 관리가 쉽게 하기 위해서 rpm 형태로 배포하는 것을 권장한다. 또한, rpm 파일을 관리하기 위해서 내부적으로 자체 yum 저장소를 만들어서 관리하는 것이 좋다.

2.2 배포에서 고민해야 할것 들

배포 주기

불과 몇 년 전만 해도 배포는 몇 달간의 개발이 끝나면 테스트를 거쳐서 특정한 날짜를 잡아서 대규모 배포를 형태가 일반적이었다.

그러나 근래에는 전체적인 IT 트렌드가 SNS와 같은 B2C 서비스가 중심이 되면서, 경쟁 서비스에 비해서 좋은 서비스를 빠르게 제공하기 위해서 업데이트 주기가 매우 짧아지고 있다. 이런 이유에서 배포도 자동화가 필요하게 되었고 Continuous Delivery와 같은 개념이 근래에 유행하게 된 것일 수도 있는데, SNS 서비스의 경우 빠르면 하루 단위로 배포하는 경우까지 있다.

배포 주기가 짧은 경우에는 몇 가지 더 고려할 사항이 있는데, 배포는 코드 개발보다는 인프라 관리나 빌드에 관련된 부분이 많다. 그래서 배포의 주체는 이런 운영 주체가 되는 경우가 일반적인데, 배포 시 문제가 생기는 경우가 있을 시에는 개발팀의 도움이 필요하고, 배포가 정상적으로 되었을 경우에는 개발팀으로부터의 확인 등이 필요하기 때문에 조직 구조상 운영팀과 개발팀이 분리된 조직에서는 잦은 배포가 여러 가지로 어려운 점이 많다. 그래서 근래에는 이런 개발과 운영 조직을 합쳐서 개발팀을 운영하는 DevOps (Deveopment + Operation) 형태의 조직 구조로 전환하여 개발, 배포, 운영을 통합하여 관리하는 쪽으로 이동하고 있다.

이 경우 단순히 조직을 합치는 것뿐만 아니라 개발자에게는 인프라나 운영에 대한 이해 능력을 그리고 운영팀에는 개발에 대한 어느 정도 선까지의 능력을 요구하게 되고 업무 프로세스 등의 변화가 필요하기 때문에 조직을 융합시키는 차원이 아니라 조금 더 높은 수준의 접근이 필요하다.

수동 배포

운영 환경 배포는 반드시 수동으로 하는 것을 권고한다. 지금까지 자동으로 배포하는 방법을 설명해놓고 웬 갑자기 수동 배포를 언급하는가 싶을 수도 있을 텐데, 이유는 다음과 같다.

배포는 앞서 본 것과 같이 셸 명령 등을 수행해서 여러 가지 명령(Shutdown, Copy, Restart)을 동시에 여러 서버에 수행한다. 즉 중간에 에러가 날 가능성이 매우 크다. 그래서 배포 작업을 수행할 때는 반드시 사람이 지켜보면서 배포 스크립트를 수행하는 것이 좋다. 개발 환경이나 QA 환경 같은 경우에는 거의 업무 시간에 빌드를 하면서 배포가 수행되기 때문에, 배포 오류가 났을 경우에는 사람이 인지하기가 쉽고, 에러가 났을 때 서비스에 직접적인 영향을 주지는 않는다. 그래서 개발이나 QA 환경 같은 경우에는 사람이 지켜보지 않고, CI 프로세스의 일부로 빌드 테스트가 끝나면 자동으로 배포하도록 해도 된다.

그렇지만, 운영 환경의 경우에는 서비스에 직접적인 영향을 주기 때문에 반드시 사람이 지켜보면서 수동으로 배포를 시작 및 모니터링 하도록 하는 것이 좋다.

배포 롤백

서비스에 대한 배포 시 테스트를 아무리 잘했다 하더라도 에러가 발생할 수 있다. 에러가 발생하였을 때는 이전의 버전으로 신속하게 롤백할 수가 있어야 하는데, 이렇게 하려면 애플리케이션의 이전 버전을 반드시 저장하고 있어야 하고, 배포 스크립트 역시 예전 버전을 다시 배포할 수 있는 기능을 구현해야 한다.

릴리즈 노트

마지막으로 배포가 끝나면 반드시 릴리즈 노트를 작성 및 함께 배포하는 것이 좋다.

배포란 개발이나 운영이 주로 주도하는 작업이기 때문에, 비즈니스 쪽에서 필요한 기능 변화에 대한 릴리즈 노트의 중요성을 잃어 버리는 경우가 많은데, 서비스가 변경되었을 때 어떠한 기능이 추가되었는지, 그리고 어떠한 버그가 수정가 되었는지를 사용자에게 알려줄 필요가 있으며, 특히 서비스를 판매나 영업하는 입장에서는 어떤 변화가 있었는지를 확인하는 것이 중요하기 때문에 이 부분을 반드시 챙기도록 한다.

릴리즈 노트는 배포되는 대상 (독자)에 따라서 다르게 작성돼야 하는데, 내부 릴리즈 노트는 다음과 같은 내용이 포함되는 것을 권고한다.

- 릴리즈 버전, 날짜 및 빌드 넘버
- 새로운 기능 및 설명
- 버그 넘버 및 버그 수정 내용

또는 JIRA와 같은 태스크 관리 도구를 사용하는 경우, JIRA에 등록된 기능이나 버그 수정 내용을 릴리즈 시기에 자동으로 JIRA로부터 생성해낼 수 있다. (JIRA에서 릴리즈 노트 생성하기 https://confluence.atlassian.com/display/JIRA/Creating+Release+Notes)

만약 서비스나 제품 사용자를 대상으로 하는 경우, 위의 릴리즈 노트의 내용을 사용할 수도 있지만, 조금 더 직관적이고 읽기 쉬운 형태로 릴리즈 노트를 작성하는 것이 좋다.

다음은 몇몇 잘 정의된 릴리즈 노트의 샘플이다.

- **안드로이드 릴리즈 노트** http://developer.android.com/sdk/RELEASENOTES.html
- **파이어폭스 릴리즈 노트** http://www.mozilla.org/en-US/firefox/23.0.1/releasenotes/
- **메이븐 릴리즈 노트** http://maven.apache.org/release-notes-all.html

릴리즈 노트는 청중들에게 이번 릴리즈 기능의 변경 사항을 제대로 알리기 위함이다. JIRA와 같은 시스템의 기능을 이용하건, 아니면 일일이 손으로 새로 쓰든 간에 반드시 보는 사람이 어떤 변화가 있었는지 쉽게 이해할 수 있는 형태라야 한다.

개발 환경 패키징

위의 사례에서는 RPM으로 자바 애플리케이션 파일과 각종 설정 파일을 묶어서 배포한 구조를 사용했다. 애플리케이션 설치에 필요한 내용은 패키징해서 배포하는 시나리오인데, 근래에는 이보다 발전한 패키징 기술이 사용된다. 클라우드 환경이 많이 사용되면서 가상 머신 자체를 패키징해서 배포하는 방식과 이와 유사하게 LXC(리눅스 Container) 콘셉트를 이용한 컨테이너 방식의 배포 방식들이 있다. 이 두 가지 방식에 대해서는 뒤에 나오는 개발 환경 가상화 부분에서 언급하도록 한다.

3. 개발 환경 가상화

다음으로, 개발자의 PC에 대해서 생각해보자. 서버 개발자의 PC는 하나의 서버이다. 서버 개발을 위해서 톰캣과 같은 애플리케이션 서버도 설치해야 하고, 데이터베이스는 물론이며 경우에 따라서는 여러 가지 솔루션들을 설치해야 한다.

각자 반복적으로 환경을 설치하면서 설정에 들어가는 시간도 낭비이거니와 각 개발자 환경이 동일하지 않은 경우에는 통합시 문제가 생길 수 있다. 예를 들어 한 개발자는 문자 세트를 EUC-KR로 개발하고 다른 개발자는 UTF-8로 개발하였다거나 한 개발자는 톰캣 6 + 자바 1.5로 개발하였는데, 표준 개발 환경은 톰캣 7 + 자바 1.7일 경우 기능 호환 등으로 문제를 일으킬 수 있다.

이런 원인으로 말미암아 개발 환경을 표준화하고, 각 개발자 PC에 배포되는 개발 환경을 조금 더 단순화할 필요가 있는데, 여기에 사용될 수 있는 좋은 기술이 가상화(Virtualization)이다. 이미 PC에서 가상화는 오라클 버추얼박스(VirtualBox, 무료)나 VMWare 등 많은 좋은 제품들이 많다. 그렇다면 이러한 가상화 솔루션을 어떻게 사용해서 표준화할 수 있을까?

여기서는 근래에 화제가 되는 가상화를 단순화해주는 Vagrant와 가상화보다는 훨씬 경량으로 사용할 수 있는 리눅스 컨테이너 콘셉트의 도커를 소개한다.

3.1 Vagrant 시작하기

Vagrant는 한마디로 이야기하면 '간소화된 가상 머신 관리 서비스'이다. 이미 가상 머신 환경은 보편화 되서 사용되고 있고, VMWare나 오라클의 버추얼박스 등을 이용하면 PC에서도 손쉽게 가상 머신 환경을 구축할 수 있다. 그러나 문제점은 버추얼박스와같은 Hypervisor가 있다고 해도 가상 머신을 생성하는 것 자체가 번거로운 작업이라는 것이다.

Hypervisor에서 논리적인 가상 하드웨어 머신을 생성하고 가상 머신에 OS를 설치하고, 일일이 설정을 해줘야 한다. 이런 반복적인 작업을 조금 더 손쉽게 자동화할 수 없을까? 하는 아이디어에서 시작한 것이 Vagrant이다.

먼저 이해를 돕기 위해서 예제를 실행해보자. Vagrant는 가상 머신 관리 도구이기 때문에 먼저 Hypervisor부터 설치해야 한다. https://www.virtualbox.org/에서 버추얼박스를 내려받아서 설치하자. 다음으로 http://www.vagrantup.com/에서 Vagrant를 받아서 설치한다. 이제 준비가 끝났다.

다음과 같이 'vagrant init precise32 http://files.vagrantup.com/precise32.box'를 실행하면 우분투 리눅스 가상 머신의 실행하기 위한 설정들을 자동으로 가지고 온다. 그리고 'vagrant up' 명령어를 실행하면 해당 설정에 따른 가상 머신 을 자동으로 내려받아서 설치하고 버추얼박스를 통해서 해당 가상 머신을 기동시킨다. Putty를 이용하여 SSH localhost:2222번으로 접속하고 아이디 'vagrant', 비밀번호 'vagrant'를 입력하면 생성된 가상 머신에 로그인할 수 있다. 또는 간단하게 'vagrant ssh'라고 실행하면 현재 생성된 가상 머신에 자동으로 SSH로 연결된다.

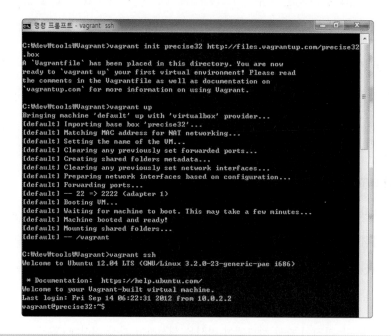

그림 7-13 Vagrant로 가상 머신을 설치한 후 접속한 화면

Vagrant 없이 버추얼박스에서 직접 우분투 가상 머신을 설치하려면 가상 머신을 만들고 우분투 OS를 설치해야 한다. 그러나 Vagrant가 있으면 이렇게 간단하게 두 줄의 명령어로 가상 머신을 만들고 실행시킬 수 있다.

Box 개념

앞에서 vagrant init 명령을 실행할 때 preceise32.box라는 파일을 지정하였다. 이 Box 파일은 가상 머신을 만들기 위한 기본 OS 이미지를 포함한 가상 머신 설정(CPU, 메모리 사이즈 등)에 대한 기본 템플릿이다. (사이즈가 보통 수백 메가가 나간다.) http://www.vagrantbox. es/를 방문해보면 우분투, 데비안 등 다양한 리눅스 OS 버전의 가상 머신 들에 대한 Box 파일들을 볼 수 있다.

Vagrantfile

Vagrant init을 하면 해당 디렉터리에 'Vagrantfile'이라는 이름으로 생성되는 파일인데, Box가 가상 머신 생성을 위한 기본 템플릿이라면, Vagrant 파일은 생성될 가상 머신에 대한 세부 설정을 정의한다. 가상 머신을 생성할 때 어떤 Box 파일을 사용할 것인지, 가상 머신에 대한 하드웨어 설정 예를 들어 CPU, 메모리 크기, 네트워크, 네트워크 포트 포워딩 설정 등을 여기서 다시 정의할 수 있다.

다음은 오라클 버추얼박스 실행 시 preceise32 Box 이미지를 http://files.vagrantup.com/ precise32.box 에서 읽어와서, CPU 2개, 512M를 가진 'Terry_vargrant0'이라는 가상 머신을 생성하는 Vagrantfile이다. 아래와 같이 파일을 생성한 후에 vagrant up 명령을 수행시키면 설정한 정보대로 가상 머신이 생성된다.

```
VAGRANTFILE_API_VERSION = "2"

Vagrant.configure(VAGRANTFILE_API_VERSION) do |config|
  config.vm.box = "precise32"
  config.vm.box_url = "http://files.vagrantup.com/precise32.box"
  # config.vm.network :forwarded_port, guest: 80, host: 8080
  # config.vm.network :private_network, ip: "192.168.33.10"
  # config.vm.network :public_network
  # config.ssh.forward_agent = true
  config.vm.provider "버추얼박스" do |vm|
```

```
  vm.customize [
    "modifyvm", :id,
    "--memory", "512",
    "--name", "Terry_vagrant0",
    "--cpus", "2",
        ]
  end
end
```

Vagrant + Provisioning

Vagrant를 이용하면 가상 머신을 쉽게 만들 수 있다. 그런데 개발 환경을 구축하자면 OS가 설치된 가상 머신 뿐만 아니라, 그 위에 웹 서버, DB 등 미들웨어들을 설치해야 하고 그리고 거기에 맞는 설정을 해야 한다. 물론 미리 가상 머신 이미지에 웹서버 등을 설치해놓고, 필요에 따라서 Vagrant를 이용해서 해당 가상 머신들을 설치해서 사용해야 하지만 그 경우에는 설정마다 매번 다른 가상 머신 이미지를 만들어놔야 하기 때문에 번거롭다. 만약에 OS만 설치된 가상 머신과 설정에 따라서 소프트웨어와 설정을 하는 부분을 분리한다면?

이런 접근을 지원하는 기능으로 Vagrant에 Provisioning이라는 기능이 있다. 가상 머신을 기동한 후에 Vagrantfile에 정의된 Provisioning 스크립트를 수행해준다. 다음 예제를 보자. 다음 예제는 가상 머신이 기동된 후에 apt-get 명령을 이용해서 apache2 (웹 서버)를 자동으로 설치하는 설정이다.

```
VAGRANTFILE_API_VERSION = "2"

Vagrant.configure(VAGRANTFILE_API_VERSION) do |config|
  config.vm.box = "precise32"
  config.vm.box_url = "http://files.vagrantup.com/precise32.box"
  config.vm.provision :shell, :inline => "sudo apt-get install -y apache2"
end
```

위의 예제는 가상 머신이 기동될 때마다 셸 명령어를 수행하도록 한 것인데, 명령어 말고도 셸 스크립트를 수행하게 할 수도 있고, puppet이나 chef와 같은 형상 관리 도구를 이용해서 제품을 설치하게 할 수도 있다.

한 가지 주의할 점은 Vagrantfile의 Provision 부분에 정의된 명령어는 vagrant up, reload, provision 3개의 명령어가 실행될 때마다 매번 실행된다. up에서도 매번 실행되기 때문에, 스크립트 내에 해당 소프트웨어가 미리 설치되었는지 확인한 후에 설치가 안 되어 있을 경우에만 설치하도록 스크립트를 짜는 것이 좋다.

Provisioning에 대한 자세한 방법은 http://docs.vagrantup.com/v2/provisioning/index.html를 참고하기 바란다.

Vagrant를 이용한 개발 환경 구축

그러면 Vagrant를 이용해서 개발 환경을 어떻게 구축할 수 있는지 살펴보도록 하자.

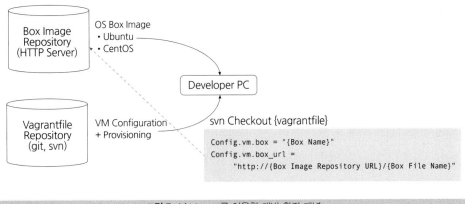

그림 7-14 Vagrant를 이용한 개발 환경 개념

그림과 같이 크게 2개의 저장소가 필요하다. Box 이미지 저장소에는 기본 이미지가 설치된 Box 이미지를 저장해놓는다.

그리고 svn이나 Git와 같은 VCS 도구에 Vagrantfile을 저장해놓는다. (아니면 간단하게 웹 서버에 저장해놔도 된다.) 이 Vagrantfile에는 Box 파일들을 저장해놓은 저장소를 pointing 하도록 하고, 필요에 따라서 다음과 같이 다양한 설정을 만들어 놓고, 필요에 따라서 Vagrantfile을 내려받은 후에 간단하게 'vagrant up' 명령어만 수행하면 간단하게 개발 환경에 필요한 가상 머신을 만들어낼 수 있다.

```
우분투 + 아파치
우분투 + MySQL
우분투 + 톰캣
```

지금까지 간략하게 Vagrant에 개념과 사용법에 대해서 알아보았다. 그 외에도 Vagrant는 단일 가상 머신 뿐만 아니라 multi vm을 단일 Vagrantfile에서 설정할 수 있고, 오라클의 버추얼박스뿐만 아니라 VMWare 및 Amazon EC2 클라우드까지 지원한다. 간단하게는 개발 환경에서부터 응용하면 QA, 스테이징, 운영 환경 배포용으로도 활용할 수 있다. 자세한 내용은 http://docs.vagrantup.com/를 참고하기 바란다.

3.2 도커

다음으로, 가상 머신보다 조금 더 경량으로 사용할 수 있는 리눅스 컨테이너인 도커(Docker)에 대해서 알아보도록 하자. 도커는 리눅스 기반의 컨테이너 런타임(Container RunTime) 오픈소스이다. 처음 개념을 잡기가 조금 어려운데, 가상 머신과 상당히 유사한 기능을 가지면서, 가상 머신보다 훨씬 가벼운 형태로 배포할 수 있다. 정확한 이해를 돕고자 먼저 가상 머신과 도커 컨테이너의 차이를 살펴보자.

아래는 가상 머신 에 대한 콘셉트다. 호스트 OS가 깔리고, 그 위에 Hypervisor (VMWare, KVM, Xen 등)가 깔린 후에 그 위에 가상 머신이 만들어진다. 가상 머신은 일종의 x86 하드웨어를 가상화한 것이라고 보면 된다. 그래서 가상 머신 위에 다양한 종류의 리눅스나 윈도우 등의 OS를 설치할 수 있다.

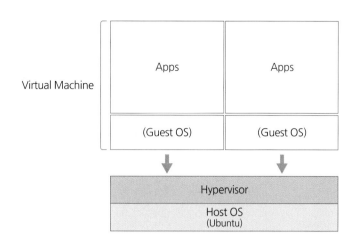

Virtual Machine

그림 7-15 VM 기반의 가상화 개념

도커의 컨테이너 콘셉트는 비슷하지만 약간 다르다. 도커도 가상 머신처럼 도커 엔진이 호스트 위에서 수행된다. 그리고 컨테이너는 리눅스 기반의 OS만 수행할 수 있다. 도커는 가상 머신처럼 하드웨어를 가상화해주는 것이 아니라, 게스트 OS(컨테이너)를 분리해준다. 무슨 말인가 하면 컨테이너의 OS는 기본적으로 리눅스 OS만 지원하는데, 컨테이너 자체에는 커널 등의 OS 이미지가 들어가 있지 않다. 커널은 호스트 OS를 그대로 사용하되, 호스트 OS와 컨테이너의 OS의 다른 부분만 컨테이너 내에 같이 패킹(Packing)된다. 예를 들어 호스트 OS가 우분투 버전 X이고, 컨테이너의 OS가 CentOS 버전 Y라고 했을 때 컨테이너에는 CentOS 버전 Y의 전체 이미지가 들어가 있는 것이 아니라, 우분투 버전 X와 CentOS 버전 Y의 차이가 되는 부분만 패키징이 된다. 컨테이너 내에서 명령어를 수행하면 실제로는 호스트 OS에서 그 명령어가 수행된다. 즉 호스트 OS의 프로세스 공간을 공유한다.

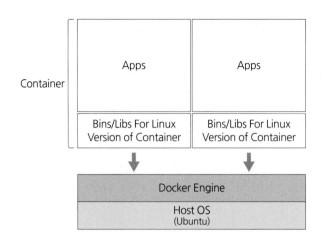

그림 7-16 도커 기반의 가상화 개념

실제로 컨테이너에서 앱을 수행하고 'ps −ef'를 이용하여 프로세스를 보면, 'lxc'라는 이름으로
해당 앱이 수행됨을 확인할 수 있다. 아래는 도커를 이용해서 컨테이너에서 bash를 수행했을
때는 ps 정보이다. lxc 프로세스로 bash 명령어가 수행되었음을 확인할 수 있다.

```
root     4641   954  0 15:07 pts/1    00:00:00 lxc-start -n
161c56b9284ffbad0477bd04875c4277be976e2032f3ffa35395950ea05f9bd6 -f /
var/lib/docker/containers/161c56b9284ffbad0477bd04875c4277be976e2032f3f-
fa35395950ea05f9bd6/config.lxc -- /.dockerinit -g 172.17.42.1 -e TERM=x-
term -e HOME=/ -e PATH=/usr/local/sbin:/usr/local/bin:/usr/sbin:/usr/
bin:/sbin:/bin -e container=lxc -e HOSTNAME=161c56b9284f -- /bin/bash
```

LXC는 LinuX Container의 약자로, 자세한 정보는 http://linuxcontainers.org/에서 얻을
수 있다. lxc는 컨테이너를 실행시켜주는 런타임으로, 앞에서 설명한 것과 같이 가상 머신과
비슷한 기능을 제공하지만, 실제 수행에 있어서 게스트 OS(컨테이너)를 마치 가상 머신처럼
분리해서 수행해주는 기능을 제공한다.

성능(Performance)에 대해서는 당연히 호스트 OS에서 직접 애플리케이션을 돌리는 것보다

성능 감소가 있는데, 다음 표와 같이 성능 감소가 매우 적은 것을 볼 수 있다.

Items	Method	Host	Docker
CPU	sysbench	l	0.9931
Memory	sysbench seq	l (r)	0.9999
		l (w)	0.9759
	sysbench rnd	l (r)	1.0056
		l (w)	0.9807
Disk	dd	l	0.9716
Network	iperf	l	0.7889

출처: http://www.slideshare.net/modestjude/docker-in-deview-2013

저장소 연계

다음으로, 도커의 특징 중의 하나는 저장소 연계이다. 컨테이너 이미지를 중앙의 저장소에 저장했다가 다른 환경에서 가져다가 사용할 수 있다. 마치 Git와 같은 VCS (Version Control System)과 같은 개념인데, 이를 통해서 애플리케이션들을 컨테이너로 패키징해서 다른 환경으로 쉽게 옮길 수 있다는 이야기다.

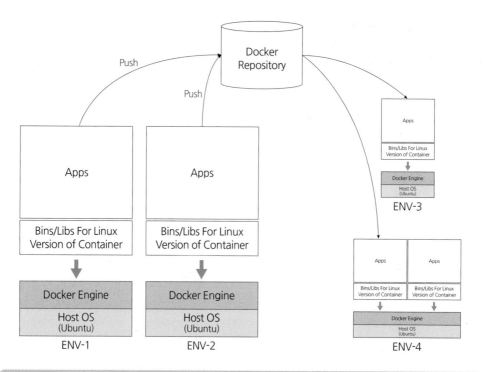

그림 7-17 도커 기반으로 여러 환경에 컨테이너를 이동하는 개념

예를 들어 로컬 PC에서 MySQL, 아파치, 톰캣 등을 각 컨테이너에 넣어서 개발한 후에 테스트 환경 등으로 옮길 때 컨테이너를 저장소에 저장했다가 테스트 환경으로 당겨서(Pulling) 똑같은 테스트 환경을 꾸밀 수 있다는 것이다. 컨테이너에는 모든 애플리케이션과 설치 파일, 환경 설정 정보 등이 들어 있기 때문에, 손쉽게 패키징하거나 설치할 수 있다는 장점을 가지고 있다.

여기서 고려해야 할 점은 도커는 아쉽게도 아직 개발 중이고, 정식 릴리즈 버전이 아니다. 그래서, 아직은 운영 환경(Production)에 배포를 권장하고 있지 않다. 단 개발 환경에서는 모든 개발자가 동일한 개발 환경을 사용할 수 있게 할 수 있고, 또한 가상 머신 보다 가벼워서 개발 환경을 세팅하는데 적절하다고 볼 수 있다.

Base Image vs. Docker File

도커의 컨테이너 이미지를 패킹(Packing)하기 위해서 도커는 Base Image와 Docker File 이라는 두 가지 콘셉트를 이용한다. 쉽게 설명하면, Base Image는 기본적인 설치 이미지, Docker File은 기본적인 설치 이미지와 그 위에 추가로 설치되는 스크립트를 정의한다.

예를 들어 Base Image가 우분투 OS 이미지라면, Docker File은 우분투 OS + 아파치, MySQL을 설치하는 스크립트라고 보면 된다. 일반적으로 Docker Base Image는 기본 OS 설치 이미지라고 보면 된다. 만약에 직접 Base Image를 만들고 싶으면 http://docs.docker.io/en/latest/use/baseimages/를 참고하면 된다. 도커에서는 미리 만들어둔 이미지들을 제공하는데, https://index.docker.io/를 보면 공용 저장소를 통해서 제공되는 이미지들을 확인할 수 있다. 아직은 우분투만이 공식적으로 제공되고, 일반 배포자들이 배포한 CentOS 등의 이미지들을 검색할 수 있다.

다음은 Docker File 예제이다.

```
# Nginx
#
# VERSION              0.0.1

FROM       ubuntu
MAINTAINER Guillaume J. Charmes <guillaume@dotcloud.com>

# make sure the package repository is up to date
RUN echo "deb http://archive.ubuntu.com/ubuntu precise main universe" >
/etc/apt/sources.list
RUN apt-get update

RUN apt-get install -y inotify-tools nginx apache2 openssh-server
```

출처: http://docs.docker.io/en/latest/use/builder/

위의 이미지는 우분투 OS 베이스 이미지에 apt-get을 이용해서 'inotify-tools nginx apache2 openssh-server'를 설치하는 스크립트이다.

도커 실행해보기

그럼 간단하게 도커를 테스트해보자. 윈도우 환경을 가정한다. 앞서 말한 바와 같이 도커는 우분투 위에서만 작동한다.

참고: http://docs.docker.io/en/latest/installation/windows/

그래서, 윈도우즈 위에서 우분투 가상 머신을 설치한 후 우분투 가상 머신에서 도커를 실행할 것이다. 이를 위해서 가상 머신을 수행하기 위한 환경을 설치한다.

- Hypervisor인 버추얼박스를 설치한다. (https://www.virtualbox.org)
- 가상 머신을 실행하기 위한 Vagrant를 설치한다. (http://www.vagrantup.com)
- 도커 코드를 내려받기 위해서 Git 클라이언트를 설치한다. (http://git-scm.com/downloads)

여기까지 설치했으면, 도커를 실행하기 위한 준비가 되었다. 다음 명령어를 수행해서 도커 코드를 Git Hub에서 내려받은 후에 Vagrant를 이용해서 우분투 호스트 OS를 구동한다.

```
git clone https://github.com/dotcloud/docker.git
cd docker
vagrant up
```

버추얼박스를 확인해보면 도커의 호스트 OS가 될 우분투 OS가 기동 되었음을 확인할 수 있다.

그림 7-18 버추얼박스에서 도커의 호스트 OS를 기동한 화면

그러면, 기동된 우분투 OS로 SSH를 이용해서 로그인을 해보자. Putty를 이용해서 127.0.0.1:2222 포트로, SSH를 통해서 로그인한다. (기본 아이디, 비밀번호는 각각 vagrant, vagrant이다.)

이제 도커를 이용해서 공용 저장소에서 'busybox'라는 우분투 OS를 컨테이너로 설치하고, 그 컨테이너에서 'echo hello world' 명령어를 수행해보자.

```
sudo su
docker run busybox echo hello world
```

도커가 공용 저장소에서 busybox 이미지를 내려받아서 설치하고, 다음과 같이 명령어를 수행했음을 확인할 수 있다.

> ※ 참고: 현재 도커에 설치된 이미지 리스트를 확인하려면 docker images, 설치된 이미지를 삭제하려면 docker rmi {image id}, ({image id}는 docker images에서 hexa로 나온 id를 사용)

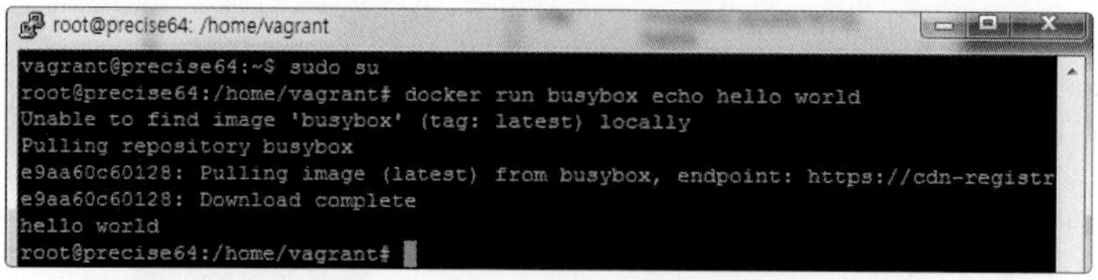

그림 7-19 도커를 이용하여 busybox 컨테이너를 내려받음

도커는 실행 오버헤드가 가상 머신보다 훨씬 낮다. Vagrant에서도 설명했지만, 도커에 대한 설정 파일과 이미지 파일을 중앙 저장소에 저장하면 마찬가지 방법으로 개발자 PC의 개발 환경을 표준화할 수 있다.

결론
‥‥‥‥

지금까지 간략하게나마 개발 환경 구축에 필요한 소스 코드 관리 시스템, 빌드 시스템, 서버 개발 환경, 그리고 공유 저장소와 CI 기반의 빌드 자동화와 배포 및 릴리즈 등에 대해서 알아보았다. 개발 환경은 개발팀의 효율과 개발 산출물의 품질을 결정하는 아주 중요한 내용이다. 6~7장에서 많은 부분을 다룬 듯하지만, 실제로는 전체 큰 흐름 정도를 다룬 것에 불과하다.

이 내용을 기반으로 각 조직과 개발 제품에 맞는 각각의 개발 환경과 프로세스를 만들어서 계속해서 발전시켜야 할 필요가 있으며, 가장 중요한 것은 도구나 도구가 아니라 적용과 실행이다. 먼저 적절한 표준을 정의한 후에 개발 조직의 리드와 전체 조직원이 개발 환경에 대해 이해하고 지속적으로 개선해 나가는 작업이 필요하며, 이러한 개발 환경을 꾸준히 개선하려면 일정 조직 이상의 규모가 될 때에는 개발자가 이러한 작업을 겸업하는 것이 아니라 전문화된 개발 환경 관리 인력을 할당하여 표준화, 통제 및 계속해서 발전시킬 수 있기를 권장한다.

회색 지대

'회색 지대'라는 말을 어느 블로그에서 읽었는데, 좋은 표현 같아서 인용해 봅니다. IT 프로젝트에 보면 회색 지대라는 것이 종종 나타납니다. 회색 지대란 '무엇인가 문제는 있는데, 그 문제가 명확하지 않고, 서로 책임을 떠넘기면서 해결되어 있지 않은 문제' 정도로 정의할 수 있습니다.

위험요소이긴 한데 아무도 살펴보지 않고 미루다가 결국에는 프로젝트 오픈 시에 큰 문제 요소로 발생하는 경우가 많습니다. 이러한 문제는 기술적인 문제일 수도 있고, 정치적 또는 사람 간의 문제일 수도 있습니다. 사실 이런 문제는 고객이나 구성원이 프로젝트의 문맥(주요 흐름과 상태)을 놓쳐 버림으로써 발생하게 됩니다. 고객이나 내부 구성원이 문맥을 다시 잡기란 사실 쉽지 않지요. (웬만한 추진력이 있지 않은 이상 "또 왜 그 문제를 꺼내느냐?", "바쁘다." 등의 면박을 받기 일수가 아닐까 싶습니다.) 그래서 프로젝트 바깥의 벤더 엔지니어나 컨설턴트가 이런 역할을 맡는 경우가 많은 것 같습니다.

이 회색 지대를 가장 잘 해결할 수 있는 사람 중의 하나가 '컨설턴트'가 아닐까 싶습니다.

① 먼저 정치적으로 중립적일 수 있습니다.

② 높은 비용을 받거나 벤더의 후광 효과 또는 그만한 명성을 가지고 있거나 해서 발언에 대한 상당한 신뢰성과 영향력을 줍니다.

이 회색 지대를 잘 해결하려면 먼저 문제를 잘 인지하고 파악하여 문제의 원인을 찾아내고 이에 대한 여러 가지 해법을 제시한 후 고객에게 고르게 하는 겁니다.

회색 지대에 대한 정리는 결국 고객의 몫이라는 거지요. 경험상 고객이 회색 지대 문제에 접했을 때 자신이 무엇을 해야 할지를 모른다는 겁니다.

개발사나 기타 관계자들은 자신의 일이 많아지는 것을 원하지 않기 때문에 여러 가지로 감싸는 경우가 많아서 실제 문제가 이런 장벽에 가려져 있고, 컨설턴트(또는 문제를 해결하는 사람)가 이러한 장벽을 걷어낸 후 문제를 표면으로 공개해서 고객에게 명확하게 보여주고 그에 따른 몇 가지 해결안을 주는 겁니다.

물론 이 과정에서 장벽을 만들 사람들의 반발 또한 만만하지 않습니다. 이때 필요한 것이 객관적인 데이터와 프레젠테이션 능력입니다. 일정이 지연되었을 경우 업무 일정표에 대한 데이타, 성능 저하일 경우 병목 구간에 대한 분석 등 이런 데이터를 잘 정리해서 쉽고 명확하게 만든 후 프레젠테이션 자리에서 설명하는 것이지요. 일단 고객이 문제를 파악하고 어떻게 해결해야 할지를 알면 그때부터 칼자루는 고객에게 넘어갑니다. 고객이 항상 묻는 이야기가 이렇습니다.

"뭐가 문제죠?", "돈이 얼마나 들까요?", "이게 누구 문제입니까?"

회색 지대를 해결하려면 예를 들어 안개 낀 사격장에서. 안개를 걷어내고 "자, 저기 표적 보이시지요. 여기 3종류의 총이 있습니다. 이걸로 골라 쏘세요."라고 해주는 것이 가장 좋은 방법이 아닐까요?

찾아보기

INDEX